Chinese University Think Tank Development Report (2020)

中国大学智库发展报告

梅新林　陈国营　著

中国社会科学出版社

图书在版编目(CIP)数据

中国大学智库发展报告.2020 / 梅新林，陈国营著.— 北京：中国社会科学出版社，2021.7
(中社智库年度报告)
ISBN 978-7-5203-8213-7

Ⅰ.①中⋯ Ⅱ.①梅⋯②陈⋯ Ⅲ.①高等学校—咨询服务—研究报告—中国—2020 Ⅳ.①G649.2

中国版本图书馆 CIP 数据核字（2021）第 063290 号

出 版 人	赵剑英
责任编辑	宫京蕾
责任校对	秦　婵
责任印制	郝美娜

出　　版	中国社会科学出版社
社　　址	北京鼓楼西大街甲 158 号
邮　　编	100720
网　　址	http://www.csspw.cn
发 行 部	010-84083685
门 市 部	010-84029450
经　　销	新华书店及其他书店

印　　刷	北京君升印刷有限公司
装　　订	廊坊市广阳区广增装订厂
版　　次	2021 年 7 月第 1 版
印　　次	2021 年 7 月第 1 次印刷

开　　本	710×1000　1/16
印　　张	24.25
插　　页	2
字　　数	302 千字
定　　价	148.00 元

凡购买中国社会科学出版社图书，如有质量问题请与本社营销中心联系调换
电话：010-84083683
版权所有　侵权必究

编 辑 委 员 会

主　编：
　　　梅新林　陈国营
编　委：
　　　鲍健强　周必彧　苗　阳　周亚越
　　　张　杰　钱　攀　蒋惠琴　叶瑞克
　　　钟伟军

引 言

时代赋予的重要课题

中国回归世界中心舞台与走向民族伟大复兴的历史进程，正在同时改变着中国、世界以及中国与世界的关系。在此充满机遇与挑战的大变革时代，智库日益成为现代国家治理体系的重要组成部分，成为国家软实力的重要标志。而大学智库也将扮演越来越重要的角色，发挥越来越重要的作用。时代对大学智库的内在需求与大学自身的发展需要，是促使世纪之交中国大学智库建设与研究勃然而兴的两大动力。

一

2013年4月，习近平总书记作出重要批示，首次提出建设"中国特色新型智库"的目标，为中国特色新型智库建设指明了根本方向、提出了总体要求。2013年11月，党的十八届三中全会提出建设中国特色新型智库，建立健全决策咨询制度。这是在中央全会上首次明确提出"智库"概念，表明加强中国特色新型智库建设，已成为推进国家治理体系和治理能力现代化的组成部分。2015年1月20日，中共中央办公厅、国务院办公厅印发了《关于加强中国特色新型智库建设的意见》，要求从党和国家事业发展全局的战略高度，认识中国特色新型智库建设的重要性和紧迫性。充分认识中国特色新型智库是党和政府科学民主依法决策的重要支撑,是国家治理体系和治理能力现代化的重要内容,是国家软实力的重要组成部分。同时明确提出要推动大学智库发展完善:"发挥高校学科齐全、人才密集和对外交流广泛的优势,深入实施中国特色新型高校智库建设推进计划,推动高校智力服务能力整体提升。深化高校智库管理体制改革,创新组织形式,整合优质资源,着力打造一批党和政府信得过、用得上的新型智库,建设一批社会科学专题数据库和实验室、软科学研究基地。实施高校哲学社会科学走出去计划,重点建设一批全球和区域问题研究基地、海外中国学术研究中心。"

大学具有人才培养、科学研究、社会服务以及文化传承创新的四大职能,在智库建设中具有重要地位和作用。作为与社科院智库、党政智库、民间智库共同构成中国特色新型智库的四大支柱之一,大学智库在蓬勃发展的态势中充分显示了其他三种类型智库无法比拟的相对优势,同时也暴露出了自身的诸多局限与不足。鉴于此,笔者曾在2012年10月25日召开的第六届中国社会科学前沿论坛上提交了《大学智库建设的战略意义与相应对策》[①],集中讨论了以下四大问题:一、大学智库建设的战略意义;二、国外知名大学智库的经验借鉴与启示;三、我国大学智库建设的最新进展与存在问题;四、关于加强大学智库建设的若干建议。

大学智库之优势,主要体现在学科、学术、人才、身份四个方面。一是学科优势。大学具有综合性的学科优势,具备多学科交叉融合、催生新兴学科的环境,不仅能够为解决政治、经济、外交、管理、文化和政策等综合性问题提供科学支撑,而且能通过物联网、云

---

① 见大会论文集《走向世界的中国学术》,中国社会科学出版社2013年版。

计算、(移动)互联网、大数据分析等现代信息技术和手段提供技术支持。二是学术优势。大学是知识创新和传播的源泉与阵地，基于对知识的非功利性的追求，通常具有注重基础研究的传统，有理论积淀和研究方法的优势。三是人才优势。大学的第一职能是人才培养，第一资源是人才资源。培养和集聚人才，不仅通过教学科研的互动形成知识创新能力，而且通过思维碰撞和智慧启迪激发创新思想。四是身份优势。包括相对独立性、公正性与严谨性三个层面的优势。具体而言，即是超越利益藩篱与政策预设的局限，相对客观、公正、科学地分析问题，处理数据，推导政策，提升政府决策的科学性。然而无论是与国内的官方智库相比，还是与西方的大学智库相比，正处于起步阶段的我国大学智库建设还存在许多问题，主要体现在战略意识、科学规划、体制障碍、人才队伍、成果产出、评价导向、国际合作、投入保障八个方面。为此，大学智库要主动迎接中国特色新型大学智库建设的新机遇、新挑战，顺势而为，积极作为，尤其要在战略和策略两个层面上做好谋划，在"特色"和"新型"两个关键词上下足功夫，并重点解决好战略引领、需求导向、学科支撑、问题聚焦、绩效评估五大问题。

二

当今中国，正处于战略机遇期与矛盾凸显期相互交织的特定历史阶段，身处新的时空坐标，面对新的发展机遇，肩负新的历史使命，我国大学智库可谓生逢其时，理应怀有更为高远的目标，扮演更为重要的角色，催生更为丰硕的成果，做出更为杰出的贡献。为此，要重点抓好以下四个关键环节：

1. 回答时代命题。首先要立足于服务国家战略，维护国家利益，回答好当前中国改革与发展所面临的重大问题。同时也要放眼全球，关注和回应一系列世界性的难题，为促进人类发展提供中国智慧。这两个层面都需要大学智库不断拓展服务国家、服务人类的新内涵、新领域，使新型智库建设顺应时代潮流、体现时代特征、反映时代精神、回答时代命题。美国哥伦比亚大学地球研究所在杰弗里·沙克斯教授的指导下，由30多个研究中心和850位科学家、博士后研究员和教职员组成。杰弗里·沙克斯同时担任联合国"千年发展目标"项目秘书长，其依托研究所撰写的《千年发展目标》向联合国提供了关于可持续发展的重要建议，2000年9月联合国首脑会议上由189个国家签署《联合国千年宣言》，这一典型案例充分印证了大学智库回答时代命题的重要使命与价值。

2. 重构智库版图。2017年1月25日至26日，美国宾夕法尼亚大学"智库研究项目"（TTCSP）编写的《全球智库报告2016》在全球发布，涵盖华盛顿、纽约、伦敦、巴黎等60多个国家的86个城市举行报告发布会。在宾夕法尼亚大学沃顿中国中心举办的中国北京发布会是全球系列的活动之一。该报告显示，美国拥有1835家智库，保持智库数量世界第一；中国拥有智库435家，数量仅次于美国，位列世界第二；英国和印度的智库数量分别为288家和280家，位列中国之后。根据区域分布、研究领域、特殊成就三类标准，报告共列出52个分项表单。其中，中国智库上榜的表单数达到41个，与2015年相比增加了13个。比如在亚洲智库60强中，中国有18家智库上榜；在最佳政府智库75强中，中国有6家上榜，其中5家名列前20名，反映出中国智库的良好发展态势。然而依然有诸多不尽如人意的地方，尤其在标示智库质量方面与数量上的位居第二形成鲜明反差：在全球最值得关注的智库100强中，中国只有5家上榜；而在综合排名榜175强中，美国的布鲁金斯学会蝉联榜单首位，英国皇家国际问题研究所排名第二，该机构同时还被评为年度智库。中国只有9家智库入选，包括中国现代国际关系研究院、中国社会科学院、中国国际问题研究院、国务院发展研究中心、上海国际问题研究院、北京大学国际战略研究院、中国与全球化智库、中国人民大学重阳金融研究院等。以上入围的大学智库只有北京大学国际战略研究院与中国人民大学重阳金融研究院。所以这里所说的重构智库版图，包括中国智库在全球智库以及大学智库在中国智库版图中地位的快速提升。

3. 搭建国际平台。发出中国声音、讲好中国故事，是中国特色新型智库的重要功能。要缩小与世界一流智库的差距，不仅要练好内功，还要借好外力，实施"走出去"战略，与国外高水平智库建立合作关系，搭建对话平台，优化交流机制，提升传播能力，特别是要通过举办高层次的学术会议、开展高质量的合作项目研究，提升大学智库的国际竞争力和话语权。2010年，清华大学与有着百年历史的知名智库卡内基国际和平研究院，共同建立了"清华—卡内基全球政策中心"，围绕全球性的经济、安全及政治发展问题，寻求建设性的解决方案。清华大学也通过这一平台将其研究、项目和观点推向世界。

4. 制定中国标准。上文提到的宾夕法尼亚大学的《全球智库报告》是当今最为著名的西方智库评价报告。该报告自2007年起每年发布一期，因评选过程的广泛参与度和过程设计的严谨和公正，被誉为"智库中的智库"。2016年，由詹姆斯·麦甘博士领衔的美国宾夕法尼亚大学"智库研究项目"（TTCSP）从6846家被提名智库中遴选出了175家进行全球顶级智库排名。评分标准参考了4750名新闻记者、政策制定者、公共或私人捐助人以及各类区域专家的意见和建议。目前，该报告业已成为反映全球智库表现和综合影响力的国际第一风向标，对于新型智库建设有重要的参考意义。但其评价标准、评价方法尤其是智库排名主要还是基于西方的导向性评价理念与标准。所以特别需要通过建构新型智库研究的理论模型，打造更符合中国国情和大学特征的"中国标准"，然后通过对大学智库、中国智库、世界智库的评价与排名，将承载中国特色话语体系的"中国标准"推向世界。

三

伴随新世纪智库的快速发展，学界对于大学智库的研究也是风生水起，形势喜人。2013年以来，智库研究进入了井喷期，此与2014年2月27日教育部印发《中国特色新型高校智库建设推进计划》密切相关。与此同时，为适应大学智库研究需要的"智库之智库"机构也陆续问世。2015年5月9日，浙江工业大学全球智库研究中心揭牌成立，作为校级直属研究机构，此为中国大学成立的首个研究智库的机构。同月，南京大学中国智库研究与评价中心成立，为南京大学校级科研机构，同时也属于江苏紫金传媒智库下设四大研究中心之一。2016年4月11日，武汉大学世界一流智库评价研究中心成立。2017年4月22日，由华中师范大学与长江教育研究院共建的教育智库与教育治理研究评估中心成立大会在武汉召开，该中心旨在开展教育智库指数研究、教育智库评价研究、教育调查及教育政策研究，并定期公布全国教育智库排名情况。

浙江工业大学全球智库研究中心是根据外交部有关部门领导的建议而设立的，并得到了资深外交家、原中国驻南非大使、原中国政府非洲事务特别代表、现任中国亚非学会会长刘贵今先生的鼎力支持。2015年5月9日研究中心成立之际，刘贵今大使亲临现场为研究中心揭牌，并在热情洋溢的讲话中对研究中心多予鼓励，寄予厚望。研究中心成立两年多来，以"智库之智库"研究为定位，围绕研究、评价与咨询三大功能而开展工作，重点致力于全国第一份《中国大学智库发展报告》（以下简称《报告》）的研究与撰写，至今终于可与学界同仁见面了。其间的主要工作包括信息收集、数据库建设、学术研究、模型建构、智库排名、报告撰写六个关键环节。

1. 信息收集。这是六大环节的基础，直接关系到后续研究以及整个《报告》的科学性与准确性。首先是由研究中心组织师生系统收集中国大学智库研究机构的基本情况，广泛了解各智库研究机构的发展现状、运行特点、管理方式，以及在咨政建言、理论创新、舆论引导、社会服务、公共外交等方面所取得的成绩和发挥的功能，然后汇为《中国大学智库研究机构汇编》。以此为基础，研究中心采取实地访问、远程沟通以及网络跟踪搜索等方式加以核实、补充、更新与完善，以期更加全面、系统、准确地反映大学智库研究机构的实际情况。

2. 数据库建设。高端的智库研究必须建立在充足的数据和信息基础上，这就要求大学智库研究必须高度重视数据库和数据共享平台的建设。因为只有通过建设智库数据库，才能克服人力难及的庞大信息更新工作，实现大学智库后期研究的信息更新、定期更新评估的自动化。所以智库数据库的建设不仅仅是使大学智库机构研究能力提升的技术手段，而且有利于通过信息化和智能化的方式高效地收集和集聚当前国内外关于智库研究的既有成果和前沿动态；智库数据库也不仅仅是资料存贮的后台资料库，更是展示研究成果、彰显影响力的有效网络平台。在智库数据库建设过程中，研究中心选择更具开放性、协作性优势的 Wiki 技术，以大数据建设为切入口，以四大专题数据库（评价指标库、绩效数据库、支撑案例库、信息资源库）和一个信息平台（智库研究信息支撑平台）为支撑，由此促进和推动各研究部门工作执行的标准化、规范化，进而数据化，最终为《报告》的研究、评价以及排行榜的制定与发布提供基于强大数据分析的信息依据。

3. 学术研究。宽泛地说，学术研究贯穿于整个《报告》从启动到完成的全过程。鉴于目前大学智库功能定位多元化，评价标准不统一、信息采集不全面等问题，所以从信息收集这一环节开始就需进入研究状态，包括确定信息采集的方法、整理的标准等。当然，学术研究的重心无疑在于从大学智库的历史研究进入理论与方法研究，而其重中之重则是确立大学智库评价体系，然后以此对大学智库的实力和作用尤其是作为大学智库生命线和核心价值所在的影响力作出评价。相对而言，以宾夕法尼亚大学发布的"全球智库报告"最具影响力，但其评分标准参考了4750名新闻记者、政策制定者、公共或私人捐助人以及各类区域专家的意见和建议，实际上主要还是基于主观性评价，而且还因没有公布评选专家名单信息而遭受批评。而国内则以上海社会科学院首开中国智库评价和排名先河，不仅提出了自己的评价指标体系，而且发布中国智库排行榜，但也同样引来了质疑与争议。总体而言，国内外学者有关大学智库评价研究多是探索性和开创性的，为开展和完善智库评价研究方法、评价框架和指标体系提供了有益的启迪，也为智库评价实践提供了有益的经验借鉴。本《报告》力图在上述基础上有所创新，有所完善。

4. 模型建构。与既有智库评价不同，本《报告》从中国大学智库评价的理论建构和学理逻辑出发，提出了一个与众不同的新型指标体系，以期为中国大学智库的建设和发展提供新的视野与路向。然后由此建构以"契合度·活跃度·贡献度"为核心的"三维模型",即维度之一:与中国特色新型智库认定标准与任务要求相关性的评价谓之"契合度";维度之二:从量的角度,通过各类公共数据信息平台对大学智库机构和首席专家的表征搜索的评价谓之"活跃度";维度之三:从质的角度,通过咨政建言采纳、理论研究成果、智库人才培养呈现状态的评价谓之"贡献度"。与此相配合的二级指标体系如下:

(1) 契合度-X维。大学智库的契合度的测度根据大学研究机构所承接的业务、设立目标等内容进行设置,主要集中在以下3个要素:①组织机构;②研究队伍;③资金来源。

(2) 活跃度-Y维。大学智库活跃度代表其在媒体上的传播能力,能够转化成社会影响力。大学智库的活跃度主要包括以下3个要素:①学术交流活跃度;②网络媒体活跃度;③咨政建言活跃度。

(3) 贡献度-Z维。大学智库的贡献度代表其对社会产生的效益,其指标主要包括以下3个要素:①决策咨询;②学术研究;③人才培养。

这一新的指标体系以及"三维模型"作为一种新的探索,同时有利于促进中国大学智库以及智库评价"中国标准"之建设。

5. 智库排名。高水平大学智库排名可以从综合评分和单项评分两个层面同时推进。依据新的指标体系以及"三维模型",大学智库可以获得相应的单项评分与综合评分,其中综合评分较高的大学智库,其业界综合影响力较为突出,而单项评分则更能清晰地反映出特定智库在某个具体领域的实际发展水平。然后按照综合评分与单项评分结果,同时参考大学智库的定性评分结果,对大学智库进行排序。《报告》重点推出了"中国大学智库机构三十强和百强排行榜"。根据评分与排序结果,大致可以将中国大学智库分为旗舰型智库、均衡型智库、特色型智库三类。第一类旗舰型智库综合评分与单项评分均较高，此类智库不仅整体实力雄厚，社会影响广泛深入，在智库机构、专家队伍、人才培养、理论成果、咨政成果、学术交流、支撑体系等各个方面均获得了突出成果，成为服务国家战略、引领专业发展的核心智库。而第三类特色型智库尽管在综合评分上低于旗舰型智库和均衡型智库，但是单项评分较高，专业特色和区域特色明显，在特定领域发挥了重要作用。《报告》新推出的这一"中国大学智库排行榜"，旨在凸显优势研究机构、展现社会关注热点、激励智库发展创新三个方面，对于激励大学智库发展创新具有积极意义。

6. 报告撰写。以上所有的工作成果最终都汇聚于《报告》之中，这是一项系统工程，历时两年终于告竣，可见其学术难度与工作强度。《报告》在结构上分为九章：一、大学智库是新型智库体系重要组成部分；二、中国大学智库发展的优劣势与路径；三、智库评价的理论与方法；四、大学智库评价"三维模型"FAC；五、Wiki、爬虫技术与中国大学智库数据库；六、中国主要的大学智库；七、中国大学智库的主要特征；八、中国大学智库公共政策参与；九、大学智库发展与评价的政策建议。

诚然，大学智库的研究、评价与排名是一项极具挑战性的工作，因为任何排名都存在着信息、理论、标准、方法以及操作上的不足，因而也注定会引发诸多质疑和争议。从绝对的意义上说，没有引起质疑和争议的智库排行榜是不存在的。但我们有充分的理由相信，在大学智库风生水起、大显身手的今天，这项工作本身是富有价值的，我们所重构的指标体系与"三维模型"也是富有创意的，而且中国大学智库评价与排行榜是一个动态开放系统，任何大学智库都可以通过自己的努力改变在排行榜中的地位，否则就会出现逆水行舟，不进则退的结果。《报告》的初衷即是以正能量的导向,为中国大学智库建设营造一种良性竞争的生态环境,以此激励与推动中国大学智库的创新发展。进而言之,即是在全球智库的激烈竞争中为制定"中国标准",重构智库版图贡献一点绵薄之力。

梅新林

2017 年 9 月 10 日

目 录

第一部分 中国大学智库的基本理论

第一章 大学智库是新型智库体系重要组成部分……（3）
第一节 大学智库是智库体系重要力量……（3）
一 大学智库的基本概念……（3）
二 大学智库是重要的智库组成部分……（12）
三 大学智库是智库高端人才资源的聚集地……（15）
第二节 大学智库是大学成果转化的重要平台……（17）
一 大学成果产生的新趋势和特点……（17）
二 社会对大学成果转化的重要需求……（20）
三 大学智库在成果转化中的平台作用……（23）
第三节 大学智库是大学发展的新使命……（26）
一 大学功能新的拓展……（27）
二 大学服务社会的新使命……（36）
三 大学服务社会的重要内容……（39）

第二章 中国大学智库发展的优劣势与路径 (43)

第一节 中国大学智库发展的优势 (43)
一 学科齐全，综合优势明显 (44)
二 人才集聚，思想活跃，独立性强 (45)
三 专业素养高，理论成果丰硕 (48)
四 对外联系广泛，交流与合作活跃 (49)

第二节 中国大学智库发展的短板 (51)
一 学术性的路径依赖 (51)
二 体制机制的约束 (53)
三 成果转化渠道缺乏 (54)
四 大学智库处在发展和探索阶段 (57)

第三节 中国大学智库发展的路径选择 (60)
一 新型大学智库建设要积极依托大学母体 (60)
二 新型大学智库建设要立足学科优势 (61)
三 新型大学智库建设要积极对接国家和地方战略需求 (64)
四 新型大学智库要坚持特色发展战略 (66)
五 新型大学智库要利用地域和区位优势资源 (68)

第二部分 大学智库评价与"三维模型"FAC

第三章 智库评价的理论与方法 (73)

第一节 国外智库评价的理论与实践 (73)
一 智库评价的学理基础 (74)
二 智库评价的方法 (82)
三 智库评价的指标体系 (86)

第二节　国内智库评价的理论与实践 ……………………… （90）
　　一　智库评价的理论 ……………………………………… （90）
　　二　智库评价的指标体系 ………………………………… （92）
　　三　国内外智库评价研究的简单评析 …………………… （100）

第三节　国内外智库评价的特点、趋势与借鉴 …………… （102）
　　一　智库评价研究的特点与趋势 ………………………… （102）
　　二　对大学智库评价的借鉴 ……………………………… （105）

第四章　大学智库评价"三维模型"FAC ……………………… （108）
第一节　大学智库评价的原则 ……………………………… （108）
　　一　定量与定性相结合 …………………………………… （109）
　　二　普遍性和特殊性相结合 ……………………………… （110）
　　三　系统性和重要性相结合 ……………………………… （112）
　　四　科学性和可操作性相结合 …………………………… （114）

第二节　大学智库"三维模型"FAC的构建与指标
　　　　　体系 ……………………………………………… （115）
　　一　大学智库评价逻辑和总体框架 ……………………… （116）
　　二　契合度：智库认定标准与任务要求相关性的评价 …… （118）
　　三　活跃度：大学智库机构和首席专家的表征搜索的
　　　　评价 ……………………………………………………… （122）
　　四　贡献度：咨政建言采纳、理论研究成果、智库人才
　　　　培养呈现状态的评价 ………………………………… （126）

第三节　大学智库指标权重确定、数据标准化及指数
　　　　　计算 ……………………………………………… （129）
　　一　指标权重确定及其方法 ……………………………… （129）

  二　大学智库评价指标数据标准化……………………………（133）
  三　大学智库综合评价………………………………………（134）

第五章　Wiki、爬虫技术与中国大学智库数据库……………（136）
 第一节　大学智库数据库建设对大学智库评价的意义………（136）
  一　提升大学智库研究和评价技术手段……………………（136）
  二　汇聚大学智库研究的成果………………………………（138）
  三　提升大学智库研究评价的科学性………………………（139）
 第二节　维基技术和爬虫技术在大学智库评价中的应用……（139）
  一　维基技术的起源及特征…………………………………（140）
  二　Wiki技术应用于大学智库数据库与评价的优势 ………（142）
  三　爬虫技术在智库研究评价抓取信息的优势与局限……（146）
 第三节　大学智库的数据库模型设计与数据库建设内容……（152）
  一　大学智库的数据库设计理念与模型构建………………（152）
  二　大学智库数据库建设的主要内容………………………（157）

第三部分　中国主要大学智库及其特征

第六章　中国主要的大学智库……………………………………（163）
 第一节　中国30家著名大学智库………………………………（163）
  一　中国人民大学国家发展与战略研究院…………………（166）
  二　北京大学国家发展研究院………………………………（167）
  三　清华大学国情研究院……………………………………（168）
  四　中山大学粤港澳发展研究院……………………………（169）
  五　武汉大学国际法研究所…………………………………（170）

六　复旦大学中国研究院 …………………………………（171）
七　北京师范大学中国教育与社会发展研究院 ………（172）
八　浙江大学区域协调发展研究中心 …………………（173）
九　厦门大学台湾研究院 ………………………………（174）
十　南京大学长江产业经济研究院 ……………………（175）
十一　武汉大学中国边界与海洋研究院 ………………（176）
十二　四川大学南亚研究所 ……………………………（178）
十三　西南政法大学人权研究院 ………………………（179）
十四　中国政法大学人权研究院 ………………………（180）
十五　中国人民大学重阳金融研究院 …………………（181）
十六　复旦大学国际问题研究院 ………………………（182）
十七　浙江大学中国农村发展研究院 …………………（183）
十八　北京大学国际战略研究院 ………………………（184）
十九　华中师范大学中国农村研究院 …………………（185）
二十　清华大学中国科技政策研究中心 ………………（186）
二十一　南京大学中国南海研究协同创新中心 ………（187）
二十二　浙江师范大学非洲研究院 ……………………（188）
二十三　北京师范大学中国公益研究院 ………………（189）
二十四　浙江大学公共政策研究院 ……………………（190）
二十五　华中科技大学国家治理研究院 ………………（192）
二十六　中国海洋大学海洋发展研究院 ………………（193）
二十七　华东师范大学国际关系与地区发展研究院 …（195）
二十八　中国人民大学人口与发展研究中心 …………（196）
二十九　上海外国语大学中东研究所 …………………（197）
三十　清华中国社会风险评估研究中心 ………………（198）

第二节 中国 70 家重要大学智库 …………………………… (199)

第七章　中国大学智库的主要特征 …………………………… (267)
第一节　中国大学智库的地域分布特征 …………………… (267)
一　北京市 ……………………………………………… (270)
二　上海市 ……………………………………………… (271)
三　浙江省 ……………………………………………… (272)
四　福建省 ……………………………………………… (273)
五　天津市 ……………………………………………… (274)
六　江苏省 ……………………………………………… (274)
七　湖北省 ……………………………………………… (275)
八　湖南省 ……………………………………………… (276)
九　广东省 ……………………………………………… (277)
十　四川省 ……………………………………………… (278)

第二节　中国大学智库的研究领域特征 …………………… (278)
一　聚焦国家治理研究的大学智库 …………………… (281)
二　聚焦行业研究的大学智库 ………………………… (283)
三　聚焦区域发展研究的大学智库 …………………… (285)
四　聚焦国别和区域研究的大学智库 ………………… (287)
五　聚焦文化研究的大学智库 ………………………… (289)
六　聚焦能源环境研究的大学智库 …………………… (292)
七　聚焦"一带一路"问题研究的大学智库 ………… (294)
八　聚焦安全问题研究的大学智库 …………………… (296)
九　聚焦教育研究的大学智库 ………………………… (299)
十　聚焦民族研究的大学智库 ………………………… (301)

第四部分 中国大学智库政策参与和政策建议

第八章 中国大学智库公共政策参与 ·················· (305)
第一节 大学智库参与和影响公共政策的途径 ·············· (305)
一 智库参与和影响公共政策的主要途径 ············ (305)
二 大学智库参与和影响政策的主要形式 ············ (306)
第二节 大学智库参与和影响政策的主要问题 ·············· (315)
一 大学智库参与政策过程存在的主要问题 ············ (315)
二 制约大学智库政策参与和政策贡献的主要因素 ········ (318)

第九章 大学智库发展与评价的政策建议 ·············· (324)
第一节 促进大学智库发展的政策建议 ················ (324)
一 提高新型智库契合度，发挥大学智库优势 ·········· (324)
二 明确功能定位，坚持特色发展 ·············· (326)
三 加强人才队伍建设，提高政策研究质量 ··········· (327)
四 有效利用媒体网络，增加大学智库活跃度 ·········· (330)
五 创新大学智库机制，建立合理激励机制 ··········· (336)
六 搭建交流平台，提升国际水准 ·············· (339)
七 积极参与决策咨询，提高大学智库贡献度 ·········· (340)
第二节 完善大学智库评价的政策建议 ················ (341)
一 发挥大学智库评价的引领作用 ·············· (342)
二 构建科学合理的评价指标体系 ·············· (344)
三 建立多元化的大学智库评价主体 ············· (344)
四 采用先进的大学智库评价方法与技术 ············ (346)

五　规范评价程序，优化评价环境……………………………（348）

参考文献……………………………………………………………（350）

后记（一）　在研究中发展，在发展中进步 ………………（359）

后记（二）　发展中的新型大学智库　变化中的大学智库评价 ……………………………………………………（363）

第一部分

中国大学智库的基本理论

第一章

大学智库是新型智库体系重要组成部分

智力资源是一个国家、一个民族最宝贵的资源。智库是连接思想、知识和政策之间的重要桥梁。中国特色新型智库是以战略问题和公共政策为主要研究对象、以服务党和政府科学民主依法决策为宗旨的非营利性研究咨询机构,是国家和政府科学民主依法决策的重要支撑,是国家治理体系和治理能力现代化的重要内容,是国家软实力和话语权的重要组成部分。大学智库是中国特色新型智库体系的重要组成部分。大学智库建设和发展是大学功能的新拓展、时代赋予的新使命、服务社会和文化传承创新的新内涵,大学智库有其自身特点和自身优势,在战略研究、咨政建言、人才培养、舆论引导、公共外交等方面扮演重要的角色。

◇第一节 大学智库是智库体系重要力量

一 大学智库的基本概念

(一)智库的界定

智库(think tanks)也称思想库,与之相近、相关的中英文词汇有：智囊团（brain trust）、脑库（brain tank）、外脑（out side of brain）、思想工厂（think factory/ideal factory）、脑盒（brain boxes）、思考细胞（thinking cells）、情报中心（intelligence research center），等等。①

那么，究竟何谓智库，则存有争议，不同学者持有不同的看法。唐纳德·E. 埃布尔森（Donalde E. Abelson）提出"智库一般都是专注于公共政策研究的非营利性、无党派组织"。②

詹姆斯·A. 史密斯（James A. Smith）认为智库是一个并不精确的概念，它是被用来泛指从事公共政策分析和研究，并经常提出政策方案的非营利性的研究机构，是从事于力图影响公共政策的多学科研究的独立组织。③

安德鲁·里奇（Andrew Rich）则认为智库是"独立的、不以利益为基础、非营利性的政治组织，它们生产并且主要依靠专家的意见和思想来获得支持并影响政策制定过程"。④

麦甘（James McGann）认为智库有最广义、狭义和广义之别。最广义的观点认为智库是提供公共政策的研究、分析和咨询的机构；狭义的观点认为智库是独立于政府和大学的非营利性的政策研究组织；中庸（广义）的观点认为智库是独立于政府与公司之外的高度自治的

---

① [美]詹姆斯·麦甘恩、理查德·萨巴蒂尔：《全球智库政策网络与治理》，上海交通大学出版社2015年版，第20页；薛澜、朱旭峰：《"中国思想库"：涵义、分类与研究展望》，《科学学研究》2006年第3期。

② [加]唐纳德·E. 埃布尔森：《智库能发挥作用吗？公共政策研究机构影响力之评估》，上海社会科学院出版社2010年版，第11页。

③ James Simon, "The idea brokers: The impact of think tanks on British government". Public Administration, 1993: 8.

④ [美]安德鲁·里奇：《智库，公共政策和专家治策的政治学》，上海科学院出版社2010年版，第6—7页。

政策研究组织。①

国内学者，薛澜、朱旭峰认为，智库（思想库）是一种相对稳定且独立运作的政策研究和咨询机构。②

王莉丽认为，思想库是以政策研究为己任，以影响公共政策和舆论为目的的研究机构。③

由以上可知，智库的界定关键词是：独立性、非营利性、政策研究、政策咨询。当然，随着时代和智库的发展，智库的一些特性界定需要进行调整。比如独立性问题，曾经被认为是智库的主要特质之一，现在也需要重新检视。埃布尔森认为，将智库的定义限定为"独立机构"不再有意义，因为各国制度不同，比如中国的智库，比如西方的一些政策倡导型智库。④

中国特色新型智库是"以战略问题和公共政策为主要研究对象、以服务党和政府科学民主依法决策为宗旨的非营利性的研究咨询机构"。"特"在坚持党的领导、服务决策为导向、官方智库贴近决策层⑤；"新"在组织形式和管理方式创新，国家责任感、思想创新组

---

① [美] 詹姆斯·麦甘恩、理查德·萨巴蒂尔：《全球智库政策网络与治理》，上海交通大学出版社 2015 年版，第 19—20 页。麦甘恩、麦甘是同一人，只是译法的差异——编者注。

② 薛澜、朱旭峰：《"中国思想库"：涵义、分类与研究展望》，《科学学研究》2006 年第 3 期。

③ 王莉丽：《旋转门：美国思想库研究》，国家行政学院出版社 2011 年版，第 26 页。

④ [加] 唐纳德·E. 埃布尔森：《智库、外交政策和地缘政治》，南京大学出版社 2019 年版，第 4 页。

⑤ 李国强：《对"加强中国特色新型智库建设"的认识和探索》，《中国行政管理》2014 年第 5 期。

织力、培育舆论影响力和人才吸纳机制创新①。中办国办对中国特色新型智库的界定是"中国特色新型智库是以战略问题和公共政策为主要研究对象、以服务党和政府科学民主依法决策为宗旨的非营利性研究咨询机构"②。

我们认为，智库是自主的、从事政策研究和政策咨询，以试图影响政策过程和公共舆论的非营利性的实体性研究机构。可以说，中国特色新型智库的"特色"是相对于西方智库"特色"而言，是一个横向比较的概念，与中国特色的社会主义制度相联系；"新型"智库是一个纵向比较的概念，是相对于中国传统的政策研究咨询机构而言③。

（二）智库的功能

有学者认为，智库的非政府、非营利性和独立性是英美传统，智库概念应从功能而非组织形式角度界定④。智库影响政策的方式包括接受媒体采访，在媒体发声、参加国会听证等。有人认为，智库具有理性决策外脑、边缘利益代言和社会监督三大职能⑤。智库主要功能包括促进公民社会成长、人才培养和人才资本进步，储备和管理人才；为候选人出谋划策，乃至直接担任高官，参与政策制定，充当外

---

① 陈雨露：《新型中国智库，新在哪里》，人民日报，2015年1月28日，第005版。

② 中共中央办公厅、国务院部办公厅：《关于加强中国特色新型智库建设的若干意见》，2015。

③ 陈国营、周超逸：《中国特色新型智库建设之道：供需、对接机制和制度环境》，《中共杭州市委党校学报》2019年第6期。

④ Pautz H. Revisiting the think-tank phenomenon [J]. Public Policy and Administration, 2011, 26 (4): 419-435.

⑤ 薛澜、朱旭峰：《中国思想库的社会职能——以政策过程为中心的改革之路》，《管理世界》2009年第4期。

交思想的掮客①，扮演"二轨"外交功能，是外交政策议题的设置者和政策倡导者，充当"影子政府"的角色。

根据《关于加强中国特色新型智库建设的意见》，中国特色新型智库的功能定位主要包括：党和政府科学民主依法决策的重要支撑、国家治理体系和治理能力现代化的重要内容和国家软实力的重要组成部分。决策咨询制度是社会主义民主政治建设的重要内容。改革开放以来，我国智库建设事业快速发展，为党和政府决策提供了有力的智力支持。当前，需要大力加强智库建设，以科学咨询支撑科学决策，以科学决策引领科学发展。纵观当今世界各国现代化发展历程，智库在国家治理中发挥着越来越重要的作用，日益成为国家治理体系中不可或缺的组成部分，是国家治理能力的重要体现。智库也是国家软实力的重要载体，越来越成为国际竞争力的重要因素，在对外交往中发挥着不可替代的作用。中国的快速发展，需要发展和建设智库，发出中国声音，发挥中国特色新型智库在公共外交的重要作用，增强我国的国际影响力和国际话语权。

根据教育部《中国特色新型高校智库建设推进计划》，中国特色新型大学智库主要包括战略研究、政策建言、人才培养、舆论引导、公共外交五大重要功能。大学智库建设发展需要发挥基础研究实力雄厚的优势，发挥学科门类齐全的优势，发挥人才培养的优势，发挥高校学术优势，发挥对外交流广泛的优势，加快中国新型大学智库发展步伐。

（三）西方发达国家智库发展历程

智库的兴起与经济社会的发展有着重要的联系，智库形式的变化

---

① McGann J. G. Think Tanks and the Transnationalization of Foreign Policy in the Role of Think Tanks in U. S. [J]. Foreign Policy—U. S. Foreign Policy Agenda, 2002, 7 (3).

与内涵的拓展都与社会需求息息相关。现代意义上的智库真正发展于"二战"期间的西方发达国家。但从智库的发展脉络来看可以追溯到启蒙运动时期,根据智库发展的形态与背景不同,可以把智库发展历史大致分为三个阶段①。

第一阶段,西方启蒙运动、工业革命至第二次世界大战,是智库产生并初步发展的时期。一方面,启蒙运动在推动西方国家思想解放的过程中,极大地强化了科学精神和理性观念在社会发展中的地位,客观性、专业化思维在发展理念、决策部署中受到更多的重视,专家学者的作用开始越来越多地为社会所关注。另一方面,工业革命使专业化分工越来越细、发展面临的现实问题越来越复杂,公共决策不得不更多地仰仗于科学、知识、专业等理性的力量,统治者仅依靠经验制定公共策略已难以应付层出不穷的社会问题。在此时代背景下,专门为统治者决策服务的各类咨询研究组织应运而生。

英国被认为是智库最早的发祥地,其最早具有智库研究特点的组织是成立于1884年的费边社。这类组织往往由经济、社会发展涉及的各学科专家组成,产业化经营特征明显。它以专业化知识与经验为依托,以论证报告、研究方案和咨询建议为产品,为各类社会机构服务。这很快为人们所接受,逐渐成为西方国家政府决策的重要环节。第一次世界大战之后,西方国家面临许多复杂的社会矛盾与问题,对政府内政外交政策等方面的决策带来空前的挑战,仅靠政府自身力量决策难以解决问题。为此,西方国家政府开始向更专业、系统的智库寻求帮助。1916年,美国成立了专门的决策咨询研究组织——政府研究所,也就是布鲁金斯学会的前身;英国于1920年成立了英国皇

---

① 刘宁:《智库的历史演进、基本特征及走向》,《重庆社会科学》2012年第3期。

家国际事务研究所，这是现代智库的起源。之后，伴随着世界性经济危机中大量经济、社会矛盾的爆发，政府治理中一系列问题的出现，西方发达国家陆续成立了一批各具特色的智库，典型代表是美国布鲁金斯学会、对外关系委员会等。

第二阶段，第二次世界大战结束至20世纪90年代，是智库快速发展的时期。"二战"结束后，世界各国特别是西方国家各种社会矛盾与问题堆积如山，国内矛盾突出。国际政治中，以苏联与美国为核心形成了针锋相对的两大阵营，外部的环境对智库发展提出了对综合性、前瞻性决策研究的迫切需要，也使智库进入了高速发展阶段。20世纪70年代之后，新科技革命和新技术的广泛运用，使智库发展具备了应用现代方法、技术从事专业研究的更大可能。智库的发展使其不仅囊括了各种交叉学科和边缘学科及其专家，更形成了精细化的专业分工与系统化的综合分析能力，智库研究成果在政府决策中的作用日渐突出，政府委托性课题在智库研究中的比重也不断增大。同时，有关智库发展运行的法律制度也日渐健全，智库的运作实现了制度化与规范化。

这一时期，美国成为西方国家智库发展的中心。第二次世界大战期间，由于战争的需要，美国政府组织大批专家、学者参与到相关的决策与研究工作中，并收到明显的成效。战争结束后，专家与官员、知识与政治结合带来的巨大收益使美国政府对智库发展有了更为深刻的认识。同时，美国分权制衡的政治制度使战争中崛起的巨大财团产生了维护各自利益的强烈需求，纷纷对智库发展提供了必要的资金支持，兰德公司和城市研究所等著名智库迅速崛起，成为社会生活，特别是政治与社会管理领域不可缺少的一部分。

20世纪70年代是西方国家社会发展的重要转折期和智库发展的

突破期。国际政治格局中两极政治的激烈战斗、日本和欧盟经济的崛起、民族解放运动在世界范围内的发展、越南战争对美国国内造成的失落心态，以及西方国家内部诸如水门事件等政治丑闻，都刺激智库发展应对极大的社会需求。美国的传统基金会、美国企业研究所、威尔逊研究中心、卡特中心、尼克松中心，英国的政策研究中心、亚当·斯密研究所、公共政策研究所和德国的经济研究所等智库都成立于这一时期。一大批智库的出现，在西方几个主要发达国家，特别是美国，形成了规模可观的智库市场。

第三阶段，20世纪90年代至今，是智库改革创新、力求实现新突破的时期。20世纪90年代之后，国际政治格局发生重大变化，不同国家面临政治生态的调整过程。在此过程中，智库的作用逐渐在全世界范围为人们所认可，智库已经成为现代国际政治与社会发展的一大特征。同时，在内外环境发生深刻变化的情况下，智库本身为更好地实现向政策制定者灌输其思想进而影响决策的目的，也结合不断变化发展的形势，实现着自我的调整、创新。

（四）中国特色新型大学智库

许多发展中国家和新兴经济体随着经济社会发展，智库建设开始受到高度重视，智库开始步入快速发展轨道。

随着经济社会的不断发展，中国全面建成小康社会已进入决定性阶段，破解改革发展稳定难题和应对全球性问题的复杂性与艰巨性不断增加，国家与政府迫切需要健全中国特色决策支撑体系，大力加强智库建设，以科学咨询支撑科学决策，以科学决策引领科学发展。中国的迅速崛起和现实战略发展以及决策需要使智库建设上升到国家战略高度。

2007年，党的十七大报告第一次提及智库，"繁荣发展哲学社会科学，推进学科体系、学术观点、科研方法创新，鼓励哲学社会科学界为党和人民事业发挥思想库作用，推动我国哲学社会科学优秀成果和优秀人才走向世界"。

2012年，党的十八大报告提出"坚持科学决策、民主决策、依法决策，健全决策机制和程序，发挥思想库作用，建立健全决策问责和纠错制度"。

2013年4月，习近平总书记对建设中国特色新型智库作出重要批示，这是中国最高领导层第一次就智库建设作出专门的重要批示。

2013年11月，党的十八届三中全会《关于全面深化改革若干重大问题的决定》提出要"加强中国特色新型智库建设，建立健全决策咨询制度"。

2014年，在中央全面深化改革领导小组第六次会议上，习近平总书记就我国建设新型智库问题发表了重要讲话。他指出，进行治国理政，必须善于集中各方面智慧、凝聚最广泛力量。改革发展任务越是艰巨繁重，越需要强大的智力支持。要从推动科学决策、民主决策，推进国家治理体系和治理能力现代化、增强国家软实力的战略高度，把中国特色新型智库建设作为一项重大而紧迫的任务切实抓好。习近平总书记多次对智库建设作出重要批示，指出智库是国家软实力的重要组成部分，要高度重视、积极探索中国特色新型智库的组织形式和管理方式等。这些重要论述既表明智库建设是推进国家治理体系和治理能力现代化的重要内容，又为建设中国特色新型智库指明了根本方向、提出了总体要求。

2014年2月，教育部印发《中国特色新型高校智库建设推进计划》，指导和推进中国特色新型大学智库的建设和发展。

2015年1月，中共中央和国务院办公厅联合发文《关于加强中国特色新型智库建设的意见》（简称《意见》），指导中国特色新型智库建设，总体目标是到2020年，形成定位明晰、特色鲜明、规模适度、布局合理的中国特色新型智库体系，重点建设一批具有较大影响力和国际知名度的高端智库。中国智库建设和发展步入快速发展的新阶段。

2015年12月，国家高端智库建设试点工作启动会在京举行，共有25家机构入选首批国家高端智库建设试点单位。

二 大学智库是重要的智库组成部分

大学智库是立足于大学的学科和研究基础与传统发展而来的，和大学具有附属关系，要么是完全依附于大学、大学学院或大学内设的研究组织，要么是依附于大学，但组织和管理相对独立的实体性政策研究组织。相对于其他类型的智库，具有学科齐全、人才集聚、对外交流广泛、基础研究和理论研究积累雄厚、跨学科与独立性强等比较优势。因此，大学智库是智库体系的重要组成部分和力量。

从国际上看，大学智库是智库体系的重要组成部分。据美国宾夕法尼亚大学推出的《全球智库报告2015》，美国拥有1835个智库机构，世界排名前10位的智库中美国占了6个；美国75%的智库设在大学。①

世界上许多大学智库关注非常小的一个领域，长期跟踪研究，获得较高的知名度。如英国的萨塞克斯大学发展研究院（IDS），是一个在国际上较有影响的专注于国际发展交流的智库；美国乔治城大学战略和国际问题研究中心，它主要研究政治与军事、国际资源、对外政

---

① [美] 詹姆斯·G. 麦甘：《全球智库报告2015》，上海社会科学院出版社2016年版。

策和第三世界问题。知名的大学智库还有美国哥伦比亚大学国际动态研究所、美国斯坦福大学亚太研究中心、斯坦福大学胡佛研究所（全称：战争、革命与和平胡佛研究所）、斯坦福大学国际安全与合作中心、哈佛大学贝尔福科学与国际事务中心、哈佛大学肯尼迪政府学院贝尔福中心，等等。

相对于西方发达国家，中国的大学智库更是整个智库体系的重要组成部分。这是因为，组织、人事和经费都比较独立的智库在中国是比较匮乏的，社会智库相对于党政智库、大学智库，发展更为滞后。大学智库在中国整个智库体系中数量最多、学科最齐全、人才最集中、涵盖领域最为广泛，是智库体系的重要组成力量。大学智库作为智库的重要组成部分，在战略研究、政策建言、人才培养、舆论引导和公共外交等领域，正发挥着日益重要的功能和作用。

按照2014年中共中央和国务院办公厅制定的《关于加强中国特色新型智库建设的意见》，把中国智库细分为四大类，并分别提出了具体的发展要求。

第一类是社科院和党校行政学院智库。其发展目标是围绕提高国家治理能力和经济社会发展中的重大现实问题开展国情调研和决策咨询研究。

第二类是高校智库。高校智库指的是隶属于大学的从事政策研究和决策咨询的组织，这类智库是由大学单独或在其他机构、团体的协助下创建的。高校具有学科齐全、人才密集和对外交流广泛的优势，高校智库的发展目标是打造一批党和政府信得过、用得上的新型智库。

第三类是高水平科技创新智库和企业智库。此类智库需要围绕建设创新型国家和实施创新驱动发展战略，研究国内外科技发展趋势，提出咨询建议，开展科学评估，进行预测预判，促进科技创新与经济社会发展深度融合。支持国有及国有控股企业兴办产学研用紧密结合的新型智库，围绕国企改革、产业结构调整、产业规划、产业技术水平、产业政策、重大工程项目等展开决策咨询研究。

第四类是社会智库。社会智库主要是由民间出资组织、从事政策研究的非营利性机构。社会智库大多由企业、私人或民间团体创设，在组织上独立于其他任何机构。社会智库是中国特色新型智库的组成部分，要坚持把社会责任放在首位，由民政部会同有关部门研究制定规范和引导社会力量兴办智库的若干意见，确保社会智库遵守国家宪法法律法规，沿着正确方向健康发展；规范咨询服务市场，完善社会智库产品供给机制；探索社会智库参与决策咨询服务的有效途径，营造有利于社会智库发展的良好环境。

由此可见，大学智库相对于其他几类智库，具有其自身独特性和优势，在智库建设最为发达的美国，75%的智库设在大学之中。[①] 就我国来看，大学人才资源集中，聚集了国内近八成的社科力量、近半数的两院院士以及数量巨大的研究生与本科生队伍，可以为智库建设提供有力的人才支撑；学科门类齐全，有利于解决横跨自然科学、工程技术和人文社会科学多个学科的综合问题；基础研究力量雄厚，可以为智库开展政策研究、战略研究提供丰厚的学术底蕴；对外学术交流和合作广泛深入，能够为开展战略研究和政策研究提供广阔的国际视野和国际学术网络。因此，加强大学智库建设和研究对我国新型智库体系的构建具有重要意义。

---

① 张东刚：《发挥高校优势打造新型智库》，中国教育新闻网 http://www.jyb.cn/talk/ftjb/201403/t20140324_575221.html。

三 大学智库是智库高端人才资源的聚集地

大学历来是高端人才的孕育地和集聚地。从中世纪开始,大学便是第一流学者和思想家活动的舞台和场所,也是培养新一代学者和思想家的苗圃,产生了如但丁、佩特拉克、薄伽丘、伊拉斯谟、胡斯、哥白尼、马丁·路德、伽利略和培根等伟大的天才和他们的卓越思想。随着时代的发展,现代大学不仅为社会培养了大批高层次人才,成为高端人才的集聚地,还成为所在国家科学文化水平发展的重要标志、思想创造和智慧产生的集中地,国家重大社会、政治、经济决策智库的来源地,对国家乃至世界的经济增长、高新科技发展和社会进步发挥着重要作用。

人才是智库的第一资源和建设核心。国家发展需要智库,智库需要智人,核心是出智慧。在著名的美国胡佛研究所,目前有146名常驻研究人员,包括杰出学者1人、高级学者80人、高级研究员4人、研究员61人。这些常驻研究人员是胡佛研究所的研究主力,这些学者基本上是各个领域拥有很高知名度、得到社会广泛认可的学者。在这些学者中,有105人是美国各类院士和各类奖章的获得者(见表1-1)。[①]

表1-1　　　胡佛研究所常驻研究员中院士和各类奖项一览表

院士和奖项	人数	院士和奖项	人数
美国艺术和科学学院院士	25	美国国防部杰出服务奖章	3
美国政治和社会科学学院院士	1	美国财政部杰出服务奖章	1

---

① 陈英霞、刘昊:《美国一流高校智库人员配置与管理模式研究——以斯坦福大学胡佛研究所为例》,《比较教育研究》2014年第2期。

续表

院士和奖项	人数	院士和奖项	人数
美国哲学协会会员	4	国家情报杰出服务勋章	1
美国科学院院士	6	丹·大卫奖	1
美国教育学院院士	5	亨利·基辛格和平奖	1
美国工程院院士	1	法兰西共和国荣誉军团勋章	1
美国经济协会会员	12	波兰十字骑士荣誉勋章	2
诺贝尔奖	4	麦克阿瑟奖	3
总统自由勋章	4	美国经济学会约翰·贝茨·克拉克奖章	3
美国国家科学奖章	1	布拉德利奖	12
美国国家人文科学奖章	6	本杰明·富兰克林公共服务奖	2
美国国务卿杰出服务奖章	2	艾森豪威尔领导和服务奖章	1
乔治·华盛顿自由基金会荣誉勋章	3		

高端人才的集聚使大学智库建设具有先天优势。大学高端人才汇集，学科门类齐全，基础研究力量雄厚，对外学术交流和合作广泛深入，这些为大学智库建设提供了极宝贵的资源。大学智库多是在充分发挥基础研究优势的基础上不断进行知识转化和推广而形成的，著名大学均有多个优势学科和优势研究领域，这些研究中心或研究所都可以生成智库，如哈佛大学贝尔福科学与国际事务研究中心、国际发展中心、魏德海国际事务中心都是全球知名的大学智库。以胡佛研究所为例，其凭借在国内经济政策、国际事务、环境研究领域的研究而著称，在这几个领域的世界排名都位于前列，而这些学科正是斯坦福大学的优势学科。在美国最为权威的USNEWS大学排名2012年度分专业排名中，斯坦福大学的环境研究排名第1位，经济学排名第5位，斯坦福大学强大的学科优势，为胡佛研究所的政策研究提供了深厚的根基。

中国大学是中国高端人才的重要聚集地。有数据表明，大学拥有全国近80%的社会科学力量、60%的"国家千人计划"入选者、50%的两院院士，以及规模庞大的研究生队伍。[1] 此外，教育部实施"长江学者奖励计划"以来，截至2015年共有201所高校聘任了3084名长江学者，其中特聘教授1991名，讲座教授867名。[2] 2004年，教育部启动"新世纪优秀人才支持计划"，该计划每年遴选支持1000名左右的优秀青年学术带头人。在创新团队与基地建设方面，教育部高层次创造性人才计划共遴选支持创新团队254个，仅"计划"颁布的第一年，即2006年，就确定资助51个学科创新引智基地，共引进诺贝尔奖获得者2名，10个国家的院士40名以及29个国家和地区的教授级同等职位者近400名，基地的合作研究人员500余名。[3] 2015年，有47个新建基地获得立项，北京航空航天大学、北京理工大学、南开大学、复旦大学等一批优秀高校均有基地入选。

◇第二节 大学智库是大学成果转化的重要平台

一 大学成果产生的新趋势和特点

在相当长的一段时间内，中国高校学术研究成果和知识转化存在

---

[1] 李卫红：《大学在新型智库建设中的使命担当》，人民日报，2014年2月16日第5版。

[2] 根据教育部历年《教育部关于公布年度长江学者特聘教授、讲座教授名单的通知》情况统计。

[3] 李燕萍、吴绍棠：《人才强国战略与中国特色的人才资源开发》，科学出版社2010年版，第161页。

比较大的局限性。一方面，高校人文社会科学知识的社会贡献主要通过人才培养、政府委托项目、专业性期刊和专著、"明星"学者"个体作坊式"的知识普及等途径来实现。近年来，由于知识服务在经济、政治、社会活动中的作用日益显著，人文社会科学研究的功能被重新认识和认可。另一方面，受到高校质量评估运动和问责制的影响，大学科研活动越来越关注"质量指标"，这些指标通常参照自然科学的惯例，主要依据文献引用率和所发表期刊的影响力来评价学者的研究水平，但这些指标难以全盘照搬到人文社会科学研究的评价中。

无论从大学社会服务功能的拓展，还是从科研评价机制完善的角度，高校人文社会科学知识服务的机制需要重新探讨。我国高校人文社会科学近年的发展趋势可以从成果产出情况进行分析与总结。进入21世纪后，我国高校人文社会科学在研发人员、经费投入、项目数量、论文和专著数量等指标上稳中有升，但相关学科的知识服务水平却没有显著提升（见表1-2）。其中2009年、2010年向有关部门提交的研究开发项目成果数还出现了大幅下降的趋势。较之人文社会科学研究在这一时期的产出总数量，人文社会科学知识的社会贡献相对乏力。

人文社科类的学术成果在转化实际应用过程中存在困难与其研究性质密切相关，人文社科的学术研究比较多地集中在基础性研究，而应用性研究相对较少。第一，人文社科的基础研究已形成相对成熟的挑选与评价机制，研究者能够根据相关的规则进行研究，研究成果的水平具有目标可达性；但在应用成果研究上，由于其评定是由科学界以外"制度化的参考群体"作出，而他们的职责是促使研究成果实用化，所以高校人文社科研究人员因为缺少渠道、不熟悉其评价体系而对相关的研究望而却步。第二，高校人文社科研究者在长时间的研究过程中都形成了较为自由的问题研究选择，可以根据自己关注的内容进行研究工作,而应用研究则是有目标性的研究,更多考虑特定使用者的需要。第三,在研究过程中,基础研究学者有更大自由度来决定是否延续原来的研究思路,或者转移到那些他们认为更有趣或更有发展前景的问题上,而应用性研究一旦开始,研究者并不期望有所变动,灵活性相对较弱,也为研究者带来了不适感。

表 1-2　　　　　　2008—2012 年人文社科成果产出表①

年份	2008	2009	2010	2011	2012
专著	N/A	27021	26230	26382	26700
论文数量	N/A	312807	318038	323153	320638
提交有关部门数	7570	5679	6464	8166	8878
被采纳数	3901	3347	3545	4562	4407

大学的传统功能是教学和科研,从学术和知识的角度看,大学的主要功能是知识创造、知识积累;相应地建立了一套学术成果的评价机制。随着大学的发展,其使命已从人才培养、科学研究拓展到社会服务、文化传承创新,大学走向了大众化、普及化和国际化。由此,大学对知识和学术成果的重视从创造、积累开始转向转化和应用。这种转变需要相应调整大学成果评价标准和指标体系作为支撑。这为大学学术研究成果研究定位和目标提出了新的挑战和要求,也为大学学术研究成果转化提供了新的契机。

高校的科技成果转化已基本形成固定模式,而人文社科的研究成果大部分还处于"休眠"状态,随着我国对智库的重视程度逐渐提高,原本沉淀在高校当中的人文社科类研究成果也随之激发了活力,相关研究人员也产生了新的知识产出模式,而这种模式与社会的发展

---

① 据教育部统计进行汇总,来源网址:http://www.sinoss.net/tongji/。

更贴近，成为了大学学术成果发展的新趋势。战略研究、咨政建言、人才培养、舆论引导和公共外交等方面需要大学适应智库建设和发展的内在逻辑，加大对国家和区域重大发展战略问题研究、前瞻性研究，创新科学成果转化评价机制，加快将基础研究、理论研究转化政策研究，变成高质量的思想引领、舆论引导和咨政建言等成果转化。

二　社会对大学成果转化的重要需求

（一）大学学术成果是现代国家治理体系的重要组成部分

大学自产生以来，就是人类智慧、知识和精神产生、汇集，向外界辐射、散播的场所。经济社会发展对大学的新要求不断提高，大学的功能也随之不断扩充。大学的社会服务形式出现了重要转变，政策研究从单学科走向多学科，由个人行为走向集体行为。大学为社会服务的现代形式就是大学的"智库"，尤其在综合性、研究型大学，它是体现多元化功能、服务于国家和社会的一种现代形式。

当前，我国进入全面推进中国特色社会主义现代化建设的关键时期，经济、政治、社会、文化、外交和全球战略各领域面临着深刻变革和科学发展的一系列重大问题。随着中国国际地位的不断提升，如何应对世界格局和全球秩序转型的机遇和挑战，迫切需要进行理论创新、制度创新和政策创新，迫切需要文化、精神和价值观的引领，发出中国声音，增强中国在全球的影响力。在这种形势下，大学需要充分发挥自身在智库建设方面的优势，学术成果以学科的交叉、集成为依托，对国际国内政治、经济、社会的重大现实问题和理论问题开展战略性研究，不断形成有影响力的学术成果和决策咨询成果，显得尤为重要。因此，大学学术成果及其有效转化逐渐成为国家治理体系的重要组成部分，在国家治理体系和治理能力现代化过程中发挥着越来越重要的作用。

（二）社会与大学学术成果之间需要破除壁垒

一般来说，大学知识（特别是人文社科）对社会产生影响的应用主要可以体现为以下三种形式：一是工具性运用，即实质性地服务于特定问题的决策，比如咨政建言；二是符号性运用，即用研究结论为某种政策立场提供注解，如科学普及；三是概念性运用，即运用理论或假设，为重新界定问题提供新的思路，如对相关政策进行评估。

通常，大学知识（特别是人文社科）对公共政策和实践的贡献并非那么直接和明显，因为决策者通常综合运用不同的概念和理论，难以清晰鉴定特定理论的贡献。人文社会科学知识对社会实践的影响可以理解为一个层次不断提升的连续体，包含以下五个层次：一是知识传播，将研究成果传达至有关实践和专业人员；二是认知，研究成果被实践和专业人员阅读和理解；三是参考，研究成果被实践者的报告或行动策略所引用；四是影响，研究成果影响了决策者的选择和决定；五是应用，研究成果直接被实践者和专业人员采用。

从知识转化机构的运作和活动类型看，可以将人文社会科学知识转化分成"学术咨询""合同研究""合作研究""培训""人员流动"五种常见途径（见表1-3）。学者们参与这些活动的程度不尽相同。

表1-3　　　　　　　　人文社会科学知识转化的活动类型①

活动类别	定义	对知识的贡献
学术咨询	受非学术部门（企业、政府部门、专业团体）委托而提供技术、建议和咨询服务	短期内完成知识应用

---

① 资料来源：Julia Olmos-Penuela, Elena Castro-Martínez, Liney Adriana Manjarrés-Henríquez. Knowledge *Transfer In Humanities And Social Science Research Groups：The Relevance Of Organizational Factors*, INGENIO（CSIC-UPV）Working Papers. 2010.

续表

活动类别	定义	对知识的贡献
合同研究	根据与非学术部门订立的合同而开展应用性研究活动	产生新知识
合作研究	受非学术部门委托,双方共同参与研发项目	产生新知识
培训	应非学术部门要求而组织"量身定制"的课程或其他活动	短期内完成知识应用
人员流动	学术人员在大学与其他社会部门之间的临时性流动,如到企业担任顾问	短期内完成知识应用

在我国,大学科研成果的生产和社会需求之间存在很多障碍。一方面,高校具有充足的智力资源和多学科交叉的土壤,从而保证其强大的科研实力。因此,缺乏对社会问题独特视角与逻辑水平的社会企业、单位迫切希望大学科研成果能够为之所用;另一方面,高校的学术成果却因可行性、经济性与社会性等壁垒无法实现与社会需求顺利对接。大学学术成果在较长的一段时间内都无法直接作用于现实问题的解决,究其原因在于其间存在着壁垒。据发改委的数据,我国的科技成果转化率仅为10%左右,远低于发达国家40%的水平。[①]

从大学研究文化看,政策研究成果远不如传统学术研究更容易获得正式认可;大学政策研究的影响力主要以研究者个人名义,而非研究团队的名义呈现在公众面前;研究者和决策部门的联系有赖于"关系"资历,除了少数政策研究者外,多数研究机构和人员难以直接接触决策部门,缺乏研究成果向政策研究转化的制度化渠道;大学政策研究面临严峻的活动资金困难,研究经费资助的渠道单一且竞争异常激烈;在评价制度方面,获得政府官员"批示"的政策研究者能获得最好褒奖,更多的情况是大学研究成果好不容易通过一定渠道传递到

---

① 国家发改委:《中国科技成果转化率10%远低于发达国家》,经济参考报,2015年3月29日。

决策者手中，但缺乏反馈，往往没有下文。因此，单一的评价方式和智库供需之间的脱节导致为数众多、水平更高的研究人才和研究成果被湮没，这反过来进一步挫伤大学研究者开展政策研究的积极性，阻碍研究成果的转化。

因此，需要通过消除壁垒才能够使大学的学术成果与社会发展更好地对接。在大学研究成果和社会需求之间实现有机的衔接。智库被誉为架接知识和权力的桥梁，大学智库功能和使命的提出和发展在大学研究成果和知识转化成社会推动力过程中扮演了重要的角色。大学智库的建设工作为大学知识的社会性转化提供更加有力的制度化保障，富有效率。通过一些特定的表现形式与转化机制，有助于大学科学研究和知识成果成功实现转化，促使更好地实现大学智库服务社会、服务文化传承创新等重要功能，促进社会经济发展和社会进步。

三 大学智库在成果转化中的平台作用

（一）大学智库提供了咨政建言的平台

学术成果转化方式和类型的多样性，意味着高校的知识转化政策和评估制度需要分层、分类推进；人文社会科学的学科多样性，也决定了知识转化的成果形式必然是异彩纷呈的。在众多人文社会科学的知识服务形态中，以稳定的专家（通常来自多学科）团队形式运作，为政府在政治、经济、社会、科技、军事、外交等领域决策提供理论、策略、方法支持的智库，是人文社科知识服务社会和文化传承创新的有效载体之一。

智库可以将高校的学术研究成果转化为服务社会、服务政府重大决策的重要力量。大学智库作为一个平台，将大学学术成果转化为对国家、对社会实践的影响，成为政府决策的"影子内阁"，即提供咨询、制造舆论、传播思想、改变观念。

由于研究文化与决策文化存在差异，研究者和决策者在立场、地位和视角等方面也有分歧，研究成果要直接影响决策相当困难，它们之间往往不是线性的直接关系，更多的是一种"启蒙"或"渗透"的间接关系。研究一方面帮助大众了解与思考相关政策议题；另一方面帮助决策者拓展视野，发现新的政策议题，形成新的政策思路。借助智库，可以促进大学加强跨学科、多学科和交叉学科研究；促进研究人员和研究团队之间，研究者、决策者与实践者之间，大学、政府与企业之间，以及国家间与国际组织之间的合作。大学智库为连接研究人员与决策者之间交流沟通提供中介，创造与决策者、与大众的互动机会，为大学研究成果服务社会、转化为公共政策提供了制度化渠道和平台。

大学智库影响政策的方式多种多样，如承担政府课题项目，参与政府组织的立法咨询和决策咨询，为政府培养人才和培训人员，向政府机构和决策者提供政策研究报告；发行出版物和政策简报，召开各种形式的会议和讲座，演讲和授课，公开发表论文，建立相关网站并充分利用大众传媒等。总之，大学智库为研究者树立政策意识，增强现实关怀，增进社会责任感和使命感，提升合作能力，推动研究成果转化，提出了新的要求，也提供了新的平台。

（二）大学智库是政策思想的"发源地"

大学智库一方面可以开展政策的理论研究，产生新的政策思想；另一方面通过关注实践，解决现实中的各种问题，为决策提供可选择的政策方案。大学尤其是综合性、研究型大学，是学术研究的重镇，是创造思想、产生智慧的源泉。

相对于其他类型智库而言，大学智库在人才和学术资源方面优势明显。大学一是可以有效利用学科齐全、人才聚集和对外交流广泛的优势，加强基础研究、理论研究，尤其是跨学科研究，加强学科领域之间的整合，产生新的思想、新的理论、新的政策思想，推动政策制定者产生创新型政策观点和项目，推动社会发展。二是大学智库相对于党政等官方、半官方智库，组织独立性更强，可以更好地开展基础性研究、前瞻性研究和重大战略问题研究，产生具有持久影响力的研究，生产新思想、新观念、新政策，促进社会价值观发生积极的变化，引领社会发展。三是各个大学在智库建设过程中，可以结合各自学校的优势和已经形成的学术传统开展有针对性的研究，形成自己的学术特色与研究风格，可以形成一些小而精，具有鲜明专业特色的智库。

各个大学智库在建设过程中，需要了解和熟悉政策研究报告的写作要求，转变之前学术化倾向较重的研究风格，避免过分专业化的学术语言，采用大众的、通俗的"政策"语言风格，以尽可能简洁精练的内容形式呈现研究成果，加强对研究成果的转化力度；加强对前瞻性、重大战略性和重大现实性问题的研究，避免停留于对政策的解释、说明或附和，避免抽象式的宏大叙事或定性思辨的单一研究方法，加强定量、实证性的调查研究和跨学科研究，倡导基于事实和数据基础之上的政策建议，为决策者提供新的政策思想和多种解决方案，进而影响公共决策。

(三) 大学智库是学术对外传播的重要平台

在大学国际化程度日益加深的时代，大学越来越成为文化传承创新和对外学术交流、传播的重要平台。大学智库是一个面向全球开放的平台，高水平大学智库对全球具有重要影响力，有能力成为区域经济和国际交流合作的信息与知识的传播者。

大学智库成为学术研究和成果对外传播的重要平台，其传播的主要方式和途径有如下五点：一是大学智库通过举办学术活动，实现文化、技术和政策思想等向外传播的目的。各大学智库往往有一定的学术地位，可以举办学术会议、学术论坛和沙龙等，邀请专家、学者、企业、政府人员等参会和交流，让政策共同体有机会交流甚至辩论，促进相互理解，形成新的知识、新的政策思想，讨论新的研究提议，新的政策备选方案，然后以内容概要的形式结集出版，对外传播。二是公开发表论文、出版著作、出版和发布政策研究报告，在报纸发表文章，就某些政策发表看法，传播学术成果、政策思想和政策方案。大学智库可以借助与知名的学术期刊联系紧密的优势，刊发科学界、社会和决策者关心的前沿问题，并将最新研究成果传播给社会各界。三是大学智库可以做好智库网络平台的建设，充分利用互联网的技术优势，宣传智库重要活动、重要研究成果，吸引专业人士和公众访问浏览或下载，实现对外传播。四是智库专家接受传统媒体，如电视、广播和网络新媒体采访，就重大政策问题表达专业意见，引导社会舆论和公众议程。五是大学智库可以借助国外大学、智库机构的交流和合作平台，尤其是通过设立的海外学术研究中心，加强与国际的交流和对话，将智库重要和最新研究成果实现对外传播。

◇第三节　大学智库是大学发展的新使命

当今，智库已成为国家软实力和国际话语权的重要象征。随着全球化的深入发展和知识经济的初步形成，世界各国面临政治、经济、能源、环境、生态、文化、战争、反恐与安全等大量全球性问题，综合国力竞争中智库的地位和作用更加凸显，智库成为各国决策者在处理政治、经济、社会、科技、军事、外交、文化等问题时所倚重的一支重要力量。从国际上看，智库在当代国家的发展和治理中均发挥着重要作用。西方国家政府或政党提出政纲和各类法案、议案，通常会与智库进行深入讨论和反复论证，有时直接采用智库的建议方案。美国大西洋理事会在里根执政期间完成了《今后十年的对华政策》，报告中的主要观点成为当时美国政府处理中美关系的重要依据。美国兰德公司对朝鲜战争中国出兵问题、苏联第一颗卫星发射时间、越战撤军、中美建交、古巴导弹危机、德国统一等国际重大事件的成功预测和战略研判，奠定了其在美国政府决策中的地位，为其赢得了世界著名智库的声誉。可以说，"二战"后美国政府推出的每一项重大战略的背后，都可以找到智库的影子。大学智库作为智库的重要组成部分，在战略研究、政策建言、人才培养、舆论引导和公共外交等领域正发挥着日益重要的功能和作用。

一 大学功能新的拓展

（一）大学从单一功能说到四功能说

现代大学出现新的发展态势，大学教育走向大众化、注重国际交流、知识经济时代社会作用突出。大学智库是智库体系的重要组成部分，大学智库功能为大学服务社会和文化传承创新两大功能注入新的内涵，是大学功能的新拓展。

大学功能经历了从单一功能说到双功能、三功能、四功能等多功能说的演变过程。

大学自产生以来，就是人类智慧、知识和精神产生、汇集，向外界辐射、散播的场所。经济社会发展对大学的新要求不断提高，大学的功能也随之不断扩充。单功能说是早期大学的功能界定：教学（传授知识培养绅士），也即人才培养。1088年成立的波罗尼亚大学最早提出传播知识、培养人才，那个时代大学教育的内容以神学、法学、医学、文学为主，大学的职能是教书育人。

德国人洪堡等提出大学双功能说：教学、科研，也即人才培养、科学研究。1810年，德国的洪堡创建柏林大学，提出大学要有独立的学术精神、学术自由，"洪堡精神"给大学的职能注入了新的内涵——科学研究。随着时代的发展，20世纪30年代，以美国为代表的现代研究型大学兴起，以威斯康星大学为代表，提出"踩在牛粪上的教授才是最好的教授"，增加了社会服务的功能，以培养人才服务社会，以提供的技术服务社会。大学更全面地介入社会生活，"服务社会"成为大学的第三功能，"三功能说"也是当代中国高等教育界的主流观点。有学者提出大学第四功能说：文明文化的交往[1]。

2011年，胡锦涛同志在清华大学建校100周年的讲话中，进一步丰富了大学职能的内涵。他指出，"高等教育作为科技第一生产力和人才第一资源的重要结合点，在国家发展中具有十分重要的地位和作用。不断提高质量，是高等教育的生命线，必须始终贯穿高等学校人才培养、科学研究、社会服务、文化传承创新各项工作之中。我们必须适应实现经济社会又好又快发展、促进人的全面发展、推动社会和谐进步的要求，坚持走内涵式发展道路，借鉴国际先进理念和经验，全面提高高等教育质量，不断为社会主义现代化建设提供强有力的人才保证和智力支撑"。他指出，人才培养、科学研究、社会服务、文

---

[1] 章仁彪：《走出"象牙塔"之后：大学的功能与责任》，《中国高教研究》2008年第1期。

化的传承与创新是现代大学的四项基本职能①。因此，大学四功能说主要是指人才培养、科学研究、社会服务和文明文化交往或文化传承创新。

从认识论与政治论的角度看，人才培养、科学研究、社会服务、文化的传承与创新这四项职能如同一辆汽车的四个轮子，而社会服务功能是驱动轮，助推社会发展靠科技，而引领社会前进靠思想。大学既是社会进步的发动机，亦是把握社会发展方向的智库。大学应该自觉地承担起以学术、知识、道德、精神、思想、文化来引领社会的历史责任，使大学成为社会的灯塔、创新的活水、真理的福地、文化的酵母、知识的源泉、道德的高地、良心的堡垒。在经济社会发展过程中，大学已经成为"近现代社会的轴心机构"，是国民经济建设的"发动机"。国家、政府、民族的复兴都要求大学要服务社会。而当今的大学也早已走出象牙塔，实行开放式办学，与社会各界保持着物质、能量、信息、制度、时空的交换。

进入21世纪以来，大学为我国的经济社会发展提供了强有力的智力支撑。"十五"期间，大学作为第一承担单位承担了"973计划"项目89项并在其中担任首席科学家，占立项总数的57.05%；承担国家杰出青年科学基金项目393项，占立项总数的63.3%；承担国家自然科学基金项目23000余项，接近立项总数的80%；承担国家自然科学基金重点项目近600项，占立项总数的55%以上。"十五"期间，全国大学累计获得国家自然科学奖75项、技术发明奖64项、科技进步奖433项，分别占全国可公布奖项目的55.07%、66.4%、53.57%，

---

① 胡锦涛：《在庆祝清华大学建校100周年大会上的讲话》，人民日报，2011年4月25日第2版。

大学这些重大原始性创新研究成果获国家科技三大奖份额全部超过50%。[1]

大学智库的作用初步得到显现。经过"985工程""211工程""2011协同创新计划"、高校哲学社会科学繁荣计划等的建设，我国高校科学研究事业取得了极大的发展。近年来，大学紧密围绕国家需要，积极建言献策，一批优秀成果及时转化为政府决策和政策。2008—2013年，高校人文社科重点研究基地承担了600余项国家部委的调研和培训任务，直接参与了《民事诉讼法》《食品安全法》等多部重要法律的起草和修订工作，累计有1600余份咨询报告被国家有关部门采纳。高校科技专家和研究机构为国家行业产业发展、科技战略规划提供了有力支持。教育部社科委、科技委、专业学会、研究中心向有关部门呈报了系列专家建议。2013年，首批认定的14个国家协同创新中心，其中文科有两个，各地各高校也建立了一批自己的协同创新中心，为国家的战略决策提供了重要参考。据教育部社科司统计，2011—2013年，我国高校社科界为党和政府科学决策、民主决策提供咨询报告和政策建议2.4万份，其中1.3万份被采纳，承担企事业单位委托研究项目5.6万多项。[2]

（二）大学教育走向社会大众

大学自其设立存在伊始就是为少数人群所服务的，旨在培养少数的精英人才。随着时代的发展，特别是知识经济的时代，高等教育的普及化、多样化、多层次化和终身化，已成为社会的趋势，也成为大

---

[1] 《"十五"期间中国高校累计获75项国家自然科学奖》，中国网 http://www.china.com.cn/chinese/TEC-c/1087137.htm。
[2] 张东刚：《发挥高校优势打造新型智库》，中国教育新闻网 http://www.jyb.cn/talk/ftjb/201403/t20140324_575221.html。

学的基本办学方针。这就让原本针对于精英阶层的大学教育在培养少数尖子人才的同时，也需要培养大批生产和服务领域等社会第一线的应用人才，成为同社会大众的生产和生活密切相关的社会化学习机构。

西方发达国家在20世纪60年代舒尔茨人力资本理论的影响下，广泛开展对教育投资回报率的研究，研究的结果逐步使人们从根本上改变了高等教育价值观。这主要表现在：高等教育不再是某个贵族阶层和智力精英享有的特权，而是每个人发展都应享有的一种普遍的权利；高等教育既可以培养一般的劳动者，又为人的全面自由的发展提供各种选择机会和实现途径。

随着高等教育价值观的根本转变，发达国家开始加大了对高等教育的投资，其目的是希望通过教育提高全民素质，促进国家的经济发展。这使高等教育的规模急剧扩大，高等教育的对象不仅是年青一代，而且在职成人也被纳入高等教育的范畴。高等教育的形式已不局限于正规化的学校教育，各种非正规化的教育方式为各阶层各个年龄段的社会成员提供充分的享受高等教育的机会。高等教育的内容已不仅包括人文科学和自然科学，而且包括了人类现代生产生活的各个方面。在几十年的时间内，高等教育就由精英教育阶段向大众教育阶段迈进。

高等教育大众化首先发端于19世纪下半叶的美国。19世纪60年代美国建立了一批赠地学院，开拓了高等教育大众化的道路，尤其在"二战"后，社会生产力的发展，世界民主潮流的推进，使高等教育大众化趋势有了明显发展。马丁·罗特从大学毛入学率（高等教育在学人数与适龄人口之比）来评价大学教育发展阶段，低于15%为精英化高等教育，超过15%，低于50%为大众化阶段，当毛入学率达到适龄人数的50%时，高等教育将迈入普及化阶段。发达国家大学教育率先进入大众化和普及化阶段，许多发展中国家高等教育处于追赶阶段，也发展迅速。美国1940年大学毛入学率达到15%，达到大众化阶段；1980年达到50.6%，进入普及化阶段；2009年，美国高等教育毛入学率达到89%。英国、法国和日本2009年高等教育入学率分别为59%、55%和59%。阿根廷在1970年，大学毛入学率达到了14.2%，2009年已达71%；智利1998年毛入学率为35%，2009年达到59%；巴西在2000年毛入学率达到16%，2005年为25.5%；印度在2006年毛入学率首次达到12%，开始向大众化迈进。中国2003年高等教育毛入学率超过15%，达到17%，进入大众化教育阶段，2014年毛入学率达37.5%，处于普及化过程之中。[1]

如今知识经济在世界范围内的蓬勃兴起，全球网络技术的普遍使用，慕课等新教育方式已进入大众的生活，人们不再受学校教育年龄和学年的限制，在任何时候任何年龄阶段都可以接受高等教育，高等教育的大众化和普及化趋势大大加快。

（三）大学国际交流日趋活跃

随着新科技的快速发展，全球一体化是必然的趋势。在经济方面：国际贸易持续增长，对外投资规模日益扩大，金融资本的跨国流动加快，国家间和地区间的经济合作日益加强，世界经济向国际化和一体化方向发展。科技方面：科技人才的国际性交流，科研项目的国际合作，科研方法以及先进技术、设备的吸收和引进等标志着科技向国际化方向发展。国际化促使大学的关注焦点从国内问题转向了国际

---

[1] 李立国：《中国高等教育大众化发展模式的转变》，《清华大学教育研究》2014年第2期；《高等教育水平与美国还有多大差距》，侨报纽约网http://news.uschinapress.com/2016/0407/1060208.shtml。

问题，大学的国际交流也越发频繁。

大学作为知识聚集的高地，越来越重视与国际社会产生互动与交流。高等教育和大学国际化是学生的国际化流动、教职工国际化流动、大学课程设置的国际化、培训的跨国流动、跨国性伙伴关系和国际化研究合作、设立海外分支学校或其他合作培训、研究机构等。

日本临时教育审议会在《关于教育改革的第四次咨询报告》中强调教育要适应国际化的需要，培养新一代富有"国际性的日本人"。欧洲经济合作与发展组织曾召开关于高等教育国际化方面的学术研讨会，倡导欧洲的大学要确立培养有国际理解合作精神和能力的人才的教育目标。韩国为适应21世纪国际化进程的要求，提出大学要提高学生的"国际性认识"，加深对世界各国社会文化知识的理解，扩大对国际问题的研究领域，强化国际学术交流与合作，从而促进本民族的发展，提高国家的竞争力。

根据世界经济合作与发展组织（OECD）的数据统计，全球留学生人数由2000年的208.8万人，增长到了2012年的452.8万人，增幅达到116.9%。美国的高校国际化发展最早，也最迅速。在20世纪中叶，美国已成为国际学术教育中心。2007年，美国高等学府中国际学生占比3.24%；耶鲁、杜克大学和加州大学伯克利分校等研究型大学，2007年国际学生的比例分别达到17.7%、13.6%和9.3%；2009年秋美国国际留学生数量达到69.1万人。在派出留学生方面，1998—1999学年美国出国留学人员不到13万人，到2008—2009学年美国的出国留学生人员增加了一倍，达26万人。①

---

① 曾满超等：《美国、英国和澳大利亚的高等教育国际化》，《北大教育评论》2009年第4期；丁玲：《从联邦政府的行动透视21世纪美国高等教育国际化》，《高等教育研究》2011年第4期。

中国目前已经是全球最大的留学生输出国。2014年度中国出国留学人员为45.98万人，较2013年增加了4.59万人，增长约11%。从1978年至今，累计出国留学总人数达到了351.84万人。在吸收留学生方面，统计显示，2015年全国共有来自202个国家和地区的39.8万名各类外国留学人员到中国高等学校、科研院所和其他教学机构中学习。[1]

（四）大学的社会作用日渐突出

追溯大学的发展历史，可以发现大学因社会需要而产生、壮大，社会因大学的独到贡献而进步、繁荣。大学与社会是一个相互依存、相互促进、协调互动的统一体。大学在教学、科研活动过程中与社会发生的联系，在推动社会进步方面所起到的作用，在深度和广度上都已经与传统的大学不可同日而语。

21世纪是知识经济日益繁盛的世纪。知识将成为这个时代最为重要的战略资源。大学作为思想、理论和知识的"创造源""人才库"、文化的传播者和知识型产业的孵化器，是知识经济形成的基础和动力。因此，大学成为世界各地关注的焦点，加速大学教育的发展亦成为国际社会参与国力竞争的首选战略。我国著名高等教育家潘懋元教授指出：农业经济时代，大学游离于经济社会之外；工业经济时代，大学处于经济社会边缘；而知识经济时代的到来，大学将被推向经济社会的中心，进入经济运行过程，直接参与经济活动。[2]

随着知识经济的持续发展，国家的综合国力和国际竞争能力将越

---

[1]《2015年全国来华留学生数据发布人数稳步增长》，中国教育在线 http://gaokao.eol.cn/news/201604/t20160415_1387607.shtml。

[2] 潘懋元：《走向社会中心的大学需要建设现代制度》，《现代大学教育》2001年第1期。

来越取决于教育发展、科技进步和知识创新的水平。大学作为传承、传播、发展和创新知识的社会单元，已贯穿了知识经济的每个环节，成为知识经济发展的强大动力。人们日益达成共识：作为承载高等教育重任的大学，在社会中将发挥"创造源""人才库""孵化器"的重要作用。

良好的市场经济软环境是发展经济的基础。在知识经济时代，大学对社会的推动作用一在创新，二在营造环境。创新是社会经济发展的源泉。随着我国高等院校体制的改革，大学逐渐从传统的传道授业单一模式发展出科技研发、科技转化等社会服务功能。纵观全球，英国的剑桥科技园、美国的硅谷、中国北京的中关村，都是依托高校的技术支持建立起来的。

（五）大学智库对大学功能的新拓展

现代大学早已经走出大学校门，大学教育走向大众化、普及化、国际化，日益介入和深入到科技、政治、经济、社会和文化等社会生产和生活领域。这为大学发展提出了新的挑战，也提供了新的机遇。大学智库的提出和发展为大学更好地培养人才，更好地实现科研与应用的结合，更好地服务社会，更好地发挥文化传承创新功能，更好地促进国际交流与合作提供了新的契机。

高等教育大众化、普及化和国际化交织在一起。一方面，在教学和科研过程中的人才培养，对社会接受大学教育的知识体系、理性与科学思维、世界观、价值观和人生观产生深远影响；另一方面，对提升人才跨国文化交流与对话、培养全球视野和人类情怀产生重要的潜移默化的影响。

高等教育国际化是跨国界、跨文化整合到高等教育的教学、科研以及社会服务中的一个动态过程，其背后是全球化、科技和竞争等大学外部因素和大学内部的文化组织等因素共同的驱动。各国大力推行高等教育国际化的背后是对全球人才、提高科技竞争力、发展留学经济、培养领导力、争夺和维护世界地位或影响力，增强国家软实力的竞争。

大学智库建设是在大学教育大众化、普及化和国际化背景下，更好地服务社会和文化传承创新功能的深化和拓展。加强大学智库建设，可以充分发挥大学学科齐全、人才密集和对外交流广泛等自身优势，更好地利用大学智库的相对独立特性，加强前瞻性研究、预判性研究和战略研究，促进理论研究、基础研究向政策研究的转化，充分发挥大学智库在战略研究、政策建言、人才培养、舆论引导、公共外交等方面的重要功能，促进跨国跨文化交流。大学智库建设可以为政府、企业决策提供信息服务，为解决国家和地方经济社会发展问题提供科学的解决方案，为国家重大发展战略，为加深不同文明文化交流和对话，为提升国家的软实力，讲好中国故事，发出中国声音贡献自己的力量。

二　大学服务社会的新使命

（一）从教学科研走向社会服务

大学使命是人们对大学必须承担的社会责任的一种认定和要求，其中蕴含着大学的自我定位、价值诉求、发展愿景和社会期许。现代大学是社会逐步发展的产物，在其漫长的发展历程中，大学的使命也不断地发展和丰富。伴随着大学从社会边缘向社会中心发展的历史进程，大学的新使命也特别凸显了其对社会的影响力与改造力。一般说来，高校的发展具有较强的"正外部性"，大学开展的科学研究、理论创新、技术创新、人才培养、国际交流、区域合作等活动对相关者或公共领域会产生溢出效应。一所高水平大学的外溢性就表现为科学的正外部性，思想、理论的正外部性，文化传承创新的正外部性，技术的正外部性和人才的正外部性。

当今，大学与社会联系更加紧密，社会各界要求大学不能把自己束缚在象牙塔内，而是要走出象牙塔，关注社会问题并提出解决方案。对大学而言，之所以要承担责任，不仅仅因为其在社会系统中的存续，更是为了使自身有良好的发展机会。大学作为社会中最主要的教育机构，引导社会经济发展并成为其重要的动力来源是其责任之一。大学的社会地位日益突出，承担的社会责任越来越大，社会各界给予的关注也越高，社会资源集聚能力也越强。过去的社会机构诸如城市、社区、教会、商业和贸易区都没有建立一种团体感，各种团体各司其职，并没有能够创造性交流的模式，而这种创造性的交流和团体感正是现代社会急需的，它是建立一个基于普遍的相互依赖、信任和尊重的新型集体的核心。而走出象牙塔的高校通过知识转化，有能力将这些机构与资源全部串联起来，形成推动社会发展的统一力量。

除了社会单元外，社会、政府部门也对大学走出象牙塔寄予厚望。在美国，服务社会和公民的责任是高等教育最独特的主题。大学与社会的关系极为紧密，历史证明，大学顺应了社会的需求，社会也塑造了高校。大学把知识加以传播并加以利用，来满足社会特定的需要，这已经是美国大学一项长期的重要的任务。在美国的高等教育早期就提出了《毛利尔赠地法》和《威斯康星计划》，自此，美国大学就承担起为社会提供特别服务的职责。大学与它所服务的社会之间存在着一个不断发展的社会契约，社会支持大学发展，为它们提供资金，接受它们的学术与职业评判，并赋予它们独特的学院自治与自由。而作为回报，大学有责任有义务提供公正的奖学金、高度的职业素养,以及对培养人才的承诺和对社会需求的敏感。

(二) 从社会服务走向引领社会发展

大学要为社会服务,但也不能仅仅定位于为现实服务,要实现从支撑向引领转变。英国高等教育家埃里克·阿什比说:"如今在所有的社会组织机构中,能胜任人类远大目标的指导任务和人类未来利益的管理任务的,似乎以大学最为适宜。如果这是大学恰如其分的职能,那么,大学为公众服务最需要的工作……是把大学独具的多种学科的多类智慧,用到解决适应社会变化的研究中去。"[①] 因此,高校从"象牙塔"中走出来,投入社会发展中,是现代高校发展的必然趋势,也是时代赋予高校的新使命。

当今时代,是全球化进程总体趋势不断加深的时代,是资本、人才、信息跨国大流动时代,是大学教育从大众化走向不断普及化的时代,是大学国际化加速时代。人类社会面临各种共同性挑战:经济社会可持续发展、低碳节能与环境保护、反腐败与国际合作、恐怖主义与反恐合作、区域稳定威胁与和平……各国的竞争越来越表现为人才的竞争、科技的竞争、文化的竞争、创新能力的竞争。全球经济和社会发展,各国经济社会发展面临更加错综复杂的形势和巨大的不确定性。

在这样的大背景下,大学需要适应新的时代需要,走出象牙塔,走向社会,需要更好地服务社会,更需要引领社会发展。大学智库建设是时代赋予大学的新使命。大学智库是中国智库体系的重要组成部分,会聚了大量专业人才、学科齐全、对外交流活跃。大学智库需要充分发挥自身特色和优势,促进跨国、跨文化对话和交流,发挥公共

[①] [英] 阿什比:《科技发达时代的大学教育》,人民教育出版社1983年版,第7、149页。

外交的功能，促进跨国科研交流和合作；大学智库要努力成为思想理论创新的发源地，科技和技术创新的重要推动力量，创新人才培养的重要摇篮，文化传承创新的主要力量。

在当代中国，大学智库要肩负起建设有中国特色新型智库建设的重任，按照两办《意见》和教育部《中国特色新型高校智库建设推进计划》部署和要求，在中国崛起过程中，在对外交流和合作过程中，服务国家战略，增强咨政建言能力，为提高国家治理体系和治理能力现代化，提升国家软实力；为发出中国声音，提高中国在国际学术界、理论界和全球的影响力和话语权采取有力行动，有所作为，不辱时代赋予大学的新使命。

三 大学服务社会的重要内容

从智库的起源和发展来看，智库产生的主要宗旨就是试图成立独立性的公共政策研究机构，利用智库的研究成果解决公共问题并影响政府的政策制定，促进和引导社会发展，服务社会。[1] 20世纪中期，美国新成立的著名智库兰德公司，成立的时代背景正值第二次世界大战，受国防部委托，就战略性和政策性问题进行研究，服务美国国家战略。

（一）服务国家战略发展的重要载体

"服务国家发展"，是我国大学的责任和使命，大学为社会服务的现代形式之一是大学的智库，大学智库是体现大学多元化功能、服务于国家和社会的一种现代形式。当前，我国正处于全面深化改革的攻坚期和经济增长阶段的转换期，世情、国情、党情发生深刻变化，所

---

[1] ［美］安德鲁·里奇：《智库、公共政策和专家治策的政治学》，上海社会科学院出版社2010年版，第31页。

面临的发展机遇和严峻挑战前所未有，无论是改革方案还是重大政策制定的社会利益相关性、复杂性都不亚于以往任何时期，党中央、国务院对科学决策、民主决策、依法决策以及决策正确度的要求越来越高，大变革的新时代发出了呼唤智库、彰显能量的最强音。大学作为第一生产力和人才第一资源的重要结合点，需要打造大学思想创造、优秀成果传播、高端人才聚合和研究与决策需求对接的载体，而大学智库就是最佳载体。大学智库可以充分利用学科、人才、智力等先天优势，紧扣国家亟需，对国际国内政治、经济、社会的重大现实问题和理论问题开展战略性研究，不断提升专业水平，成为党和政府"用得上，想得到"的"外脑"，为战略决策、破解改革发展难题、治国理政提供重要的思想产品和智力支持。

(二) 理论创新的重要来源

随着中国国际地位的不断提升，在国家应对世界格局和全球秩序转型的机遇和挑战中，迫切需要理论、制度和政策的创新，迫切需要文化、精神和价值观的引领。"一所大学，或者说大学的智库，所能贡献给社会、贡献给国家、贡献给世界的，除了战略和对策，除了思想和智慧外，更根本的是精神和理想，这就是大学智库的使命。"[1] 大学自产生以来，就是人类智慧、知识和精神产生、汇集，向外界辐射、散播的场所，在人类社会文明发展的历史长河中，"大学精神"所蕴含的创造精神、批判精神和社会关怀精神，始终引领着人类进步和社会发展。当前，面对复杂的国际政治经济形势，对国家面临的问题、发展前景作出系统的思考和理论论证，用正确的、被国际社会所认可与理解的理论来解释重大决策，做到"中国故事，国际

---

[1] 杨玉良：《推动大学智库成为国家创新来源》，中国教育报，2011年10月31日第2版。

表达",扩大中国在世界上的话语权,得到更多的国际理解和认同尤为重要。在这方面,大学智库不仅有人才集聚的优势、国际交流平台的优势,还有引导舆论、对社会公众进行政策传播和普及的优势。大学智库可以通过学术成果发布,撰写文章、出版论著、发表评论、开展研讨等推进中国人文社会科学以至思想文化走向世界,成为国家软实力的创新来源和全球视野下中国文化发展、传播战略的推动力量。

(三) 提供和储备国家高端人才的重要平台

大学智库不仅是人才培养的重要基地,还是高端智库人才交流和储备的重要平台。从美国智库的发展历史来看,人才交流形成了特有的"旋转门"现象,在美国政府人才提供与储备中发挥了重要作用。一方面,美国智库为政府输出具有丰富专业知识的人才,使这些学术精英"摇身一变"成为决策者;另一方面,智库又为政府换届后的去职官员提供重要的栖身之处,这使美国智库积蓄了丰富的人脉资源。前任美国国防部长 Ashton Carter 曾长期在哈佛大学肯尼迪学院贝尔富中心任教,并在斯坦福大学国际安全与合作中心(CISAC)担任访问学者。克林顿时期的国防部长威廉·佩里后来长期在 CISAC 担任高级研究员。小布什总统时期的国家安全顾问赖斯曾在 CISAC 工作,现在斯坦福大学的胡佛研究所担任高级研究员。这种人事制度设计加强了大学智库和政府相关部门的联系,一方面使得研究更加有的放矢,另一方面也可以使好的智库产品找到合适的用户,有利于发挥实际效果。

(四) 实现协同创新的重要渠道

大学智库的出现为打破高校与高校、高校与科研机构、高校与政府部门间的界限,加强协同创新提供了新的重要渠道。浙江师范大学非洲研究院是国内第一家致力于中国对非战略研究的新型高校智库,是教育部区域和国别研究基地、浙江省 2011 协同创新中心、浙江省哲学社会科学重点研究基地。该智库以非洲研究为核心，汇聚国家外交部、商务部、教育部、国家开发银行、新华社非洲总分社、中国与非洲多个著名智库、浙江地方政府与民间资本等综合性资源与要素，集对非学术研究、人才培养、政策咨询、汉语推广、社会服务、国际交流诸功能为一体，以学术研究和人才培养成果服务国家外交重大战略需求、推进新时期中非以政治、安全、贸易、投资、教育、农业、文化、科技等领域的全方位合作为目标宗旨的协同创新平台。该智库促进了跨学科、跨部门、跨地区的优化组合，不断提高创新活力，不仅及时为党和政府决策提供良好的决策基础、研究资料和重要政策解决方案，还积极引导舆论，特别是在国际场合能够发出"中国声音"，从战略高度解决国家发展面临的重大问题，为新时期中非各领域合作提供一流学术成果、高级专业人才、高端咨政服务。[①]

---

① 浙江师范大学非洲研究院网站，http://ias.zjnu.cn/introduce/。

第 二 章

中国大学智库发展的优劣势与路径

大学智库是智库的主要类型之一。在美国，大学智库数量占智库总量的75%，在美国政府决策过程中发挥着至关重要的作用。据统计，我国共有大学智库700余家，[①] 主要集中在高水平大学之中。近年来，我国大学智库的数量快速增长，作为我国新型智库发展的增长极，大学智库具有其内生的优势与特点。大学智库建设发展需要发挥其独特的优势。

◇◇ 第一节 中国大学智库发展的优势

与其他几类智库相比，我国大学智库具有学科齐全、人才集聚、理论基础扎实、对外交流活跃等众多优势，在新型智库的建设中，大学智库整合了原有优势，以问题为导向，在决策者关注的各公共领域形成了具有咨政建言能力的特色智库团队，成为我国新型智库中的重要力量。

[①] 朱宏亮、蒋艳：《中国高校智库发展现状与未来策略思考》，《高校教育管理》2016年第2期。

一 学科齐全，综合优势明显

综合性的学科支撑是大学智库建设的重要优势。置身全球化、信息化、多元化的时代，政府所面临的往往是综合性极强的复杂课题。因此，政策的制定与论证需要考虑到社会的方方面面，必须依赖来自于不同层次、不同学科的思想与建议才能更好地实现政策目的。高校的一大社会职能就是有组织地开展科学研究，在大学更全面、更深入地介入社会背景下，其综合性的学科优势是政府完成决策所需要依靠的重要力量，虽然高校科研和政府决策研究不是简单的对等关系，但却为政策研究创造了必要而雄厚的基础条件[1]。

较之其他类型智库，高校智库有大学强大的学科支撑。一是高校学科门类齐全，分为哲学、经济学、法学、教育学、文学、历史学、理学、工学、农学、医学、管理学十一大类学科，每个学科门类下还设若干专业，这对于解决跨学科综合性问题有很大的帮助。二是强势特色学科、重点实验室大多集中在高校，国家重点实验室有将近一半依托高等院校设立，这为社会领域问题的专业化研究提供了深度。三是长期从事基础研究工作使得高校具备深厚的学术积累，在解决综合问题时能够非常有效率地将相关领域专家召集并进行集体攻关与出谋划策，不同学科背景与知识构成能够在商讨中寻求最适合的政策建议。四是大学的学科交叉优势为大学智库的职能发挥提供了有效平台，大学智库往往建立在具有一定基础的研究平台上，经过已有学科间的交织与互动，最终智库成果的推出就是在原有基础上与政府的需求相对接。现代政策制定凸显综合性与复杂性等特点，任何一个领域

---

[1] 秦惠民、解水青：《我国高校智库建设相关问题及对策研究》，《中国高校科技》2014年第4期。

的政策研究不仅仅是某单一学科的问题，还是覆盖多学科的理论知识与实践积累。高校学科门类齐全，学科覆盖面广，知识结构多样，有利于解决跨学科的综合问题，有利于做到全盘考虑、科学决策。因此，从学科交叉的角度来看，大学智库显然比其他类型智库更具优势。

综合性是中国大学的主要发展方向之一，随着20世纪90年代中国高校院系大合并，除了新中国成立以来的14所综合性大学外，又出现了大量新兴综合性大学，对区域经济社会发展起到了举足轻重作用。进入21世纪，具有较为深厚基础的大学都已基本覆盖了所有学科，大部分大学经过多年的建设与积累，衍生出新学科与新方向，发展成为综合性大学。一方面，传统的理工科大学推动人文学科发展，逐渐成为综合性大学。清华大学作为一所传统的理工科大学，从1984年开始逐步成立了经济管理学院、人文社会科学学院、法学院、公共管理学院、新闻与传播学院、马克思主义学院等，最终覆盖了大部分学科，成为综合性大学。另一方面，传统的文科大学也逐步发展理工学科，实现综合性大学的发展目标。有深厚文科基础的中国人民大学逐步发展出理工学科，成为以人文社会科学为主的综合性研究型大学。在中国大学的排行榜当中，名列前茅的均为综合性大学，可见学科全面与综合是高水平大学的一个重要标志，也是大学智库发展的良好土壤。

二 人才集聚，思想活跃，独立性强

人才优势是高校智库建设的根本基础。大学汇聚了经历高等教育和系统科研训练的大批专业人员，具有从事科学研究的人力、信息、实验等条件，而且大学精神具有很强的独立性，使得大学研究人员能够相对客观、理性地分析问题。无论在人才数量方面还是在人才质量方面，高校智库的优势显然是其他类型智库所无法比拟的。学者顾岩峰[①]认为，我国高校具有四个方面的人才优势：一是高端人才多数集中在高校，二是具有稳定的长期从事各学科领域研究的教师队伍，三是拥有规模庞大的研究生和本科生队伍，四是拥有具有国际视野的交流学者。一直以来，高校作为知识库与人才库，为社会输送了大量的知识与人才，而作为知识富集的高校教师与研究人员队伍则被凝固在高校体系当中，缺少与社会直接交流的途径。据统计，高校聚集了我国 80% 以上的社科力量、近半数的两院院士、60% 的"千人计划"入选者，[②] 因此，通过建设高校智库，产出能够直接影响社会的成果是让高校人才优势发挥作用的良好途径。

大学具有较强的思想活跃度，为智库在高校中生长创造了良好的氛围与环境。与其他几类智库相比，高校智库思想的社会流动性更大，其研究成果往往能够通过媒体发布，获得社会公众的关注，引发智库思想与社会公众思想的互动，进而获得公众的认可与更大范围的关注。2015 年，上海高校智库公开发布或发表 637 篇（部）研究报告、媒体文章、专著等，106 篇决策咨询专报被录用或获得批示，承担了 164 个决策咨询类课题，与 126 个国内外机构进行交流与合作，共计 21 人次去政府机构挂职，举办了 259 次论坛和研讨会活动，[③] 只有活跃的思想碰撞才能够实现如此高效率的思想成果产出。

---

① 顾岩峰：《我国高校智库建设路径探析》，《河北大学学报》（哲学社会科学版）2014 年第 6 期。

② 唐景莉：《大学加油国家需要你的智慧——教育部社科司司长张东刚谈高校智库建设计划》，中国教育报，2014 年 3 月 24 日第 9 版。

③ 光明日报智库研究与发布中心：《新亮点新态势新思考——2015 中国智库年度发展报告》，光明日报，2016 年 1 月 13 日。

独立性是智库的基本属性，这是基本共识，也是智库得以产生和维系的基本要素。西方智库的发展经验表明，只有当智库的资金不全部依赖，或者不绝大部分依赖政府时，智库才有可能保证自己机构的相对独立性。[①] 在近几年《全球智库报告》排名第一位的布鲁金斯学会（Brookings Institution）更是将"高质量、独立性和影响力"作为自己的座右铭，这也是布鲁金斯学会成功的三大秘诀。在智库的独立性方面，美国的智库一般都对外宣称机构具有独立性且不依附于政府。与美国不同，德国有80%到90%的智库由政府提供运行资金，其中德国的"政党基金会"就是完全由德国财政支持的政党型智库，是时任德国总理默克尔的主要智囊团之一；阿登纳基金会是基督教民主联盟所支持的政党智库。形成这种差别的原因在于两国对待"独立性"的观念有所不同，美国智库认为要保持智库的独立性必须远离政府；但德国智库认为，要保持智库的独立性必须只接受政府的资助，从而远离利益集团。无论方式如何，维护智库的独立性是两国在理念上的共识。

与其他几类智库相比，高校智库的独立性更强，更有可能代表最大多数公众的利益乃至整个社会的利益。官方智库的主要功能是体现决策者的"长官意志"，需主动揣摩与迎合决策者的决策偏好，需要站在政府或部门立场上产出智库成果，以确保其官方智库所在的政府或部门利益。我国高校智库由于其并不依附于党政机关，所以在工作开展方面比党政军智库、社科院智库具有更强的独立性，这使得高校智库的研究能够较大限度保持政策研究的客观性和相对独立的立场。另一方面，不同于民间智库与政府部门的缺乏联系，高校智库还往往

[①] 燕玉叶：《如何建设中国高校智库——美国加州大学21世纪中国研究中心光磊主任访谈与启示》，《高校教育管理》2015年第2期。

因为管理体制、人事联系、业务衔接、合作关系甚至专家圈子等各种纽带与政府保持着弱联系，使高校智库比民间智库更容易从政府部门获得各种信息、掌握各种数据，更能够把握全面情况、判断宏观形势，从而进行相对准确的分析与研判社会问题，具备民间智库所无法比拟的优势。上海复旦大学前校长杨玉良认为，高校智库既有相当的独立性，同时又与政府保持着良好的关系；这使其有别于政府的智库，亦有别于民间的智库。高校智库与政府之间的这种像"豪猪取暖"一样若即若离又恰到好处的特殊关系，成为得天独厚的优势。[1]

三 专业素养高，理论成果丰硕

一直以来高校被称为"象牙塔"，高校智库身上带着的高校基因使其拥有与生俱来高专业素养的"公众形象"优势。确实，高校智库具备专业素养高、理论成果丰硕的内在特征，使政府、公众在接受其观点时具有信任感。

据教育部统计，2019年度，全国高校总共出版专著29712部，学术论文364015篇，提交研究与咨询报告25805篇，承担各级别科研项目544669项，可以说高校系统蕴藏着我国最多的理论成果；高校中的科研人员高级职称290484人，占高校社科人员总量的36.4%，[2] 而高校智库的高级职称人员比例则更高。因此，高校智库汇聚了大部分的高校科研精英与理论成果。

高校智库一般在学术与政策结合较为紧密的领域设立，如北京大

---

[1] 秦惠民、解水青：《我国高校智库建设相关问题及对策研究》，《中国高校科技》2014年第4期。

[2] 中国高校人文社会科学信息网：《2019年社科统计摘要》，sinoss.net/tongji/2019。

学国家发展研究院,该研究院是由知名学者林毅夫创办,主要研究领域为经济管理理论在中国经济改革与发展中面对的主要问题;由于理论研究扎实,因此在学界有较强的影响力,获取资源能力强,对现实问题敏感。其出版的《经济学季刊》具有较强的影响力,彰显了其专业素养高的特征。清华大学国情研究院由著名国情专家,清华大学公共管理学院胡鞍钢教授创办。该中心在中国经济和社会、中国政治与治理、中国资源环境与可持续发展、中国与世界等方面有较为深厚的理论研究基础,因此,在对相关领域的公共政策开展研究工作时具有较大影响。该中心发行的内部刊物《国情报告》,是能对国家决策产生重要影响的内参资料。

所有的政策建议都离不开扎实的理论基础与专业化的高素质研究人员。因此,与其他几类智库相比,高校智库在此方面具有优势。

四 对外联系广泛,交流与合作活跃

大学智库依托高校平台,在对外交流与合作方面具有优势,这种对外的开放性包括与国内社会公众的互动、与国外高校的互动以及与国际智库之间的交流等方面。

与官方智库相比,大学智库与国内社会公众有更好的互动性。从研究成果的公开程度来看,高校智库具有与社会公众进行互动并引导社会舆论的相对话语优势。从国内外智库建设的一般规律上看,公开性、互动性、话语权是智库的基本属性。在这些方面,官方智库或者由于历史习惯原因,或者由于管理体制原因,或者由于政府信息保密等原因往往表现得较为封闭,公开性与公众互动性弱,甚至笼罩着"神秘"色彩。英国《经济学家》网站刊载文章认为,"那些在中国最具影响力的智库并不为大众写作,而是为一个规模更小的群体写作。最有权力的研究所会出现在中国最具影响力智库的名单之上，但它们并不与公众互动，或彼此互动，同时也不是独立的"。① 相比之下，我国高校智库完全有可能基于社会需求独立自主地开展研究，形成科学客观的研究成果，然后通过报纸、杂志、网络、论坛等大众传媒将研究成果广泛传播，充分体现公开性。公开的直接结果是引发高校智库与社会公众之间的互动关系，从而使社会公众的真实意愿得到表达，进而促使高校智库进一步吸收准确的反馈信息，使研究更能够表达社会需求，从而获得社会信赖和实际的话语权。

政策建议的实施效果既取决于决策者对建议的认可程度，也取决于社会公众的接受程度。从研究成果转化为政府决策的过程中可以发现，高校具有催化政策效度的"公众形象"与"公正形象"优势。高校智库因其高校属性而集聚了大量的公共知识分子，使得高校智库拥有了与生俱来的"公众形象"优势，社会公众也更容易信任和接纳高校智库提供的政策研究成果。决策者也乐于借用高校智库的"形象"优势来推动政策的推行与广泛宣传。显然，高校智库的这种优势，同样是官方智库和民间智库所不具备的。

中国高校具有良好的国际交流渠道，学术研究的交流是国际交流中最受欢迎的交流方式，各大高校都已经与各个国家知名高校形成了良好的互动与交流。例如，中国人民大学现已与世界180多个国家和地区的252个高校和科研机构签署了合作协议，并与美国哥伦比亚大学，密歇根大学，芝加哥大学，芬兰赫尔辛基大学，意大利博洛尼亚大学，爱尔兰都柏林大学等13所世界著名高校联合建立了孔子学院；地方高校浙江工业大学也已与美国、英国、法国、德国、意大利、加

---

① 秦惠民、解水青：《我国高校智库建设相关问题及对策研究》，《中国高校科技》2014年第4期。

拿大、日本、比利时、澳大利亚、俄罗斯、乌克兰、韩国、土耳其、瑞典、芬兰、奥地利、爱沙尼亚、马来西亚、泰国、加纳等国家和港澳台地区的近 80 所高校和机构建立并保持稳定的合作关系。由于高校跨国交流与合作已经形成了成熟、多元、综合的形式与渠道，高校智库作为高校的一个单元，借助相关平台活跃开展国际交流合作已是常态。

第二节 中国大学智库发展的短板

与国内官方、半官方智库相比，大学智库也存在一定的短板，主要原因来自高校智库起步较晚，研究模式、体制机制仍然沿用原来的高校学术、教学导向的模式。智库的运作模式、研究方式实际上与原有高校所认可的模式有一定的区别，高校智库需要在接下来的发展中补足相关短板，在与其他类型智库竞争中发挥优势。

一 学术性的路径依赖

路径依赖（Path-Dependence）是指人类社会中的技术演进或制度变迁均有类似于物理学中的惯性，即一旦进入某一路径（无论是"好"还是"坏"）就可能对这种路径产生依赖。长期以来，中国大学一直是以人才培养、科学研究两大职能为主，而且在科学研究领域中纯学术性的基础研究占据主要地位。21 世纪以来，由于大学的大众化、普及化和国际化发展，大学与社会的联系日趋紧密，政府也希望借助大学的力量推动社会的进步与发展，大学又增添了"服务社会"的职能，服务社会功能日益突出。尽管如此，由于路径依赖，许多大学研究人员仍处于传统的理论研究路径当中，服务社会的意识和能力都有待增强，大学服务社会的渠道比较缺乏，真正承担起服务社会的责任尚待时日。

学术研究与决策咨询的范式不同，在传统的高校学术模式中，研究是"从资料到资料""从理论到理论"，即从文献中获取主要素材与信息，从而形成学术成果。而在大学智库建设和咨政建言模式当中，决策者需要的是经过充分调研而形成的决策建议，研究需要"接地气"，能够解决现实问题，主要是以问题为导向。由于大多数高校研究者没有在决策部门工作的经历，不了解政府、社会和企业的实际运作情况，缺少调查研究，对于决策者的需求也并不了解，再加上学术思维与政策思维间存在着巨大的差异，高校研究者产出的研究成果与决策者的需求出现了错位，因而咨政建言效果往往不尽如人意。

现阶段，由于高校新型智库正处于发展的初期，缺乏足够的智库意识和智库能力，许多高校智库仍习惯于使用传统的学术性路径进行智库研究，许多实体性大学研究机构正处于向智库发展过渡的进程之中。虽然高校的服务社会职能已是共识，高校领导者也在不断强调服务社会的重要性，但实际上，大部分高校尤其是传统的研究型高校仍然难以摆脱"象牙塔"情结，重视纯粹的学术研究。由于长时间以来研究型高校作为所有高校发展的目标，且衡量高校办学质量的指标系统呈二元化，研究型大学和教学型大学，对于社会服务、咨政建言没有给予足够重视。因此，各高校的评比标准仍然按原来两大职能而设定，服务社会只是附加职能。在高校相应的社会服务配套机制欠缺，尚没有相应的有效激励措施鼓励研究人员专门从事咨政建言与服务社会工作的条件下，高校智库人员不得不依赖传统的学术路径，把智库工作当成副业。

无论是科研课题的选择与确定、科研人员的素质与组织、科研经费的筹措与安排，还是科研项目的遴选、科研任务的开展、科研目标的指向等各个方面，现阶段大部分高校智库的工作更多遵循的是学理逻辑的推演，把为社会决策者出谋划策、为经济社会发展把脉作为额外任务。实际上，应用型的科研工作与学术型的科研工作一样，也是高校科研发展重要的组成部分，是高校智力直接作用于社会发展的重要途径，高校智库的作用是破解以往高校科研工作过于强调学术性路径而忽视实践路径的良方。

二 体制机制的约束

良好的激励机制是任何组织发展的条件和基础。体制是机制存在的基础和赖以运行的依托，任何一种机制都只能在一定的体制内生存和运转。高校智库体制的核心问题是高校智库与高校、与政府之间的关系。总体上看，目前我国高校智库整体缺乏匹配和适宜的运行体制机制。我国高校智库究竟属于什么性质，高校智库与高校内部各二级学院之间是怎样的关系，高校智库与所在高校之间是怎样的关系，高校智库与政府部门之间是怎样的关系，至今模糊不清。因为高校智库缺乏明确、良好的体制机制保障，使高校智库建设呈现一定的无序状态。另外，虽然现有高校智库总体数量众多，但形成一定规模，具有较强影响力的高校智库仍是少数，大部分高校智库缺乏合适的定位、明确而持久的研究领域和研究方向，高校智库相互之间又大多缺乏必要的沟通与合作机制，难以统筹，研究受到限制，直接导致高校智库成果的质量不高、受决策者的采纳率偏低。

高校智库的管理体制上，我国目前存在三种体制。一是作为相对独立的教学科研机构，相当于校内二级行政单位，与校内其他二级学院并列存在。这种体制虽然使高校智库相对独立，但因为远离教学工作与人才培养，既不利于教学与科研的结合，也使高校智库在人才引进、资源争取上处于不利地位。二是与科研管理部门或规划管理部门合为一体，或一个机构两块牌子，常被视为高校的一个二级行政单位，但因为与管理机构合二为一，因此须承担科研管理或规划管理职能，致使智库角色从属行政角色，缺乏学术能力与对相关人员合适的评价标准。三是挂靠在高校的二级学院。这种体制使得高校智库发展缺乏独立性，缺乏人财物支配权，在资源分配、人员安排、运行机制、管理方式、成果归属等方面高校智库与二级学院往往存在冲突，影响到智库能力建设和智库作用的发挥。前教育部李卫红副部长指出：高校智库一方面缺乏高端人才和创新团队，另一方面又缺乏科研评价、人才激励和成果应用转化的良性机制，进一步影响了高校教师从事咨政研究的积极性，制约了高校智库潜力的发挥。

三 成果转化渠道缺乏

智库成果可以从多种渠道影响政府决策。以美国为例，首先，智库通过出版著作、期刊、研究报告和简报等方式来阐述观点和提出政策建议。其次，在国会委员会审查立法的听证会上，除政府官员、利益集团的代表外，智库学者也常被邀请在听证会上做证，这不仅为他们获得影响国会立法的机会，还可以通过国会记录受到媒体和学术界的广泛关注，从而扩大其影响。再次，智库经常就国内外的热点和重点问题举行对公众开放的论坛、研讨会、新书发布会、纪念会等，以此来同政府官员、同行、媒体和公众进行交流和互动。同时，许多重要智库都设有对政府官员进行培训的项目，通过授课培训等形式将观点与建议传播给相关决策者。最后，智库学者与公共媒体合作传播自己观点、影响公众讨论,从而间接影响公共政策决策。

与美国相对成熟的智库成果转化机制相比,中国大学智库相对缺乏成果转化的渠道,具体表现如下。

一是信息不畅通,大学智库的研究成果很难及时传递给决策者。官方智库一般都有固定的信息渠道把研究成果传递给决策者,无论是政府部门的内设智库(我国县级以上各级政府一般都拥有政策研究室、发展研究中心等部门)还是各级社科院,均可以通过《成果要报》《决策参考》《内参》等内部刊物直接报送给决策者,供决策者决策参考,因此官方智库的研究成果有更大的可能性被决策者看到、采纳。大部分大学智库缺乏相关渠道,其研究成果直接传递给决策者存在一定的障碍,因此也就难以得到决策者的实际采纳和广泛应用。

二是人员不流动,大学智库人员的流动缺乏所谓"旋转门"机制。"旋转门"机制是美国智库最具特色的现象之一。致力于智库研究的中国人民大学国家发展与战略研究院副院长王莉丽通过其所著《旋转门——美国思想库研究》对其进行了专门介绍。"旋转门"产生和运转根植于美国政治体制。大量卸任的官员会进入智库从事政策研究,而也有大量的智库学者进入政府担任要职,从研究者变为决策者。这种学者和官员之间的流通就是美国的"旋转门"。例如,奥巴马进入白宫之后有32位布鲁金斯学会的学者和管理者进入奥巴马政府,[①] 现任的联合国大使、国防委员会的特别顾问、副国务卿、财政部副部长都曾经是布鲁金斯学会的学者。每四年大选之后,除了布鲁金斯学会,对外关系委员会、卡内基和平基金会、战略与国际研究中心等著名智库都有一批学者进入美国政府担任要职,作为政策制定者

---

① 王莉丽:《最高智库应成为经济决策的外脑》,华夏日报,2009年7月31日。

直接发挥政策影响力。美国加州大学圣地亚哥分校（The University of California, San Diego, 简称 UCSD）国际关系与太平洋研究学院（School of International Relations and Pacific Studies, 简称 IR/PS）21世纪中国研究中心（21st Century China Center, 简称21CCC），是一直以来重视中国研究的高校智库，其中心学术主任谢淑丽在1993年成立并领导了东北亚合作对话。1997—2000年，她曾出任克林顿政府国务院亚太事务副助理国务卿，然后回到UCSD任教，被称为官学两栖人物。

"旋转门"机制对于促进知识与权力的有效结合、提升智库研究水平和促进智库发展、提升高校服务社会的能力具有独特效用，但由于管理体制、单位性质、人事制度等的巨大差异，我国仅在官方智库与政府部门之间存在规模极小的类似"旋转门"机制，高校智库几乎不存在"旋转门"现象。现实中，我国也存在着一定数量的高校管理人员到政府部门挂职的现象，但鲜有智库研究人员进入政府系统实现身份的转换。由于我国缺乏类似"旋转门"的人员流动机制，常出现决策者缺乏渠道获得高质量的研究成果，而高质量的咨政报告也缺乏实际应用和实施的主体。复旦大学发展研究院在"旋转门"机制上进行了尝试，派遣高校智库的学者定期进入政策制定的政府决策机构挂职，而且还将这扇"旋转门"开放给海外的学者或机构，让学者参与国际组织的决策机构工作，同时也鼓励海外学者参与国内的重大课题研究。但总体上看，试图建立"旋转门"制度的大学智库仅占极少数，无法满足高校智库建设的总体需求。

三是供需不对称。对于官方智库及其研究人员来说，提供决策咨询报告是其主业，甚至可以是其唯一的业务，而高校智库的研究人员通常要兼顾高校的教学与科研任务，而且在传统观念中，从事教学工作、培养人才与进行科学研究是大学的最基本职能。但即使在科研工作中，进行理论研究与基础研究更能够体现高校的"学术精神"，因此高校科研人员研究的内容出发点来自于自身的兴趣，而不是来自于决策者的需求。这导致了高校人员提供的智力产品与决策者的需求不对称，高校智库从事政策研究、参与政策咨询、影响政府决策的水平较低。近5年来，高校人文社科领域共出版著作约15万部，发表论文约158万篇，其中在国际刊物发表约2万篇。[①] 但在这些科研成果当中，对决策具有积极影响、真正转化为国家各部委以及各级地方政府的咨询报告、政策建议的仅有6万余份，得到中央领导批示或者被省部级以上部门采纳的则更为有限。高校对非政策导向的科研兴趣要远大于来自决策者的"命题作文"和现实问题导向的政策研究，这种研究习惯使得我国高校智库在现阶段成果转化的能力处于较低水平。

四 大学智库处在发展和探索阶段

与其他类型智库相比，我国高校智库发展起步较晚。中国现代意义上的智库发展与改革开放进程同步，但主要是官方智库。1977年中国社会科学院成立，被视为中国智库体系初步建立的标志性事件，此后，党政军智库和社会科学院得到迅速发展。

另外，与国际智库相比，中国大学智库起步更晚、影响较小。一般认为，现代"智库"概念最早起源于"二战"期间的美国，当时指的是美国军事人员和文职专家一起讨论制订战争计划及其他军事问题的服务部门，其中最著名的就是道格拉斯飞机公司的研究发展部，

[①] 中国高校人文社会科学信息网：《2019年社科统计摘要》，sinoss.net/tongji/2019。

后该部成为一个独立实体，即闻名世界的兰德公司。类似智库的机构可以追溯至20世纪早期，比如1910年卡内基国际和平基金会成立；1916年美国政府活动研究所成立，1927年其与经济研究所、罗伯特·布鲁金斯经济政治研究学院合并为布鲁金斯学会；1919年胡佛战争、革命与和平研究所成立等。德国和法国智库后来居上，他们的智库都是迎合经济社会发展的需要迅速发展起来，其成立和发展均比中国大学智库早。

中国最早的高校智库均在国内一流大学出现，清华大学国情研究院、北京大学国家发展研究院、北京大学国际战略研究院、中国人民大学重阳金融研究院等知名高校智库均在20世纪末到21世纪初陆续成立，并不断产出优秀的咨政产品。2010年开始，国家对高校的智库建设提出了要求，当年颁布的《国家中长期教育改革和发展规划纲要（2010—2020年）》提到"积极参与决策咨询，充分发挥智囊团、思想库作用"。2012年，《教育部关于全面提高高等教育质量的若干意见》强调，高校要"瞄准国家发展战略和重大国际问题，推进高校智库建设"。2013年5月国务院副总理刘延东在北京主持召开"繁荣发展高校哲学社会科学推动中国特色新型智库建设座谈会"，她在会上强调，要深入贯彻落实党的十八大精神和中央领导同志有关要求，充分发挥高校学科齐全、人才密集的优势，繁荣发展高校哲学社会科学，为建设中国特色新型智库做出贡献。2014年2月，教育部印发《中国特色新型高校智库建设推进计划》，在对高校智库建设的定位、目标、途径、人才培养、平台建设、组织机制及保障上从国家层面进行顶层设计，提出建设"中国特色新型高校智库"的要求，有序推进我国高校智库建设。2014年11月，中共中央和国务院办公厅联合发文《关于加强中国特色新型智库建设的意见》（简称《意见》），指导中国特色新型智库建设，明确大学智库的功能和战略定位。

我国大学智库的建设从2014年才开始具有国家层面的纲领性的文件，发展至今仍处于"摸着石头过河"的探索阶段。一方面，大学智库的外部条件的打造正处于起步阶段，智库产品的市场尚未形成。美国已逐步形成智库组织参与的公共决策流程：政策制定过程中，一般先由智库提建议（有时候，政策法案初稿本身就由智库提供），然后在公共媒体上进行广泛讨论，再经过国会听证，最后由政府决定采纳与否、如何采纳。现阶段，尽管中央政府提出了加强智库建设的要求，但地方政府在落实过程中仍更信任传统的体制内的智库，对高校智库的智库产品信任程度较低，在委托高校智库进行研究时，对相关研究会进行过度干预，一旦高校智库产出的研究成果与官员意志相悖时，政府官员就认为是"水平低""无用"，而且以后不再给予相应的项目研究和经费资助。在这种供需关系下，高校智库产品由于自身的短板使得外部市场的建立艰难。另一方面，大学智库自身对如何建设智库仍存在疑惑，缺乏清晰的认识和定位。在新型智库建设的浪潮中，有的高校本无智库资源却建立相关智库机构，有的高校勉强拼凑资源构建所谓的各种智库平台，从表面上看构成了"智库平台建设—大学加快发展—办学资源增加"的良性循环，但这种模式对智库产品的购买方来说是不负责任的。一个合格的智库，除了必要的硬件保障外，更应当有相对固定的研究队伍，有稳定的经费来源、长期的研究方向、定期的研究报告或刊物，这样的研究基础才能扎实，提出的咨政建议才能更有说服力。在各方面资源条件的限制下，大学智库还需要经历更长时间的探索才能走出适合自身发展的道路。

◇第三节　中国大学智库发展的路径选择

一　新型大学智库建设要积极依托大学母体

大学具有天然优势，为智库开展政策研究、战略研究提供了广阔的国际视野、丰厚的学术底蕴和全球学术网络，新型大学智库建设必须首先要积极依托一流大学和高水平大学母体，发挥大学智库相对于其他类型智库的优势。上海社科院发布的《2015 中国智库报告》[①]中，综合影响力排名前 15 位的智库中大学智库占 5 席，分别是北京大学、清华大学、复旦大学、中国人民大学和南京大学。

世界一流大学建设，为我国大学新型智库的建设提供了重要的基础。2015 年 10 月，国务院发布了《统筹推进世界一流大学和一流学科建设总体方案》，要在"211 工程""985 工程"以及"优势学科创新平台""特色重点学科项目"等重点建设基础上，加强资源整合，创新实施方式，加大改革力度，统筹推进世界一流大学和一流学科建设，实现我国从高等教育大国到高等教育强国的历史性跨越。"双一流建设"的目标是推动一批高水平大学和学科进入世界一流行列或前列，加快高等教育治理体系和治理能力现代化，提高高等学校人才培养、科学研究、社会服务和文化传承创新水平，使之成为知识发现和科技创新的重要力量、先进思想和优秀文化的重要源泉、培养各类高素质优秀人才的重要基地。国家"双一流建设"，是提升我国大学智

---

① 该报告主张不应将某一所大学整体视作为一个智库。

库综合实力的良好契机。

中国特色新型智库建设需要依托大学智库的母体——高水平的大学。《中国大学智库发展报告（2017）》100强大学智库中，具有985大学背景的机构比例为41%，具有211大学背景的智库机构比例达到56%。本次报告中，全国著名30家大学智库中，依托"985"高校有25个，依托"双一流"大学28个；70个重要大学中，依托"985"高校有41个，依托"211"高校67个，依托"双一流"建设高校42个。

除了知名智库外，随着国家越来越重视智库建设，近年来涌现出一大批新型智库。比如北京大学的国际战略研究院、中国人民大学的重阳金融研究院、南京大学的中国南海研究协同创新中心等，这些智库尽管成立时间比较晚，但起点高、基础好、实力强且定位清晰、理念先进，是更为纯粹的大学智库，依托所在高校的优势，并呈现强劲的发展势头。

但是从全球的范围看，我国大学智库和世界一流大学之间还存在较大差距。据美国宾夕法尼亚大学发布的《全球智库报告2014》显示，影响力世界前25名的大学智库中有11个来自美国顶尖的研究型大学，其余来自英国、加拿大、新加坡、澳大利亚、德国等发达国家，中国人民大学重阳金融研究院入选"全球顶级智库前150位"，成为近年来唯一新增入围的中国智库。因此，我国大学智库要紧紧抓住国家"双一流建设"的契机，依托所在高水平大学和双一流大学母体，发挥大学智库的优势，不断提高研究实力和综合能力，扩大国际影响力，发挥更大的咨政建言作用。

二 新型大学智库建设要立足学科优势

学科是大学的基础，学科是大学教学和研究的基本单元，如果离开学科的支撑，新型大学智库建设往往也就成为无源之水。学科可以为智库建设提供知识支撑、人才支撑、管理支撑和平台支撑，从而为党和政府的科学决策提供坚实的理论支撑。学科建设和智库建设二者之间是有机联系在一起的，学科建设和新型智库建设之间要实现互动发展、"双轮驱动"的良好格局。大学智库的发展都需要依托学校的强势学科和特色学科，整合资源，打造具有专业特色和研究特长的新型智库。

目前，中国大学智库学科依托主要包括国家哲学社会科学创新基地的大学智库、教育部和各省市人文社科基地、教育部和地方重点学科、"双一流学科"、协同创新中心等。

"985工程"国家哲学社会科学创新基地　依托"985工程"国家哲学社会科学创新基地，是在"211工程""985工程"一期、国家哲学社会科学重点学科、教育部人文社会科学重点研究基地和重大攻关项目的基础上，对大学哲学社会科学整体创新能力的进一步整合、凝练和提升，是实现大学哲学社会科学资源优化配置、汇集优秀拔尖人才、形成创新团队、体现学科交叉特征的新型科研组织形式，是国家创新体系的重要组成部分。国家哲学社会科学创新基地的大学智库数量众多，比如浙江大学中国农村发展研究院、武汉大学社会保障研究中心、中山大学中国公共管理研究中心、中国人民大学中国经济改革与发展研究院、厦门大学东南亚研究中心，等等。

依托教育部和省市人文社科重点研究基地的智库　教育部人文社会科学重点研究基地是按照"一流"和"唯一"的标准进行建设，各省市参照教育部，培育了一批省重点人文社科基地。诸多知名大学智库依托教育部和省市人文社科基地，诸如法学类的武汉大学环境法研究所、武汉大学国际法研究所、中南财经政法大学法治发展与司法改革研究中心，国际关系类的中国人民大学欧洲问题研究中心、复旦大学国际问题研究院、吉林大学东北亚研究中心、四川大学南亚研究所，经济学类的中国人民大学中国经济改革与发展研究院、复旦大学世界经济研究所、吉林大学中国国有经济研究中心、浙江大学农村发展研究院，等等。

依托国家和省市重点学科的智库 重点学科是国家和地方根据发展战略与重大需求，择优确定并重点建设的培养创新人才、开展科学研究的重要基地，在高等教育学科体系中居于骨干和引领地位，满足经济建设和社会发展对高层次创新人才的需求，为建设创新型国家和地方提供高层次人才和智力支撑。中国人民大学中国经济改革与发展研究院、中山大学中国公共管理研究中心等都是依托国家重点学科的智库。

大学新型智库建设要求突破单一学科壁垒，多项学科协同创新。多学科交叉正是大学智库区别于其他科研机构的独特优势。突破传统学科壁垒，实现多学科的协同创新，这是新型大学智库的特征和发展趋势，多学科的融合和协同，有效解决由单一学科所带来的研究内容、研究角度和研究方法的局限性，有效发挥协同的作用。北京大学国家发展研究院尝试组织跨学科的研究，推进社会科学的综合研究，培养综合性的国家发展高级人才，以综合性的知识集结服务于我国改革发展和全球新秩序的建设，服务于社会科学的发现与探索。

大学协同创新中心整合多学科的力量，在一个智库内实现跨学科的协同，以发挥智库更大的咨政建言的作用。南京大学的中国南海研究协同创新中心由南京大学牵头，外交部、海南省、国家海洋局三个政府部门支持，联合中国南海研究院、海军指挥学院、中国人民大学、四川大学、中国科学院、中国社会科学院等单位共同组建，该中心以国家重大战略需求为导向，以实现南海权益最大化为目标，以多学科协同创新中心为主体，以"文理—军地—校所—校校协同"为路径，以体制机制改革为保障，全面推动南海问题综合研究，服务国家南海战略决策。

三 新型大学智库建设要积极对接国家和地方战略需求

大学智库是研究政策和影响政策的专业化机构，大学智库需要紧扣时代脉搏，紧随时代发展步伐，对接国家、地方战略需求，服务国家和地方政策需求，影响公共舆论、公共政策。智库的成立与发展顺应了社会发展需求，密切关注社会发展热点问题。一些高水平的智库基于自身的科研与学术优势，开创和引领当代中国和地方发展的新领域，国家宏观战略、改革发展前沿、公共管理、经济发展、农村发展、法律、国际关系等重大问题，诸如"五位一体"总体布局、中国的对外战略、经济新常态与供给侧改革、对外开放新战略、"创新、协调、绿色、开放、共享"五大发展理念、"一带一路"倡议等。

大学智库建设要立足国家和地方发展作为中心议题，立足于中国和地方改革发展与现代化的实践，前瞻性地提出重大的战略、制度、政策和基础理论问题，持续关注全球格局的演变，基于学科和人才优势，参与改革发展与建设国际新秩序的高层对话，组织跨学科的综合研究，培养综合性的国家发展高级人才，为国家和地方发展建言献策。

面对中国改革发展开创的全新局面，大学智库以知识服务社会，进行跨学科交叉研究，与政府、企事业单位建立多种形式的合作，进行联合学术攻关，为国家和地方宏观经济和社会发展提供决策服务，承接国家和省部级重大科研课题，为各行业、各级地方政府及国内外企事业单位提供政策研究和决策咨询服务，在中国改革与发展中发挥了积极的智库作用。随着当代中国经济的发展，改革的深入与和谐社会的建设，公共管理越来越为社会所重视，公共管理已经成为中国社会科学研究的重点领域。大学智库要以重大对策研究打造有影响力的决策智库，积极参与国家与地方政府各项改革，参与和影响政府决策、社会政策的制定。

经济建设是中国改革开放以来始终坚持的中心工作。大学智库要密切关注中国经济发展情况，依托大学经济学科的雄厚实力，以机构开放、人员流动、内外联合、竞争创新、"产学研"一体化的运行机制，开展教学、科研、社会服务工作。相关智库以中国改革开放为主要研究对象，借鉴现代经济学、管理学、社会学的理论和方法，研究中国经济运行、经济发展和相关社会问题，大学智库成为全国知名的政策分析和咨询服务基地。

农村发展问题已经成为当前国家建设发展的关键领域，智库机构统筹协调学校各种现有资源，充分发挥专家、人才、技术、教育、信息及成果优势，集成各类科技成果为国家、地方、企业、农村服务，探索出大学服务新农村建设的新模式与新机制。浙江大学中国农村发展研究院、华中师范大学中国农村研究院等智库机构密切关注农村发展问题，不断向中央和地方政府提供决策咨询与建议报告，受到中央和省部领导的肯定与批示，成为农村问题的重要智库。

法学理论与实践研究工作是中国大学智库咨政建言工作的重要内容。大学智库要利用法学学科优势，致力于当代中国乃至世界的法律问题研究工作，为国家的法律政策制定提供支持。武汉大学国际法研究所致力国际公法、国际私法、国际经济法的研究，强调这些学科的交叉和综合研究；北京大学宪法与行政法研究中心参与宪法、港澳基本法、行政诉讼法、立法法、国家赔偿法、行政处罚法等二十几部国家重要法律的草拟，参与了国防法、审计法、监察法、土地管理法等五十几部法律、法规的咨询论证工作。

随着中国快速崛起、中国改革开放的深入、中外联系与交往的日益密切，国际问题相关智库建设已经得到了国家的充分重视。大学智库要依托国际问题研究学科优势，整合全校力量资源，瞄准国家战略和外交决策需求，服务国家对外战略需求。大学智库学者充分利用学术界的相关资源，积极充当国家问题、国际关系、地区合作与治理领域有重要影响力的问题研究者、政策建言者、智力产品提供者和舆论塑造者，为国家外交决策提供更好的决策服务和智力支持。

除了上述研究领域之外，大学智库还需要利用学科优势，对接国家和地方发展重大战略问题，包括城市发展、公共政策、能源环境、廉政建设、区域稳定、教育政策、土地政策、国家形象、西部开发、汽车战略、科技政策等，与国家和地方各项发展战略息息相关，成为中国未来发展的有力支撑。

四　新型大学智库要坚持特色发展战略

大学新型智库，既要依托学校和学科的发展和支撑实现"技高一筹"，更要富有特色"独树一帜"。智库的存在价值，主要是弥补政府在研究视野、专业知识等方面的不足，提高研究的客观性和科学性。政府工作人员的大量精力通常放在处理当前和具体问题上，对中长期、宏观层面的问题关注不够，而后者恰好是智库的强项。高水平大学智库首先要专业，智库人员需要具备长期积累的、专业化的研究基础和能力，专业化是智库发展的基础与前提。

特色发展是新型大学智库独树一帜的战略选择。大学智库要实现

"独树一帜",必须精准定位、彰显特色,需要紧密结合国家和地方社会的需求,从需求中寻找智库研究的着力点,形成研究合力,发展智库的特色,并最终为政府部门提出有针对性、可操作性或前瞻性的政策建议。在中国大学智库中,有一些智库把研究视角聚焦在特定的社会领域,研究领域重点立足于政治、经济、社会发展的大学智库机构,长期坚持,采取科学的研究方法,不断积累研究成果,打造自身独特优势,逐步形成鲜明的研究特色,具有很高的活跃度和贡献度。

复旦大学国际问题研究院(美国研究中心)、中国人民大学欧洲问题研究中心、吉林大学东北亚研究中心、厦门大学东南亚研究中心、厦门大学台湾研究院、华东师范大学国际关系与地区发展研究院(俄罗斯研究中心)、四川大学南亚研究所、浙江师范大学非洲研究院等,深耕国际问题、地区和外交研究,取得明显的成效。

复旦大学国际问题研究院成立于2000年,2013年底,获聘为外交部政策研究重点合作单位(2013—2015年)。研究院下设美国研究中心、日本研究中心、朝鲜韩国研究中心、俄罗斯中亚研究中心、亚太区域合作与治理研究中心等一批研究机构,其中美国研究中心成立于1985年。它是我国最早成立的专门从事美国研究的主要机构之一,也是我国大学第一个专门从事美国研究的机构,中心于2000年被批准为教育部普通高等学校人文社会科学重点研究基地,2006年中心又被批准为美国研究国家哲学社会科学创新基地;亚太区域合作与治理研究中心是首批设立的10个上海大学智库之一。

浙江师范大学非洲研究院作为一个师范类院校的智库,聚焦研究非洲和中非关系,服务于国家外交,经过近10年的坚持,已经形成鲜明的发展特色。非洲研究院成立于2007年9月,中国大学首家建立的规模最大的综合性非洲研究院,也是教育部区域和国别研究基地、浙江省2011协同创新中心、浙江省哲学社会科学重点研究基地，是外交部"中非联合研究交流计划"指导委员会指导单位、"中非智库10+10合作伙伴计划"首批入选的中方智库，是教育部"中非大学20+20合作计划"单位、主编教育部《哲学社会科学发展报告——非洲地区发展报告》，还是教育部教育援外基地、商务部基础教育援外研修基地、浙江省重点创新团队、浙江省大学创新团队，并在非洲喀麦隆、莫桑比克、坦桑尼亚建有3所孔子学院和海外研究基地。2011年非洲研究院在外交部支持下创办"中非智库论坛"，成为中非人文交流的国家级高端平台。

五 新型大学智库要利用地域和区位优势资源

大学智库依托大学所在之地展开研究，和属地的经济、社会和文化发展紧密结合，发挥地区和区位优势。大学要服务地方经济社会发展，同样，智库要发挥其作用，首先也必须服务地区发展，体现区域特色。

中国幅员辽阔、人口众多、周边接壤国家数量多，各地经济社会发展水平、发展阶段和资源禀赋不同。各个省市都有大量的大学及依附于大学的智库。除了北京之外，各个地方的大学智库除了要积极紧贴国家发展战略和决策需求之外，更要立足地方，利用地方的区域和区位优势，进行准确定位，瞄准有比较优势的研究领域和研究主题，展开长期性研究，发挥比较优势。

广东作为南方门户，肩负着促进内地与港澳产业对接和区域深入合作的重任，以对港澳"开放"，促内地"改革"，以广东"先行先试"，促国家改革开放。随着经济全球化和国际分工趋势发展，区域协作和资源集成越来越成为各国区域经济发展关键因素。广东、香港、澳门三地合作与发展问题是国家重要议题，大湾区建设是国家重要战略。为更好服务党和国家在港澳治理与粤港澳合作发展问题上的重大战略需求，中山大学利用得天独厚的区位优势，利用其在港澳研究领域历史积累、扎实的多学科基础、雄厚的研究实力以及天然的地缘、文化、语言等优势，成立中山大学粤港澳发展研究院，开展粤港澳研究，赢得先机。中山大学粤港澳研究院成立于2015年，以教育部人文社科重点研究基地中山大学港澳珠江三角洲研究中心为依托，结合中山大学台湾研究所，吸收该校八个院系和校外多个院所的科研力量共同组建而成。基地整合了经济学、管理学、政治学、社会学、法学、地理学、历史学等主要学科进行港澳台区域研究的科研力量。是港澳治理与粤港澳合作发展领域的专业化高端智库。中央驻香港联络办、中央驻澳门联络办曾多次致函《港澳情况通讯》，认为有关分析及建议对于开展香港、澳门工作起到了很好的参考作用。

厦门大学与台湾隔海相望，厦门大学成立台湾研究院，显现了区位的优势和特点。厦大台湾研究院是中国第一个专门从事台湾研究的研究院，与中国社会科学院台湾研究所、上海台湾研究所并列为三大对台智库。厦门大学台湾研究院致力于台湾政治、社会、经济、历史、文学、法律、文化教育以及两岸关系等方面的研究，科研队伍、学术研究成果均居国内领先地位，在国际学术研究相关领域也享有较高学术地位。

南京大学地处长三角地区，其长江三角洲经济社会发展研究中心是2001年2月经教育部批准的国家级人文社会科学重点（经济学）研究基地，是南京大学的实体性科研机构。该智库集南京大学文理各科综合优势，依托南京大学经济学科的雄厚实力，发挥经济学博士点和理论经济学博士后流动站的资源优势，研究重点是长江三角洲地区经济运行、经济发展和有关的社会问题。该智库下设四个研究所：江苏发展研究院、苏南经济发展研究所、城市科学研究所、区域与产业发展研究所，共同为长三角地区的经济社会发展服务。

浙江工业大学中国中小企业研究院（浙江省中小企业研究院），利用浙江民营经济发达和中小企业众多的现实，立足浙江，面向全国，走向世界，深入研究我国中小企业发展理论与实践，推动中小企业转型升级，为政府相关决策提供参考建议，为企业成长提供管理培训与咨询服务，成为国内中小企业领域"智库"、"信息库"和"人才库"的高地。研究院（学院）以专门研究中小企业为切入点，围绕中小企业在发展过程中的热点难点问题开展研究，已取得丰硕成果。定期开展中小企业景气指数研究，受到五十多家国内外媒体报道并转载研究报告，编著的《中国中小企业转型升级案例集》等"中小企业文库"系列专著，提出地方经济转型升级的具体政策建议，受到企业社会的广泛关注。研究院已经完成国家自然科学、社会科学基金项目30多项（包括多项国家社科基金重大项目），地方产业发展规划、中小企业发展规划、企业发展战略、市场调研等委托项目100余项。这些研究成果均产生了重要的社会影响和良好的社会效益。

第二部分

大学智库评价与"三维模型"FAC

第 三 章

智库评价的理论与方法

智库评价是促进智库加强内部能力建设,提高智库研究能力和成果质量,扩大智库知名度的重要手段。纵观国内外研究,智库研究目前尚处于起步阶段,而智库评价又是智库研究中最为薄弱的环节之一,智库排名是智库评价研究中的焦点问题,也最具挑战性和争议性。现有国内外智库评价研究和智库排名实践提供了有益的经验和启示。

◇◇第一节 国外智库评价的理论与实践

智库兴起于西方发达国家,以美国为首的西方发达国家智库最为发达,智库评价研究也源于西方发达国家。智库评价是对智库的实力和作用的评价,其核心是智库的影响力评价,影响力是智库的生命线和价值所在。智库评价方法主要包括定性评价和定量评价,其中智库影响力评价和智库排名是智库评价研究的焦点。[①]

[①] 国内外智库评价研究参见陈国营、鲍建强、钟伟军、陈明《中国大学智库评价研究:维度与指标》,《高教发展与评估》2016年第5期。

一 智库评价的学理基础

智库评价的理论基础为智库评价研究提供理论根据、理论基础和理论思维路径。西方智库影响力研究的理论基础比较丰富，主要包括三大理论：政治学理论、政策过程理论和知识运用理论。[1]

（一）政治学理论的宏观视角

智库是政治学重要的研究对象。在分析智库实力、作用和影响力研究时，首先涉及的理论就是宏观层面的政治学理论，这其中主要包括多元主义、精英主义和国家理论。

1. 多元主义

多元主义（pluralist）理论认为，社会是一个多权力中心的社会，国家是多元化国家，民主政治是多元主体（主要形式和载体是利益集团）通过讨价还价的多元竞争来达成妥协的方案。

利益集团是具有共同利益的人们为了共同的目的而集合起来、采取集体行动的社会集团。作为对资源的权威性分配的政策，是社会中为数众多的利益集团之间博弈的产物，是国家或政府权衡各种利益集团利益与要求的结果，即政策是政府权衡各种利益集团的利益和要求的结果。社会存在各种各样的利益集团，即是多元的，它们是政策产生的重要推动力量。不同利益集团具有多个途径进入政府决策系统，最终产生一种稳定的、民主的决策机制。[2] 现代多元主义的代表人物

---

[1] 朱旭峰：《"思想库研究"：西方研究综述》，《国外社会科学》2007年第1期。
[2] 戴维·杜鲁门：《政治过程——政治利益与公共舆论》，天津人民出版社2005年版，第138页。

是杜鲁门和达尔。①

智库既是社会多元的组成单位之一，同时智库也是其他利益集团争取的对象之一。因此，智库和其他利益集团都成为多元主义理论分析家的研究对象。不同利益集团的利益、政治和政策主张在政治和政策过程中的竞争导致政策的产出。不同的智库之间，智库和其他利益集团、其他利益集团之间都会展开竞争。由于智库集聚了大批专业人才，身份和研究相对独立，研究有比较强的专业性和政策研究能力，生产了大量智力产品，政府在公共决策过程中需要借助智库的智力资源和智力产品，因此，智库借此可以参与到政治和政策过程，影响公共决策。同时，智库之间也会就智力产品展开竞争。智库参与和影响政策的影响力成为多元主义研究的主题之一。

2. 精英主义

精英主义（elite theory）是与多元主义并行的一种理论，它从现实主义的角度理解和阐释政治与社会结构，将社会中的人群分为精英和大众两类，其中特定阶级、阶层的一定的成员或人群，在心智、财富或社会地位上占据优势的为精英；他们的观点、偏好和行为更易受到重视，更适合于统治和治理一个国家和地方，因而居于统治者和管理者地位。

精英主义理论认为政治结构是一种由少数具有一定目标的组织和个人主导运作机制，公共政策是少数有权势的社会精英决定的。精英主义的代表人物包括早期的莫斯卡、帕累托、米歇尔斯、奥尔特加、勒庞，后期的韦伯、熊彼特和当代的米尔斯、达尔等。精英主义和多

---

① D. B. Truman, *The Govermental Process: Political Interests and Public Opinion*, Reprint edition, Greenwood Publishing Group, 1981; Dahl, Robert A., 1967, *Pluralist Democracy in the United States: conflict and Consent*, Chicago: University of Chicago Press.

元主义的合流是为多元精英主义。

米尔斯在其著作《权力精英》书中，认为美国的权力精英主要由政治精英（即美国政府中少数身居要职者）、经济精英（美国几百家最大的公司首脑）和军事精英（即军方最高级领导层）等三部分人组成。[①] 戴伊将美国权力精英扩展到知名的新闻记者、大律师、基金会组织负责人、智库负责人及美国名牌大学的校董事们等。戴伊认为，智库在其中扮演重要的角色，"作为精英中一部分的思想库是掌权阶层整个制定政策过程中起协调作用的中心点。他们把企业、金融机构、大学、基金会、新闻机构、有势力的律师事务所的最上层人物以及高级知识分子、政府中有影响的成员等结合在一起。思想库对得到大学和基金会支持的重要课题进行调研。更重要的是，他们力求就正在研究的全国性问题应该采取什么行动，达成一致意见。他们的任务是拟定行动建议——即提出明确的政策或计划，以便解决或改进全国性的问题。与此同时，在重大政策方向问题上，他们努力使企业界、金融界、大学、民间团体、知识界、政府等方面的领导人彼此意见统一"。[②]

精英理论中智库的研究重点是智库与各种精英团体之间的互动，根据精英理论的分析框架，政策过程是不同精英阶层之间的互动机制，不同阶层能否运用各自的政治资源动员能力是影响决策的关键，智库的负责人和研究人员（即精英）对政策的产生有很大的影响力，他们是决定智库影响力的最重要的因素。

[①] Mills. C. Wright, *The Power Elite*, New York: Oxford University Press, 1959.
[②] [美] 托马斯·戴伊：《谁掌管美国——里根年代》，世界知识出版社 1985 年版，第 263 页。

3. 国家理论

国家是政治学理论的核心概念，国家理论一直是政治学研究的热点议题之一。国家理论丰富多彩，诸如国家神权说、国家契约说、国家统治说、社会共同体说、国家要素说和马克思主义国家学说等。

传统的马克思主义国家理论认为国家的职能主要有阶级统治、社会管理、安全保卫、预防外敌入侵或侵略他国等，这些职能决定了一国的走向和政策，但在西方不是主流的学派。

诺斯的新制度主义国家理论复兴了国家理论，国家被看成一种特殊的组织，统治者和被统治者、潜在的统治者在各自利益最大化的理性条件下进行博弈，带有浓厚的经济人色彩。国家一直存在减少交易费用、促进和鼓励经济增长的有效的所有权结构安排（经济增长）与国家统治阶层，即统治者租金最大化的所有权结构安排存在长期的冲突。[1] 继诺斯和奥尔森之后，巴泽尔的国家理论将现代经济学分析的交易成本、理性选择和集体行动理论运用到对国家的分析，试图构建严谨的国家经济模型，并提出国家的掠夺问题。[2]

国家本身是一个重要的政策参与者，国家的政策会受到政务官、行政官僚、利益集团和智库的影响，但国家也被认为具有一定的自主性，有自己的行事逻辑。

智库的研究观点、政策方案不一定能成为最终的政策产出。一些研究认为没有证据表明国家采用的某项政策主张确实是某个智库的结果；相反，国家的意志还能影响智库以及其他政策参与者的行为。国家理论有助于解释在许多反常案例中，为什么某些进入政府工作的智

---

[1] ［美］道格拉斯·诺斯：《经济史上的结构和变革》，商务印书馆1992年版。
[2] ［美］约拉姆·巴泽尔：《国家理论》，上海财经大学出版社2006年版。

库专家在进入政府前曾信誓旦旦地准备为某项政策主张工作，而最后起草出的政策却与其初衷不尽相同。①

(二) 政策过程理论的中观视角

被誉为现代政策科学的创始人拉斯韦尔最早提出政策过程的阶段启示法，在《决策过程》一书中将政策过程分为情报、提议、制定、合法化、执行、终止和评估七个阶段。② 卡尔·帕顿等人提出了六个步骤的政策过程：问题的界定、评估标准的确立、备选方案的确定、备选方案的评估、备选方案的比较、监督和评估政策实施等。③

进入20世纪80年代，许多学者开始对占据主导地位的政策过程阶段途径理论提出批判，认为该理论用一种线性观点而非因果关系来看待各阶段的关系，并将政策过程的循环反复的长期性和复杂性过于简单化。萨巴蒂尔等人提出应发展一种新的研究政策过程的分析框架，阶段启示理论只是七种比较成熟的理论之一：阶段启发理论（政策过程理论）、制度理性选择理论（奥斯特罗姆夫妇为代表）、多源流分析框架（金登为代表）、间断—平衡框架（B.琼斯为代表）、支持联盟框架（萨巴蒂尔为代表）、政策扩散（传播）框架以及大规模比较研究方法的因果漏斗框架和其他框架。④ 最近十年来，西方政策过程理论又获得了一些新的发展，包括叙事政策框架、子系统及其超

---

① Steelman, Aaron, *Do Think Tanks Matter? Assessing the Impact of Public Policy Institutes*, in Cato Journal, 2003, Vol. 23, No. 1.
② [美] 保罗·A. 萨巴蒂尔：《政策过程理论》，三联书店2006年版，第23—24页。
③ [美] 卡尔·帕顿、大卫·沙维奇：《政策分析和规划的初步方法》，华夏出版社2000年版，第44页。
④ [美] 保罗·A. 萨巴蒂尔：《政策过程理论》，三联书店2006年版，第10—16页。

越、决策和官僚机构、政策过程的综合框架等方面的发展。[①]

以金登多源流分析框架为例（见图3-1），他认为政策之窗的打开——政策议程的设立是问题流、政治流和政策流三流汇聚而成的。[②] 金登在对美国进行广泛的实证调查和案例分析基础上，运用多源流分析框架，研究了为什么有些问题被列入政策议程而另一些问题没有被列入政策议程。问题流是政策制定者察觉到的可能需要解决的公共问题，即政策问题；政策流是政策建议产生、讨论和受到重视的过程；政治流是影响政策的政治，如国民情绪、压力集团的竞争、选举结果、意识形态、政府变更等。三大源流汇聚一处，"政策之窗"打开，政策问题被列入政策议程。[③]

政策过程理论将智库对政策过程影响的研究引入中观视角。政策问题的信息搜集与整理、界定，过去政策的成本收益分析，政策备选方案的制定、可行性分析、政策评估等政策过程中，金登所言的问题流、政策流和政治流形成与汇合过程中，公共决策者有赖于智库提供智力支持，智库产生的思想可以影响政策思想。智库对政策思想的产生、传播和发展可以发挥重要作用。

（三）知识运用理论的微观视角

传统的经典知识运用理论将社会科学研究成果作为"知识"的主体，研究公共决策者与智库专家之间的互动关系。知识运用理论关心的是如何促进决策者的知识运用。这一理论将智库对政策过程的影响

[①] 何华兵、万玲：《西方政策过程理论的最新进展、趋势与启示》，《甘肃行政学院学报》2011年第5期。

[②] ［美］约翰·W.金登：《议程、备选方案与公共政策（第二版）》，中国人民大学出版社2004年版。

[③] 金登的多源流政策过程分析框架具体见［美］约翰·W.金登《议程、备选方案与公共政策（第二版）》，中国人民大学出版社2004年版，第166页。

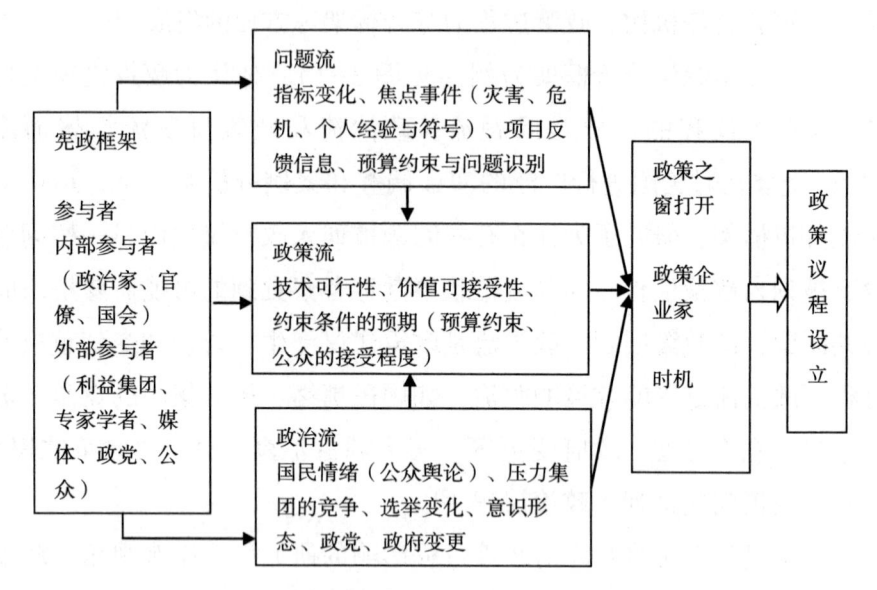

图 3-1　金登多源流分析框架的政策议程设置框架

（根据金登理论绘制，见陈国营、许琼《互联网时代公民参与政策过程研究：网络话语权的视角》，上海交通大学出版社 2016 年版，第 121 页。）

引入微观层面。该理论细分为"两大群体理论""启迪模型理论"等。①

知识运用理论关注的是在知识与政策之间如何架起桥梁的问题。如"两大群体理论"假设政治精英、公共决策者与研究政治、政策的专家具有不同的偏好和价值观。卡普兰将采用或不采用知识或研究视为政策研究者和政策制定者之间文化和行为差异的标志，他把这种差异（gap）称为"两大群体理论"（two communities theory）。② 两大群体之间价值观和偏好差异造成政策研究者和公共决策者之间的沟通障

---

① 朱旭峰：《"思想库研究"：西方研究综述》，《国外社会科学》2007 年第 1 期。
② Caplan, Nathan, *The Two-Communities Theory and Knowledge Utilization*, in *American Behavioral Scientist*, 1979, Vol. 22. No. 3.

碍。因此，研究专家的知识很难被公共决策者用来制定政策。

韦斯（Weiss）等为代表的"启迪模型"（enlightenment model）并不认同"两大群体理论"。韦斯认为在知识使用与不使用之间，不是简单的二分法，而是随着时间发生渐变的。韦斯等人认为知识的一些形式，如政策思想（idea）、意识形态（ideology）、范式（paradigm）和世界观（worldview）既不是与政策制定无关，也不是一产生就能直接转化为政策，而是需要经过时间上的积累。知识向政策的转化过程除了"启迪模型"外，可以拓展为三种模型：经典行政模型、专家政治模型、工程学模型等。20世纪90年代中期开始，后现代主义知识运用观点开始发展，关心的是语言或话语如何表达为政策议案，问题和解决方案如何被受众理解。[①]

从知识成为政策的动力学来看，知识运用分为科学推动型、需求拉动型、扩散型和互动型：科学推动型强调研究发现的"供给"和"输出"作为主要知识运用的目标，研究者是研究的主要动力，知识运用则是简单地、直接地和线性地提供给政策决策者；需求拉动型主要针对那些客户——委托关系的研究项目，研究者根据客户的需要提供政策研究；扩散型知识运用主要指那些没有指定目标和计划的知识传播，其传播对象是知识中潜在的政策思想的使用者；互动型认为知识运用发生在知识研究者和使用者之间多样的和混乱的互动之中。

在知识运用学派的学者看来，知识的产生、作用与影响过程就是专家的研究过程。因此，寻找合适的路径以实现知识影响政策是知识运用理论最关注的议题。智库对政策的研究目的是希望其研究能够在

---

① Weiss, Carol H. *Policy Research as Advocacy: Pro and Con*, in *Knowledge&Polly*, 1991, Vol. 4, No. I.

知识和政策之间架起桥梁，最终影响乃至形成政策，实现研究价值。①

二　智库评价的方法

西方国家智库研究经历了历史路径、实证主义和国际比较研究三种范式演变，其中智库影响力是智库研究的永恒理论议题。

（一）历史路径

西方早期对智库的研究，学者主要是基于历史路径的分析方法，分析智库兴起的政治社会背景和宏观作用。史密斯在他1991年的重要著作中分析了作为"政策精英"的政策专家以及逐渐形成的智库专家在美国政治中形成与壮大的历史。史密斯将美国智库的成功发展归结为两大原因，一是美国发达的基金会，二是美国政府系统对智库研究者开放态度，并将目前在美国兴起的新政策精英群体的智库专家称为"思想掮客"（ideal brokers）。瑞西研究了自20世纪70年代以来智库在美国新的华盛顿政治文化中的兴起过程。他发现，美国政府内部发生了巨大变化，美国政府以外的力量逐步增强，专家地位的初步确立、电视的发展以及传播技巧的完善从根本上改变了美国的政策话语。智库在"思想市场"中展开的争论丰富了对各种理论的检验，它们因而具有了日益巨大的对政策决策的影响力。②

（二）实证主义

随着思想库领域研究的深入，西方学者开始在研究过程中注重运用实证主义方法来分析智库实力、作用及其影响力。

斯通（Stone）是第一个对智库实现影响力的原因进行理论开发

---

① 朱旭峰：《"思想库研究"：西方研究综述》，《国外社会科学》2007年第1期。
② Ricci, David M, *The Transformation of American Politics: The New Washington and the Rise of Think Tanks*, New Haven and London: Yale University Press, 1993.

的学者，并为其后的实证主义的智库研究奠定了理论基础。她于1996年发表《俘获政治意象：思想库与政策过程》一书，第一个从中观层面分析智库在政策过程中的影响力，对思想库的组织管理和认知网络进行了详细分析，指出知识交流在政策研究机构中的重要作用。[1]

美国学者多尔尼（Michael Dolny）早在1996年就开始运用定量方法评价智库影响力，主要是利用数据库，根据美国主流媒体对20多家智库的观点引用频率统计分析美国智库的影响力。[2]

麦甘（McGann）在1995年的著作《公共政策研究中经费、学者和影响力的竞争》通过问卷调查搜集不同智库的第一手数据，罗列了7个美国智库的基本数据，开创了智库研究中定量研究的先河。[3]

加拿大学者埃布尔森（Abelson）用定性和定量两种方法对智库影响力研究开展了有益的探索。在1996年的《智库与它们在美国外交政策中的作用》一书中，他以美国外交政策的决策过程为政策子系统（policy subsystem）的大案例，详细分析了思想库参与政策决策的过程的机理，指出媒体已经成为智库宣传其政策思想，并影响外交政策的可以借助的新工具。

2000年，尼古拉斯·拉伯（Nicolas Ruble）在《国际经济》上发表的一项研究成果，从媒体曝光率（visibility in the media）角度对12家知名智库的影响力做了量化实证分析，统计智库在1997年7月到

---

[1] Stone, Diane, *Capturing the Political Imagination*, *Think Tanks and the Policy Process*. London：Frank Cass，1996；朱旭峰：《"思想库研究"：西方研究综述》，《国外社会科学》2007年第1期。

[2] Michael Dolny, *The Think Tank Spectrum：For the media, some thinkers are more equal than others*, May/June 1996, http：//fair. org/extra-online articles/

[3] McGann, James G., *The Competition for Dollars, Scholars and Influence in the Public policy Research Industry*, New York：University Press of America，1995.

1999年6月期间的报纸杂志的专栏数量或者智库被媒体采访次数,以及参与听证会的次数,对全球和美国的智库的媒体影响力做了评估;该研究还对智库中的171名知名经济学家的媒体影响力做了排名。①

2002年亚当·普森(Adam Posen)将尼古拉斯的研究扩展到16家智库和276名经济学家。② 2005年,苏珊娜·特里姆巴斯(Susanne Trimbath)同样运用媒体曝光率为依据,将观测期延长,从1997年1月1日到2005年3月30日,17家智库近300位经济学家参与了评估。③

2002年,埃布尔森(Donald E. Abelson)发表了专著《智库重要吗?公共政策研究机构影响力评价》一书,分析了智库参与美国外交政策决策的过程机理,并基于政策过程概念框架,将智库的观点被主要媒体的引用率和出席国会听证会的次数作为评价指标,定量比较了美国和加拿大智库的政策影响力。④

瑞奇(Rich)在1999年完成的博士论文基础上,于2004年由剑桥大学出版社出版了著作《智库、公共政策和专家政治》,在书中设专门章节介绍了智库在三个政策子系统(医疗改革、电信改革和减税政策)中发挥作用的案例,第一次将回归分析的定量方法应用于智库

---

① Nicolas Ruble, *Who's Hot & Who's Not—An Assessment of Think Tanks' Influence on US Economic Policymaking*, The International Economy, September 2000.

② Adam·S. Posen, *Think Tanks: Hot Economists and Hot Topics*, The International Economy, Fall 2002.

③ Susanne Trumbath, *Think Tanks: Who's Hot and Who's Not*, The International Economy (Summer), 2005, 10-47.

④ [加]唐纳德·E. 埃布尔森:《智库能发挥作用吗?公共政策研究机构影响力之评估》,上海社会科学院出版社2010年版。

研究之中。①

2012年，彼特·利森（Peter T. Leeson）等人以计量回归方法分析了美国州一级的以自由市场导向为意识形态取向的智库（state-based free market think tanks, SBFM）在税收、政府支出以及私有化三大领域的八个相关公共政策的影响力。②

智库影响力评估最具影响力的是美国宾夕法尼亚大学的詹姆士·麦甘（James G. Macgan）主持的全球智库调查项目。詹姆斯·麦甘博士领衔的团队自2006年起，每年发布《全球智库报告》，在全球智库综合排名和影响力评价研究中影响力大、广为人知。③

实证主义研究是西方人文社会科学的传统和主流研究方法。总体上，智库评价实证研究还处于一个比较初步发展的阶段。可以预见，在智库评价研究中，定量分析将日益成为智库评价研究的主流，智库评价研究将致力于开发智库的评价理论框架和理论模型，建立智库数据库，设计调查问卷，构建智库评价的指标体系，探讨和揭示智库影响力发挥作用机理，影响社会舆论、公众舆论和政策过程的路径和程度，揭示因果关系，验证理论假设等。

（三）国际比较研究

智库国际比较研究的代表性成果有：1996年美国城市研究所（Urban Institute）在日本举办的世界智库论坛，由特尔加斯基和尤诺（Telgarsky and Ueno）编辑出版《民主社会中的思想库：另一种声音》

---

① Rich, Andrew, *The Think Tanks, Public Policy and the Politics of Expertise*, New York: Cambridge University Press, 2004.

② Peter T. Leeson, Matt E. Ryan and Claudia R. Williamson, Think Tanks, *Journal of Comparative Economics*, Vol. 40, 2012. pp. 62-77.

③ [美] 詹姆士·麦甘（上海社会科学院智库研究中心编）：《智库报告2013年全球智库报告》，上海社会科学出版社2014年版。

外，其他文集均由几位专门研究思想库的英美学者编辑整理出版，如麦甘和韦弗编辑的2000年在西班牙召开的思想库会议论文集《思想库与公民社会：思想与行动的催化剂》，以及斯通等人在多年来美国政治研究学会召开的年会论文的基础上收集整理出版的《各国思想库：一个比较的路径》和《思想库传统：政策研究和思想的政治学》，以及她为全球发展网（Global Development Network，总部设在日本）首届年会整理出版的《信赖知识：全球发展网络的起源》等三本文集。[①]

以美国为首的西方发达国家智库最为发达，发展中国家的智库发展相对滞后。但是不管怎么样，各个国家的智库发展历史背景、文化传统、制度基础和发挥作用的机理和影响政策的程度不同。各国学者在开展对自己国家智库的研究，学习借鉴西方发达国家的经验时，国际比较研究提供了一个研究视角。国际比较研究智库在各国的政治地位和影响力差异的民主制度、公民社会、政治文化、经济社会发展水平等因素，各国智库影响政策过程的状况和途径，各国智库发展和影响力发挥的共性与差异，启示与经验等。

三 智库评价的指标体系

目前，对智库综合实力和影响排名相对而言最系统、影响最广泛的是美国宾夕法尼亚大学的詹姆士·麦甘（James G. Macgan）主持的全球智库调查项目。詹姆斯·麦甘领衔团队自2006年起，发布年度《全球智库报告》，已经连续发布了10年。2013年全球智库报告，9000多位媒体从业人员、政策制定者、公共和私人捐助者、智库以

[①] 朱旭峰：《"思想库研究"：西方研究综述》，《国外社会科学》2007年第1期。

及各功能领域和地区研究的专家参与其中，覆盖到全球182个国家的6826家智库，其中有171家智库当选为全球顶级智库。[1]

在评价指标方面，詹姆士·麦甘的智库影响力评价体系结合了定量指标（硬性指标）和定性指标（主观性指标），如机构的财源水平、学术声誉（正式的合格鉴定，引用，在主要的学术书刊、杂志、会议中发表）、机构总的成果（政策建议、出版物、访谈、会议、被任命担任官方职务的成员）等属于定量指标；这些评价排名基于或多或少的硬性指标，但更多是采用主观性评价指标。比如，机构提供新知识或关于政策的替代性思想的能力、消除决策者们"在场"和"不在场"的现实之间的差距的能力、对决策者和公众的传统智慧挑战的成功、机构在议题或政策网络担当轴心或核心参与者的能力等[2]，具体见表3-1、表3-2。

表3-1　　　　2013年全球智库报告提名和排名的标准与指标[3]

一级指标	二级指标及指标含义
智库领导层的质量和责任心	有效管理智库的目标和项目；完成目标筹措必要的资金和人力资源；监督智库的质量、独立性和影响力
智库雇员的质量和声誉	能云集一大批高水平、经验丰富、高产的学者和分析师（这些学者被公认为是在各自领域内崭露头角或颇有建树）；招募并留住精英学者和分析师的能力
研究和分析的质量与声誉	面向政策制定者、媒体和公众开展高品质、严谨、政策导向型研究

---

[1] [美]詹姆士·麦甘（上海社会科学院智库研究中心编）：《智库报告2013年全球智库报告》，上海社会科学出版社2014年版。

[2] 帕瑞克·克勒纳：《智库概念界定和评价排名：亟待探求的命题》，《中国行政管理》2014年第5期。

[3] [美]詹姆士·麦甘（上海社会科学院智库研究中心编）：《智库报告2013年全球智库报告》，上海社会科学出版社2014年版，第16—19页。需要指出的是，这些评价标准存在重合，需要进行归并和细化。

续表

一级指标	二级指标及指标含义
学术表现和声誉	研究的学术严谨度、智库的学者和分析师的正规资质、学术出版物的数量和类型（图书、期刊和会议论文）、在学术会议和其他会议上发表演讲的次数、智库学者的研究被学术刊物引用的数量和类型
出版物的质量、数量和影响力	
智库的研究和项目对政策制定者和其他政策行为体的影响、政策建议被政策制定者、公民社会或政策行为体加以考虑或实际采纳	
在政策制定者心目中中的信誉	在具体议题或项目上的知名度、简报和官方任命的数量、政策简报和白皮书的数量；发表的专家立法证词
对研究和分析独立性的承诺	在机构、研究团队和研究人员个体的监督下，为基于严密论据的研究和分析制定标准和政策；公开存在的财务、机构或个人方面的利益冲突；承诺在社会科学研究领域不持党派立场、遵从既定的专业标准
与重要机构的关系	有能力接触和联络包括政府官员（民选官员和委派官员）、公民社会、传统媒体、新媒体和学术界人士在内的关键受众和个体
有能力号召主要的政策行为体并与其他智库和政策行为体建立有效的关系网络和伙伴关系	
智库的整体成果	政策建议、网页访问量、简报、出版物、采访、会议、被提名出任公职的雇员
对研究、政策建议和其他成果的运用	能将政策简报、报告、政策建议和其他成果有效地传达到政策制定者和政策团体供其使用；现任或历任雇员中为政策制定者或咨询委员会等对象提供咨询服务的人员数量；学者因学术成就或公共服务所获奖励的数量
智库在公众参与、倡导工作、提供专家立法证词、学术论文或学术讲解、开展研究或教学等方面信息的有用性	
使用电子、印刷和新媒体等手段来交流研究成果、影响关键受众的能力	
媒体口碑	在媒体上露面、采访和被引用的数量
使用互联网包括社交媒体工具与政策制定者、记者和公众沟通的能力	
网站和数字化表现	智库网站的质量、可介入性、有效维护；数字流量和参与的质量和水平（网站的质量、可介入性和导航清晰度、网站访客数、页面浏览量和浏览时间、点赞或粉丝数量）
经费的水平、多样性和稳定性	有能力调动必要的资金来源以长期支持智库的运行（捐助、会员费、每年的捐款、与政府和私人合同、营利所得）
财力和人力的有效管理和分配	有效管理资金和人员以实现高质量产出，达到最大影响力
有效地履行为智库提供资金支持（财务管理）的政府、个人、企业所提出的礼物、赠款和合同条款的能力	
能够产生新的知识、创新型政策建议或为政策提供多重选择	
弥合学术界和政策制定团体之间的鸿沟	

续表

一级指标	二级指标及指标含义
弥合政策制定者和公众之间的鸿沟	
在政策制定过程中注入新的话语	
在各类议题和政策网络中体现影响力	
能否成功挑战政策制定者的传统思维并产生创新型政策观点和项目	
对社会的影响	智库在某一特定领域中的努力直接与社会价值的积极变化,比如各国生活质量的显著变化(提供给公民的商品和服务的数量、公民身心健康情况、环境质量、政治权利的质量和机构的开放程度)

表 3-2　　全球智库排名的影响力评价指标体系①

一级指标	二级指标
资源指标	招募和留住顶尖学者和分析师的能力
	资金支持的水平、质量与稳定性
	与政策制定者、政策精英对接的能力
	拥有有质量的可靠的关系网络
	与政策学术界、媒体有关键的联系
效用指标	被本国媒体和政策精英视为靠得住的智库
	媒体报道、文献引用、网络点击数、提交给立法、行政机构的专家证词的数量和质量
	书籍销售量
	报告发行量
	研究分析被学术期刊或大众出版物引用的数量
	其组织的会议和研讨会的出席人员情况
成果指标	产生的政策建议和方案的数量与质量
	出版物(图书、期刊、政策简报等)的数量和质量
	接受新闻媒体采访的数量和质量
	举办情况发布会、大型会议和研讨会的数量和质量
	被聘担任政策顾问和政府公职的人数和质量

---

① [美]詹姆士·麦甘(上海社会科学院智库研究中心编):《智库报告 2013 年全球智库报告》,上海社会科学出版社 2014 年版,第 19—21 页。需要指出的是,这些影响力评价标准和指标存在一定的重复,一些指标可以合并,并需要进一步细化二级指标。

续表

一级指标	二级指标
影响力指标	得到政策制定者和公民社会组织考虑或采纳的政策建议数量
	研究议题网络是否处于核心位置
	在政党、竞选人、过渡团队中起到的咨询作用
	获得奖项的情况
	在能影响政策辩论和制定的学术期刊、专家公共证词和媒体上发表或被引用的情况
	对邮件列表服务和网站的掌控
	对官僚和政客传统思维和程式化运作方式的成功挑战

智库评价和排名工作极具挑战性，任何研究和努力尝试也注定会带来诸多质疑和争议。仔细分析这些指标，可以发现，总体上，这套全球智库影响力评价指标缺乏体系。指标体系缺乏分层（如一级、二级和三级指标），也缺乏对指标彼此间内在联系的说明，指标之间的逻辑关系不甚明朗，一些指标之间存在一定的重复。

◇ 第二节　国内智库评价的理论与实践

与西方发达国家智库发展状况相比，我国智库发展相对滞后，与中国综合实力不相对称。同时，在智库研究方面，我国对智库的研究更是处于相对落后的状态，对于智库的研究主要以历史研究方法和比较研究方法为主，运用定量、实证研究方法，展开智库评价和影响力研究的学者和成果更为缺乏。

一　智库评价的理论

在国内，以薛澜、朱旭峰等为代表的学者，在借鉴吸收西方国家智库评价研究成果的基础上,对智库评价的理论基础进行了研究,提出了智库评价研究的社会结构理论、网络与社会资本理论、知识运用理论、组织战略理论和政策过程理论。

(一)社会结构理论

社会结构是社会学的重要概念。社会结构是按照一定的秩序构成的相对稳定的网络,是社会诸要素的一种相对稳定的关系及构成方式,诸如组织结构、意识形态结构和制度结构等。

根据社会结构理论,智库影响力可以分为三个层次:即决策核心(decision-making nuclear, DN)、中心(center)和边缘(periphery)。决策核心层指公共决策者,也就是掌握公共政策决策权力的人,他们的政策主张对公共政策决策起到决定性作用。在核心层以外是中心层,主要包括具有一定政策影响能力的媒体、企业界、学术界的社会精英。智库就属于中心层这个范畴。边缘层主要是普通大众,虽然从数量上看他们是社会真正的主体,占据人口绝对多数,但是普通公众很难参与到公共决策过程之中。普通公众缺乏获取与公共决策相关的信息渠道及掌握必要的信息,也缺乏这样的能力,因此他们处于政策决策的边缘。从智库影响力来看,智库影响力分为相应的三个层次:决策(核心)影响力、精英影响力(中心)和大众(边缘)影响力。[1] 智库的研究及其成果对政策过程的影响贯穿于政策过程的始终,同时会对政策过程的各个参与者产生程度不同的影响。

(二)社会网络、社会资本理论与政策过程

社会网络(social network)是社会个体成员之间因为互动而形成的相对稳定的关系体系,是一种基于网络(节点之间的相互连接)而

---

[1] 朱旭峰、苏钰:《西方思想库对公共政策的影响力——基于社会结构的影响力分析框架构建》,《世界经济与政治》2004年第4期。

非群体（有明确的边界和秩序）的社会组织形式。社会网络关注的是人们之间的互动和联系。

政策共同体网络包括政治行政体制网络、决策者网络、社会精英网络、媒体网络、公众舆论等。智库应该被视为政策共同体的一个组成部分，智库是影响公共决策的一个因素而已，尽管是一个重要的因素。同时，一个智库的政策、公众、媒体和国际影响与实际贡献，很大程度上取决于它所拥有的社会资本，即智库与重要决策者、媒体和学术界的关系网络。西方智库的"旋转门"制度为智库和决策者之间打通了通道，实际也是扩大了智库的社会网络和社会资本，进而为影响政府决策提供了条件。

中国智库影响决策主要包括通过报送内参性质的研究报告、担任政府决策咨询委员等。中国缺乏美国那样的"旋转门"机制，尤其是对于大学智库而言，更是缺乏"旋转门"机制。中国社会智库，一般更依赖于智库个人的社会资本，即智库研究者个体同决策者、重要媒体等之间的个人联络关系。

二 智库评价的指标体系

国内与智库影响力评价指标研究相近的领域研究是"中国软科学研究机构专项统计"。从1986年起，科技部组织每两年开展一次全国范围的软科学研究机构专项统计，对全国软科学研究活动开展情况进行调查。以问卷调查的形式考察机构的基本概况、机构与经济状况、软科学研究课题、研究人员、研究论文与著作、获奖课题、对外合作交流、媒体观点引用、从事科技咨询和中介活动9个方面的情况。

一些学者进一步对软科学机构及其竞争力展开了研究。赵刚、朱旭峰、王志清等根据2004年全国软科学研究机构负责人回收的调查问卷，对软科学研究机构的评价指标进行了修改，并赋予不同的权重。① 徐晓林、黄艳等根据全国软科学研究机构调查数据，基于调查指标统计分析了省域软科学研究机构的竞争力。② 但是，这些研究没有对软科学研究机构提出明确界定，研究和提出的指标体系缺乏动态性，仅有测度软科学研究机构的结果指标，没有反映发展的过程指标（见表3-3）。

表 3-3　　　　　　　　全国软科学机构评价与排名指标

一级指标	二级指标与说明
机构情况	法人属性
研究经费	研究经费总数、机构经费总支出（业务费、人员费、管理费等）
研究人员情况	兼职、性别、学历、职称、年龄构成等
研究课题	中央、地方纵向课题、横向委托、国际合作和资助、自选、其他、研究课题经费总数、课题折合全时人数（人/年）
研究论文与著作	发表的学术期刊论文（篇）、发表的会议论文（篇）、向国外发表的学术期刊论文、向国外发表的会议论文、出版的研究著作、译成外文的著作、软科学获奖的课题、内部研究报告或内登载的文章、领导批示数、报纸和网络署名文章
观点引用情况	学术论文被核心期刊引用、接受专访、观点被媒体引用
对外合作交流	开展国内合作项目数、参加国内会议、参加政府咨询会、举办国内会议、开展国际合作项目、开展国际合作参加人次、出国考察项目数、出国考察参加人次、接待来访人次、参加国际会议项目数、参加国际会议人次、举办国际会议

软科学机构评价指标可以为智库评价和指标体系研究提供借鉴。孔放、李刚将国外智库评价分为三种模式：以市场为主导的美国模

---

① 赵刚、朱旭峰、王志清：《中国软科学研究机构评价指标研究》，《中国科技论坛》2005年第1期。

② 徐晓林、黄艳：《中国省域软科学研究机构竞争力评价与发展趋势研究》，《中国软科学》2009年第6期。

式、以第三方为主导的德国模式和以政府为主导的日韩模式。① 朱旭峰、苏钰根据社会结构理论将智库影响力分为三个层次：决策影响力（核心）、精英影响力（中心）和大众影响力（边缘），智库对每个阶层的影响途径与影响力不同，不同类型的智库会选择不同的知识运用战略实现其影响力。② 金芳等人简要分析了西方智库评价的理论基础、评价维度、影响力评价（决策影响力、精英影响力和大众影响力）。③

王莉丽从传播学的角度分析了美国智库影响力产生机制，重点分析人际传播对政策制定者的直接影响、组织传播对品牌塑造和大众传播对舆论塑造的影响，以及后二者对决策者的间接影响。④ 陈升、孟漫基于政策影响力、学术影响力和社会影响力三个维度，选取39个中国智库作为样本，实证研究智库影响力及其机理，发现智库规模对智库影响力有显著影响，智库产出对智库规模和智库影响力的中介效应显著，但智库性质对智库产出、智库规模、智库影响力之间关系没有显著影响。⑤

零点国际调查公司（民间智库）、中国网联合发布的中国智库影响力评价指标（《2014中国智库影响力报告》）分为专业影响力、政府影响力、社会影响力和国际影响力，其中每类下面设置3—5个客观指标（见表3-4）。

---

① 孔放、李刚：《国外智库评价的主要模式》，新华日报，2015年7月10日第14版。
② 朱旭峰、苏钰：《西方思想库对公共政策的影响力——基于社会结构的影响力分析框架构建》，《世界经济与政治》2004年第4期。
③ 金芳等：《西方学者论智库》，上海社会科学院出版社2010年版第4章和第5章。
④ 王莉丽：《论美国思想库的舆论传播》《现代传播》（中国传媒大学学报）2010年第2期。
⑤ 陈升、孟漫：《智库影响力及其影响机理研究——基于39个中国智库样本的实证研究》，《科学学研究》2015年第9期。

国际影响力有 5 个指标：智库与国际机构合作的频次和方式，与国外智库合作的数量，智库主要研究人员在国际论坛上发言的数量，国外媒体对智库的报道量和智库在国外设立分支机构的数量。

表 3-4　　　　零点国际发展研究院与中国网的智库评价体系

评价指标	具体指标
专业影响力	智库研究人才的数量和国际化程度 智库主要研究人员在期刊上发表文章的数量 智库主要研究人员出版专著的数量 智库公开发行刊物的数量
政府影响力	智库为政府人员培训的数量和级别 智库承担政府委托项目的数量和级别 智库获得政府领导批示的数量和级别 智库参加政府部门座谈会的数量和级别
社会影响力	智库在互联网搜索引擎上的搜索量 国内主流媒体对智库的报道量 智库及其主要负责人在新媒体上的粉丝量
国际影响力	智库与国际机构合作的频次和方式 与国外智库合作的数量 智库主要研究人员在国际论坛上发言的数量 国外媒体对智库的报道量 智库在国外设立分支机构的数量

2010 年，上海科学院智库研究中心编制了《中国智库竞争力建设方略》，[①] 系统阐述了智库的概念，智库发展历程，构建了中国智库评测指标体系、对中国智库的五项影响力（决策、学术、社会、媒体和国际影响力）做了详细研究，并探讨了提升中国智库竞争力的战略取向。该研究拓宽了智库研究范围，将智库影响力范畴提升到了智库竞争力范畴，提出"影响力是竞争力的一个方面，因此评测指标更为困难"。该研究根据 IMD 发表的《1994 国际竞争力报告》，认为智库竞争力是"竞争力资产和竞争力过程的统一"，前者包括了智库拥

---

① 李安方等：《中国智库竞争力建设方略》，上海社会科学院出版社 2010 年版。

有的资源条件和现有科研水平，主要影响智库的研究能力；而后者反映了将资源转化为科研成果的能力、效率和潜力，主要影响智库的研究效率，具体表现为创新能力、品牌影响力和国际化能力，并构建出包括竞争力来源指标、竞争力表征指标和竞争力支持指标以及评测指标。但是该研究在细节上存在一些不完善的地方，比如，虽然把研究对象国际化、学术活动国际化、国际话语权等智库的国际化能力纳入了智库竞争力评价指标体系，但是在二级指标设置时，仅有"国际合作交流渠道"一项体现了国际化程度，在统计论文数量和参与学术会议数量时，仅仅统计了中文核心期刊和国内学术会议，未涉及国际会议和外文发表的研究论文。

2013年，上海科学院智库研究中心发布了国内第一个对全国各类智库进行综合评价和研究分析的年度报告（《2013年中国智库报告——影响力排名与政策建议》），并于2014年继续发布《2014年中国智库报告——影响力排名与政策建议》（以下简称《中国智库报告》），通过对党政军智库、社会科学院、高校智库和民间智库进行筛查，选择了200余家活跃智库，对其进行综合影响力排名、系统影响力排名和专业影响力排名，并给出政策建议。在智库评价标准设置方面，《2013中国智库报告》在内容上大体沿用了2010年《中国智库竞争力建设方略》的中国智库竞争力指标体系，将一级指标设定为智库成长与营销能力、决策（核心）影响力、学术影响力和公众（边缘）影响力，《2014中国智库报告》再次修改了指标体系（见表3-5）。①

---

① 但是该研究存在一些值得商榷的地方，比如将一些大学和官方机构整体当作智库，比如北京大学、清华大学、复旦大学、中国人民大学、南开大学、中共中央党校和中国社会科学院等。

表 3-5　　　　　　　　上海社科院智库竞争力指标体系

中国智库竞争力数量化指标体系	中国智库竞争力数量化指标体系具体特征		《2014中国智库排行榜》中对应的指标体系	修改后的指标具体特征	《2013中国智库排行榜》其他新增指标体系
竞争力来源指标（智库的基础性指标）	智库的规模		未体现		B3 公开出版学术专著、会议论文集和连续性研究报告等 C1 智库对媒体舆论的引导能力 D1 智库对公众意识的引导能力 D2 智库研究对社会弱势群体政策需求的关注关怀与行动效果 E1 国际知名度、国际声誉 E3 对国际重大事件的持续关注和分析能力 F3 留住顶级专家和经营学者的能力
	智库的层次（智库的性质级别或隶属关系）		未体现		
	成立时间与存续历史长短		F 成长营销能力	F1 智库成立时间与存续有较长的历史时期	
	研究经费投入		F 成长营销能力	F2 智库的研究经费投入	
竞争力的表征指标（智库的影响力指标）	决策核心层	中央、部门领导批示	A 决策影响力	A1 智库研究成果荣获各级领导批示	
		智库专家接受政府邀请参加决策咨询会议的次数	A 决策影响力	A2 智库专家参与决策咨询会议给决策者授课的次数及层次	
	社会中心层	中文核心期刊上发表的论文数量	B 学术影响力	B1 智库人员在国内外核心期刊发表、转载的论文数量	
		受邀参加全国性学术会议次数	B 学术影响力	B2 智库人员应邀参加国内外学术会议的数量及层次	
	大众边缘层	智库成果被媒体报道次数	C 媒体影响力	C2 智库专家接受媒体采访。报道或在媒体上发表成果的频率	
		接受媒体访问次数			
智库的竞争力支持指标	是否拥有国家级核心期刊		未体现		
	是否拥有出版发行机构		未体现		
	智库人员曾经在政府部门任职的比重		A 决策影响力	A3 智库专家到政府部门中的任职比例以及智库人员曾在政府部门任职的人员比例（旋转门机制）	
	智库有政府部门合作交流的渠道情况		未体现		
	智库网站建设情况		C 媒体影响力	C3 智库网站建设，包括智库专家拥有博客、微博等自媒体的数量	
	国际合作交流渠道		E 国际影响力	E2 与国外同类机构合作交流的评论	

2015年11月，中国社会科学研究院中国社会科学评价中心发布了《全球智库评价报告》。该报告试图建立智库综合评价体系AMI，注重定性与定量分析结合，从吸引力、管理力和影响力三个维度对智库进行综合评价，指标体系由五级指标体系构成，其中一级指标3个，二级指标15个，三级指标35个，四级指标58个，五级指标32个，总分值为355分，其中一级指标"吸引力"的分值为105分，"管理力"的分值为70分，"影响力"的分值为180分。全球智库排行榜中共有31个国家和国际组织的智库上榜。① 考虑中国社科院全球智库评价报告指标体系比较庞大，本文对其中四、五级指标没有分列，并且只列出了部分指标，见表3-6。

表3-6　　　　　　　中国社科院全球智库综合评价指标体系

一级指标	二级指标	三级指标	四、五级指标
吸引力	声誉吸引力	决策奖励	机构、工作人员、成果获奖及层级研究人员学术道德 学术独立性第三方评估 成立时间专家评议
		学术声誉	
		历史	
		同行评议	
	人员吸引力	人员规模	工作人员总数、工作环境提供、平台个人职业规划、待遇
		求职比	
		吸引人才的能力	
	产品/成果吸引力	研究成果吸引力	论文下载、转载量、网站点击量
	资金吸引力	资金值	人均年研发经费
		资金来源	多元化

---

① 中国社会科学院中国社会科学评价中心：《全球智库评价报告》，2015年。

续表

一级指标	二级指标	三级指标	四、五级指标
管理力	战略	发展规划	
	组织	组织层次	严密性、系统性
		独立性	独立法人资格
		客户关系管理	与政府、学术机构、媒体、企业、国外机构的关系、专职公关人员
	系统	信息化管理	独立网站
		流程管理	规章制度、战略战术
		外包能力	翻译、数据处理、社会调查
	人员	素质	工作人员学历
		结构	年龄结构、性别结构
		领导人	管理能力
	风格	管理风格	历史传统、文化传承
	价值观	导向管理	明确的价值观和使命感
	技术	专业技术能力	专业技术人员学历、分析决策水平
影响力	政策影响力	对政策制定的影响力	政府委托研究项目、研究人员受邀为省部级及以上政府授课、接受省部级及以上政府咨询、成果对政策的影响力
		与政府及决策者的关系	旋转门、官员培训
	学术影响力	成果发布	出版连续出版物、发布研究报告、发表学术论文、出版学术著作
		论文被引	论文被引量
		学术活动活跃度	举办会议、学术交流
	社会影响力	媒体曝光度	人员媒体曝光度、机构媒体曝光度
		社会责任	社会公益项目
		信息公开度	研究成果开放获取网站内容、网站更新频率、成果推送
	国际影响力	国际合作	与国外机构联合举办会议、联合发布成果、人员交流
		注册国外分支机构	数量
		外籍专业技术人员	外籍专业技术人员数量占比
		使用多语种	网站研究报告、学术论文使用语言

三 国内外智库评价研究的简单评析

国内外学者对智库评价的探索和研究很多都是探索性和开创性的，为加强智库评价研究奠定了坚实的基础，为开展和完善智库评价研究方法、评价框架和评价指标体系提供了有益的启迪，也为智库评价实践提供了有益的经验借鉴。

智库评价和排名工作极具挑战性，智库研究处于初步阶段，智库评价更是其中的薄弱环节。国内外学者就如何评价智库展开了一系列研究，提出了智库评价的方法、维度和指标体系，并尝试推出了智库评价和智库排名报告。不可否认的是，智库评价研究总体上还处于一个探索的阶段，任何智库评价和智库排名报告都不同程度地存在一些问题和争议。

媒体曝光率和媒体对智库观点引用，主要是代表智库的媒体影响力，未必就是智库对政策过程的真实影响力。智库参与国会听证会是智库影响政策的重要维度，但是智库参与国会听证会制度与特定国家制度安排有很大关系。

宾夕法尼亚"智库和公民社会"项目发布的《全球智库报告》最具影响力，但这种排名存在许多问题。诸如对智库的界定与范畴问题存有争议，各国智库运作环境存在巨大差异，不同国家智库间是否可比的问题，以及智库排名和评价的指标数据可获得性、重要性、客观性和全面性等问题。尤其是，该项排名主要还是基于主观性评价，过多的主观性评价指标缺少可操作性和可比性。有学者指出，麦甘的全球智库提名和排名指标很多看似非常严谨；但在实际操作后，基本依靠直观感知而非理性分析，[①] 这些评价标准和指标体系能够多大程

---

① 崔玉军：《国外智库评价：理论与实践》，《社会科学论坛》2015年第11期。

度地反映智库影响力，评审专家能否认真，能多大程度地减少主观偏见而根据这些指标进行评价，有待进一步研究验证。同时，因为没有公布评选专家名单信息而遭受批评。

因此，宾夕法尼亚全球智库排名的标准选择和指标设计看似严谨，但表面价值不应被高估。尽管目前这种智库排名不甚完美，但也不能简单地将其完全否定，其仍将具有吸引力，满足我们对智库绩效评价的好奇心，甚至也可以帮助确立智库成功运作的标杆，可以提升政府和机构的政策水平。[①]

上海社会科学院开创中国智库评价和排名先河，提出了自己的智库评价指标体系，发布中国智库排行榜，在国内具有开拓性，并且在不断完善评价指标体系，比如2014年智库报告相对2013年智库评价报告，指标体系更为科学合理。但存在的问题是对智库的界定有待商榷，比如将北京大学、清华大学、复旦大学等整体视为智库，将大学和智库等同，这显然不是很妥当；采取"提名+评选+排名"的主观评价方法有待改进和完善；同样地，也存在如麦甘领导的"智库和公民社会"项目发布的《全球智库报告》一样的争议，即参与评选的专家信息没有公布，容易引起争议。

中国社会科学院全球智库评价报告试图构建综合评价框架和指标体系，指标体系更为全面，将智库评价一级指标分为吸引力、管理力和影响力显得与众不同，但评价维度和指标名称有待赢得业界的认同。

[①] [德] 帕瑞克·克勒纳：《智库概念界定和评价排名：亟待探求的命题》，《中国行政管理》2014年第5期。

◈ 第三节　国内外智库评价的特点、趋势与借鉴

一　智库评价研究的特点与趋势

（一）以主观定性评价为主

智库评价研究是智库研究的一大难题，尤其是涉及排名问题，则更加复杂，更具争议。现有的智库评价研究，尤其是涉及智库排名评价是以定性为主。

评价智库的学术影响、社会影响、媒体影响、政策影响和国际影响，如何构建指标体系，尤其是指标测量的数据如何取得，如何确定权重是一个难题。因此，由于定量评价存在一定难题，现有的智库评价主要是定性的。

以詹姆士·麦甘领衔的全球智库报告为例，2013年全球智库报告，覆盖到全球182个国家的6826家智库，如何获取各个智库数据显然是一项庞大的工程，而且很多数据根本就无法获取。因此，麦甘的全球智库报告和全球智库排名采取的是定性评价为主，定量评价为辅。该年度报告是9000多位媒体从业人员、政策制定者、公共和私人捐助者、智库以及各功能领域和地区研究的专家参与其中，通过主观性推荐、评价、筛选而来。进一步分析发现，麦甘领衔的智库评价指标体系中很多指标实际都是定性指标，是描述性和主观判断，无法加以量化。

上海社会科学院发布的《2013年中国智库报告——影响力排名与政策建议》和中国智库评价指标体系中，构建了许多定量性的指

标，而不是主观描述，但是否可以获得相应指标的数据充满挑战，其中的一些指标也是定性的表述。同时，该报告对于智库的界定值得商榷，不宜将北京大学、清华大学、复旦大学等整体视为智库；采取"提名+评选+排名"过程主观评价占据很大的分量。

（二）智库评价研究日趋活跃

中国特色新型智库建设上升为国家发展战略，中办和国办联合发文《关于加强中国特色新型智库建设的意见》，教育部印发《中国特色新型高校智库建设推进计划》，国家试点《国家高端智库建设试点工作方案》，各省市也纷纷推出省市重点智库建设方案，智库发展和建设受到高度重视。

随着国内智库评价研究和排名逐渐活跃，评价之间的竞争日趋激烈。上海社科院、浙江工业大学、中国社科院、南京大学、清华大学、四川社科院、浙江大学等纷纷推出智库评价报告和排行榜，《光明日报》推出智库专版。实事求是地看，国内智库建设和智库评价仍处于初步阶段。随着时间的推移，只有实现智库评价研究和排名的制度化、专业化、组织化，并基于大数据结合定量定性方法，不断提高智库评价和排名结果的可行性和科学性；只有那些持之以恒开展智库评价和排名的机构，开展的评价和排名才会有长期性影响。[1]

（三）定量定性评价相结合是趋势

学者就如何定量评价智库影响力进行了探索。埃布尔森以媒体对智库的引用率和参与政策咨询、出席国会听证会的次数来评价智库对美国外交政策和安全政策的影响力；里奇通过电话采访政府官员、议员和新闻工作者等智库受众，以及媒体引用和参与国会听证会情况，

---

[1] 陈国营、张杰：《中外智库评价研究与排名》，《高教发展与评估》2019年第4期。

用回归分析方法评价不同智库实现影响力的行为差异，智库预算与智库知名度之间的关系等；还有学者从智库网站的访问量、点击量、下载量、超链接，社交媒体粉丝数量评价智库网络影响力，等等。但这些智库评价是智库评价的某些方面，而不是综合性评价。

从操作层次看，定性评价有其优势，可以相对减少大量的数据搜集和处理工作，甚至在某种程度上，有时比定量分析更能反映一个智库的综合实力和影响力。但定性评价由于带有很强的主观性，其局限性也是显而易见的。尽管定量评价在指标确定、指标数据获得方面存在局限，但显得更为客观，因此定量评价研究是智库评价发展趋向，定量为主，定性为辅，定量和定性评估相结合。另外，定量评价也有其局限性，因为可以获得的数据和指标未必能够真实准确测定一个智库对政策的影响和实际贡献。

相对于美国宾夕法尼亚大学麦甘团队领衔的全球智库评价体系，上海社会科学院的中国智库评价和中国社会科学院的全球智库评价在指标体系设计上更凸显了定量评价导向。

中国社会科学研究院发布的《全球智库评价报告》智库评价指标体系有自己的特色，排名总分355分，一级指标"吸引力"、"管理力"和"影响力"分别为105分、70分和180分。无论是国外还是中国的智库评价，加强定量评价研究，定量和定性相结合是总体趋势。大学智库评价需要走定量评价为主，定性评价为辅，定量和定性相结合的道路，提高大学智库评价的客观性和科学性。

（四）分层分类评价

智库是研究政策和影响政策的实体性机构，与一个国家的政治制度和体制存在紧密的联系。由于不同国家的政治环境、政治制度和历史发展阶段不同，不同国家智库之间存在巨大的差异，以至于在界定什么是智库方面存在很大争议。因此，要对不同国家智库进行综合评价是一项巨大挑战。同时，同一国家内部，智库也存在很大的差异，综合评价也是一个难题。基于此，分类分层评价成为智库评价的一个重要特点，考虑智库不同差异和特点，分地区、分领域等进行评价，提高评价的科学性。

以美国宾夕法尼亚大学全球智库报告为例，自2010年起都会对指标和指标编制过程进行修正，比如为了提高覆盖面，2010年，创建了"年度预算少于500万美元的智库"排名分类，避免一些小而精的智库被高预算的大智库排挤；2012年，为了防止亚洲类的智库被中国、印度、日本和韩国占据主导，将亚洲组分为"中国、印度、日本和韩国顶级智库"和"亚洲（不包括中国、印度、日本和韩国）的顶级智库"。2013年全球智库报告，智库评价和排名分类分层包括全球顶级智库（美国和非美国）、地区顶级智库、各研究领域顶级智库、拥有特殊成就的顶级智库等。

上海社会科学院2013年中国智库报告，对中国的智库也进行了分类分层评价，评价排名分为综合影响力排名、系统影响力排名（党政军智库、地方社科院、大学智库、民间智库）和专业影响力排名（即领域排名，经济政策、政治建设、文化建设、社会发展等）。

二 对大学智库评价的借鉴

国内外学者对智库评价的探索和研究很多都是探索性和开创性的，为加强智库评价研究奠定了坚实的基础，为开展和完善智库评价研究方法、评价框架和评价指标体系提供了有益的启迪，也为智库评价实践提供了有益的经验借鉴。

现有国内外智库评价研究和实践表明，智库评价是一项极具挑战性的工作。任何东西一旦涉及评价、排名，都比较复杂，充满争议。不同国家的智库发展环境和制度架构不同，智库评价对于智库研究领域而言，也极具吸引力，吸引智库、媒体、社会公众和政府的目光。智库评价和排名可以满足社会各界对智库绩效的好奇心，影响智库知名度和智库的话语权，引领智库发展，影响政府政策。

智库评价目前主要采取主观性评价为主，定量评价为辅，而定量评价为主、定量定性相结合是智库评价的总体趋势。开展全面、客观的智库评价有赖于建立智库数据库，需要采取定性评价和定量评价相结合，做好智库提名和评价过程，推进智库评价过程和程序的公开，不断完善，以赢得社会各界的广泛认可。

大学智库是中国智库体系的重要组成部分，目前缺乏专门针对大学智库的系统评价研究和排名分析。大学智库评价排名需结合大学智库自身独特属性，有别于党政军智库、社科院智库和民间智库，评价体系需要自成体系，实现逻辑自洽，既要凸显大学智库的特点，也要凸显智库而非一般研究机构的特点，不断探索和完善。大学智库评价研究需要建立大学智库数据库，服务智库研究和评价，建立科学合理的大学智库评价指标体系，提高大学智库评价的可信度。

同样地，大学智库评价亦需要考虑分类分层评价。从全球的角度而言，不同国家的大学管理体制存在很大差异，不同大学的水平、层次和优势学科更存在巨大的差距。因此，就中国大学智库而言，大学智库评价研究可以考虑从研究领域、地域（在京和非在京）、国家重点大学和地方大学智库等角度进行分开评价，既分析评价大学智库的综合实力和影响力，也分析评价小而精富有特色和影响力的地方大学智库。

同时，大学智库评价体系和指标可以推动大学智库加强能力建设，提升研究水平和研究成果质量，有助于促进大学智库的健康和可持续发展，引领大学智库发展，扩大智库知名度。大学智库评价发展过程中，应该克服而不是强化大学行政化趋向，尊重政策研究和智库发展的内在规律，保持大学智库组织的相对独立性和智库研究人员的研究自主性；评价指标有助于推进大学研究成果评价机制改革创新，推动部分有条件的、适宜智库发展方向的教育部人文社会科学重点基地、省市哲学社会科学重点研究基地、教育部和省市 2011 协同创新中心向智库转型。

第四章

大学智库评价"三维模型"FAC

大学智库评价研究散落于一般性的智库评价研究之中。大学智库是整个智库体系的重要组成部分,既不同于党政智库,也不同于社会智库,兼有一般智库和大学的一些属性。一般性智库评价研究可以为大学智库评价提供一些借鉴,同时需要考虑到大学智库相对于民间智库、官方智库的独特性。因此,大学智库评价一方面需要借鉴普遍意义上智库评价研究的成果,同时需要结合大学的独特属性,探索建立大学智库评价方法和指标体系。

◈ 第一节 大学智库评价的原则

智库评价体系需要确定一些原则,以指导建立评价框架和指标体系。同样地,构建大学智库评价指标体系,需要遵循一些基本原则。已经发展和研究比较成熟的人文社会科学评价体系的研究成果和一些经验做法可以为大学智库评价提供一定的借鉴。

有的研究认为人文社会科学评价需要坚持三个原则:定性评价与定量评价、形式评价与内容评价、理论与实践相结合。[1] 有学者认为

---

[1] 杨家栋、秦兴方:《社会科学研究成果的评价及其指标体系》,《齐鲁学刊》2001年第2期。

人文社会科学研究成果评价需要遵循六个原则：直接指标和间接指标相结合、主观评价与客观评价相结合、学术价值和社会效益相结合、科学性与易操作性相结合、重点评价与一般评价相结合、专家评价与科研管理部门评价相结合。[①] 系统性、可操作性、有效性、可比性和动态性被认为应是哲学人文社会科学评价的五项基本原则。[②] 其中，系统性指所评价指标体系应具有足够的涵盖面；可操作性指数据资料的可获得性、数据资料可量化以及指标的少而精；有效性指评价指标体系应与所评价对象的内涵与结构相符合；可比性指评价指标应具有明确的含义、统计口径、时间、地点和使用范围，确保评价结果可以进行横向、纵向的比较；动态性指评价指标体系既要有测度的结果指标（静态指标），又要有反映发展的过程指标（动态指标）。这五项原则能够作为构建智库影响力评价指标体系的指导原则。

我们认为大学智库评价需要遵守四大原则：一是定性评价与定量评价相结合，二是普遍性与特殊性相结合，三是系统性与重要性相结合，四是科学性与可行性相结合。

一 定量与定性相结合

从发展趋势来看，定量和定性相结合的原则是智库评价研究的总体趋势，也应是大学智库评价重要原则之一，前文已有论述。

大学智库评价首先需要实行定性与定量评价相结合的原则，实现主观性评价与客观性评价相统一。大学智库重要的功能之一是咨政建

[①] 邱均平、任全娥：《我国人文社会科学研究成果评价研究进展》，《情报资料工作》2006年第4期。

[②] 袁安府、陈大柔、范柏乃：《哲学社会科学事业发展评价体系研究》，《科学学研究》2008年第5期。

言，参与政策过程，而大学智库参与政策过程对政策过程的真实性影响难以洞悉和测量，以及大学智库的社会、媒体和国际影响力，实际贡献，尤其是政策学术贡献和咨政建言贡献不可能完全通过定量化指标进行度量，因此需要借助同行专家、公共决策者等进行主观性评价。

另外，大学智库评价需要尽量采用定量评价的方法和指标体系，以增强评价结果的客观性和可信度。这要求建立大学智库数据库，加强大学智库数据库建设工作，包括数据的收集和整理工作。借助数据库系统，为大学智库定量评价提供数据基础。同时，大学智库评价指标体系设计要凸显数量化导向，即尽可能将大学智库指标体系转化成可测量和可计算的数字化，减少模糊不清的描述性指标，尽可能提高大学智库评价的客观性，增强大学智库评价和排名的公信力。

二 普遍性和特殊性相结合

大学智库评价一方面需要考虑大学的属性和特点，另一方面需要凸显智库的一般属性。大学智库的评价指标体系既必须体现出智库的一般特征，又必须反映出大学这一独特的特征。大学智库无疑必须体现"大学"和"智库"这两个最为重要的因素：一方面，大学智库是众多智库的一种类型，大学智库必然呈现出一般智库的特征，因此大学智库评价要实行普遍性和特殊性相结合的原则。大学智库评价需要注意大学智库相对于党政智库、社会智库的不同之处，并在指标设计有所体现，展现大学智库的特殊性。另一方面，大学智库评价需要凸显智库的一般属性，避免简单地将现有的大学学科、专业和学术评价标准和指标体系套用到大学智库评价标准和指标，注意智库评价的普遍性原则。大学智库评价维度和指标体系应该可以将大学设立非实体性的研究机构或纯学术研究机构排除在外，凸显实体性的政策研究机构的属性。

智库作为"外脑"要主动适应党和国家事业发展的战略需求，聚焦事关全局和长远的重大问题，为政府决策提供客观全面的咨询，基于对相关问题全面深入把握的基础上，通过报告发布、观点呈现等方式对公众进行正确引导，推动社会经济的良性发展。大学智库同样应该充分发挥这方面的积极功能。毫无疑问，对政府和社会的实际影响力同样是评价大学智库非常重要的一个方面；另一方面，大学智库毕竟不同于其他类型的智库，大学智库是依托于大学这一特殊的组织。因此，也就必然会呈现出比较明显的大学特征。大学最重要的特征主要体现在其作为一个特殊的社会组织所呈现出来的特殊功能。大学智库评价在指标的设定上相对于一般的智库评价能够体现出学术研究和人才培养方面的功能，离开了学术研究和人才培养来评价大学智库无异于空中楼阁。实际上，对于大学智库来说，学术研究和人才培养不仅仅是智库的重要基础，也是其相对于其他类型的智库的重要优势所在，大学学术研究和人才培养方面的能力和水平往往在很大程度上决定着智库对政府的咨询能力和对社会公众的引导能力。大学智库需要充分地发挥大学在学术研究、基础研究和人才培养方面的优势，推动智库自身的综合能力的提升。

对大学智库进行评价需要把智库评价的一般性指标和体现大学这一组织特殊性的评价指标有机地结合起来，因此需要避免两个可能的问题：一是简单地套用大学的综合评价或者学科评价。现有的各种大学综合评价、学科评价等已经建立了一整套系统而细致的评价指标体系，但是，这种评价更多的是一种学术性的评价，而对政府和社会的实际影响力和实际贡献评价相对是一个次要的问题，[①] 而智库评价则更加强调对社会政府的实际影响力，套用这种指标体系也就把大学智库等同于大学本身或某一学科，这显然不符合大学智库的地位和功能。二是套用一般的智库评价的指标。现有的对大学智库的评价采用的指标体系与其他的智库评价是同一的，而忽略了大学智库的独特属性。现有的智库评价强调智库的实际影响力，尤其是强调政府影响力、社会影响力和国际影响力，而忽略作为实现影响力的基础的学术研究和人才培养方面的评价，这同样不符合大学智库的实际。

三 系统性和重要性相结合

大学智库评价需要处理好系统性和重要性的关系。大学智库评价的系统性要求大学智库评价维度、指标体系应具有足够的涵盖面，尽量涵盖到大学智库的各个主要层面。同时，大学智库评价指标的设计需要考虑评价指标的重要性，这些设计的指标对于大学智库而言是重要的，能够反映大学智库的综合实力、影响力和实际贡献，并根据重要性赋予不同指标以不同的权重。

大学智库的评价需要进行全方位、立体化、多层次、多视角的评价。大学智库评价需要涵盖以下几个方面的指标。一是既包括对智库硬性基础建设方面的指标，也包括对软性的制度机制建设方面的指标。"硬件"是智库建设的基础和前提，良好的硬件设施是确保智库研究成果质量的长久支撑，其中，数据库建设尤为重要，可以有效防

[①] 尽管在一些大学的评价指标中涉及社会影响力方面的指标，如泰晤士高等教育世界大学排名（THE）就设立了有关"知识的转化能力"方面的评价指标，强调大学为产业发展提供创新咨询服务的能力。但是，很显然，这不是大学评价的重点。参见郝玉凤《全球性大学学科评价指标体系分析及其启示》，《中国高等教育评估》2015年第2期。

止研究中的信息不对称。大学智库能否产出真正高质量的成果还需要对软件建设进行考量，包括对人才队伍建设和管理机制建设等情况进行评价等。二是既包括智库物质投入方面的评价指标，也包括成果产出方面的评价指标。有保障、可持续的资金支撑是调动智库研究者积极性的重要条件，也是优秀智库成果产出的重要保障；而高质量的成果产出是资金投入效能的重要衡量标准，也是智库赖以存在的意义所在。三是既包括应用对策方面的评价指标，又包括学术思想方面的评价指标。大学智库既是智囊团，更是思想库。智库的主要功能是注重政策研判，为决策者提供咨询，具有很强的现实性和政策性，为相关部门、相关行业提供接地气的政策建议是大学智库的核心功能体现。但是，改革实践需要改革理论指导，没有理论创新和学术思想，就难以引出应用对策的创新，也很难形成符合实际需求的高质量的应用成果。因此，在大学智库评价中，既需要关注是否产生高质量的、被政府等机构所认可的政策咨询等应用性的对策，也需要关注是否有高质量论文、著作、报告等。四是既包括对国内影响的评价指标，也包括对国际影响的评价指标。大学智库首先是服务于区域和社会相关部门，必须注重本土化影响力建设，影响力的大小决定着智库能够产生作用的范围和程度，智库应该有意识地扩大自身思想和相关对策的影响范围，通过网络、报刊或各种论坛等形式影响更多的人，不断提高自身的知名度。同时，在国际化交流愈来愈频繁的今天，智库建设不能闭门造车，如何走出去，加强国际合作交流，把中国理念和中国主张有效传播出去，形成影响全球的话语塑造力同样颇为重要。因此，国际影响力大小是评价智库建设水平的一个重要指标。总之，要打造一流的大学新型智库，就要建立全面、客观、公正的智库评价体系，坚持硬件建设与软件建设、物化投入与成果产出、应用对策与学术思想、应急研究与战略研究、国内影响与国际影响相结合。[①]

大学评价指标要体现以上几个方面的结合，这就要求评价指标体系要具有足够的涵盖性，建立比较完整系统的指标体系，尽可能将影响大学智库综合能力的各种要素纳入其中，以全面、客观、系统地反映大学智库的整体面貌以及各个层面的基本特征。但是，指标的全面性、系统性并不意味着把所有的评价指标不加选择地纳入，也不意味着把这些指标简单、随意地堆砌在一起，而是必须根据各指标间的内在逻辑关系进行系统的整合与集成，提炼和选择对于大学智库而言更重要的指标。在指标的选择上，依照与评价目标的相关性进行筛选，把那些关系不够密切或不是直接相关的指标剔除。在此基础上围绕总体评价目标，依照严谨的逻辑将评价指标分解为不同的层次、不同的模块，形成结构严谨、逻辑明晰的框架结构，其中各评价指标相互独立，同一层次的指标不具有明显的包含关系，同时要删除一些内容重复的定量指标，以简化指标体系，使得各指标之间相互联系，形成一个有机的评价系统。

四 科学性和可操作性相结合

大学智库评价的最后一个原则是科学性与可操作性相结合。大学智库评价需要从多主体视角多层面评价，指标须具有明确的含义、统计口径、时间和使用范围等，尽可能准确、客观地描述和测量大学智库的组织、人员、活动、产出及其影响和实际贡献，评价指标体系应与所评价对象的内涵、结构相一致，并根据实际的需要进行适当的调整。另外，只要一涉及评价，都会面临诸多难题，需要在理想和现实之间进行合理的平衡。大学智库评价需要数据资料的可获得性、数据

---

① 范东君：《坚持"五个结合"，建设新型智库评价体系》，《中国社会科学报》2015年6月3日。

资料可量化，指标体系通过层层分解，可度量、可操作，具体转化为可操作性的评价指标体系。

大学智库评价指标体系应该反映党中央国务院对智库发展的指导精神，必须符合智库未来发展的基本趋势，有助于引导大学智库朝着中国特色新型智库目标的方向发展。大学智库评价指标体系须考虑到量化评价的可行性和指标数据的可获取性。在设计指标体系时，尽量选用那些能够直接量化的定量指标，或者可以转化为可以测量的指标。比如，新型大学智库不同于传统和一般意义上的大学纯学术研究机构，因此设计契合度评价指标评估是不是智库、智库形态强弱；通过组织平台、组织结构、专门用房、专门网站、长期研究领域、专职人员等评估是不是实体性研究机构，再通过三级指标，将抽象的描述具体化和可测量。同时应注意数据获取的现实可行性问题。在进行评价指标设计的时候，尽管一些指标可量化，并且对相关问题的评价比较重要。但是，由于现实客观条件的因素约束，相关的数据难以获得，对于这些难以量化或者可以量化但数据难以获得的指标，可以通过同行主观评价来替换客观性和量化指标。另外，评价指标体系的设计应该有助于进行比较，因此所选取的指标应为能反映大学智库共性特征的代表性指标，保证评价结果具有可比性。

第二节 大学智库"三维模型"FAC的构建与指标体系

新型大学智库是中国特色新型智库体系的重要组成部分。按照中共中央办公厅、国务院办公厅文件《关于加强中国特色新型智库建设的意见》（简称《意见》）的分类，智库划分为以下几类：社科院、党校行政学院智库、大学智库、科技创新智库和企业智库、社会智库。

大学智库相对于其他类型的智库具有人才集聚、学科齐全、对外交流广泛和基础研究扎实等相对优势，相对于党政军智库、社科院和行政学院独立性更强，相对于社会智库和企业智库，与政府和决策者的关系更为密切。但大学智库也有其短板，诸如长于理论研究和基础研究，短于政策研究，对现实问题相对比较迟钝。同其他类型的智库一样，大学智库与《意见》对中国特色新型高校智库的定位和要求还有不少的距离。因此，迫切需要加强大学智库评价，以评促建，加快大学特色新型智库建设步伐。

本报告试图构建大学智库的综合评价框架和指标体系，从契合度、活跃度和贡献度三个维度评价大学研究机构契合新型智库内涵的程度，智库开展的各项活动和采取的各种行为，智库在咨政建言、学术和人才培养等方面的贡献，力图更为全面、客观地评价大学智库的综合实力、影响力和贡献。

一 大学智库评价逻辑和总体框架

智库评价研究首先要面对的一个问题是为何要评价智库，智库评价的目的、内容、维度和观测点。其次，如何评价智库，采用什么方法评价智库，采用什么指标体系测量和评价智库存在的价值、发挥的作用和贡献。智库评价的目的应该是分析和评价智库的功能和作用，分析智库作为一种组织存在价值是什么；作为一种政治现象和政策现象，智库因何而存在，有何作用，有何价值。智库评价应该有助于引导和促进智库加强自身建设，应该有助于扩大智库的知名度和影响力，更好地吸引社会公众、媒体和公共政策制定者的注意力，更好地发挥智库的作用。

不同的国家，智库的型态，智库参与和影响政策过程的途径及方式不一样。因此，智库评价需要考虑特定国家的制度环境。大学智库评价既需要将大学智库发展的制度环境、发展阶段因素考虑进去，也需要将大学智库的独特性考虑进去。就现阶段而言，大学智库评价指标体系首先应该能够将大学一般性研究机构和大学智库机构鉴别开来，评价与新型智库标准契合的程度，开展的活动和做出的贡献，推动符合条件的研究机构加快向新型智库转型，促进大学加强智库建设的自觉意识，发挥大学智库的相对优势。

根据《意见》对中国特色新型智库的内涵的界定和八个基本认定标准，基于现阶段中国智库的发展状况，提出契合度、活跃度和贡献度三个维度的大学智库评价综合框架。

大学智库评价指标体系由三个一级指标构成：契合度、活跃度和贡献度。

契合度是大学研究机构与中国特色新型智库认定标准与任务要求相关性的评价，达到新型智库标准的程度、描述大学智库的基本特征，反映大学智库投入的人力物力，是大学智库的基础；活跃度是对智库机构和首席专家进行公共数据表征搜索评价，描述和评价大学智库的活动和行为，反映大学智库的活跃和影响情况；贡献度是对大学智库机构咨政建言采纳、理论研究成果、智库人才培养呈现状态的评价，描述和评价大学智库投入的人力物力和行为的结果和绩效，即实际贡献。

大学智库评价框架"契合度—活跃度—贡献度"体现了大学智库"基础性条件能力/投入—行为活动/过程—结果贡献/成果"体现的逻

辑关系。

大学智库要对公共决策和公共舆论产生积极影响，对人才培养、学术研究和咨政建言做出积极贡献，智库能力角度包括三个层面。一是基础性的能力。这是一个大学智库发挥影响，对政府决策、社会发展产生积极影响的基本条件。二是智库的行为表现和活跃性，它既是智库基础性能力在活动和行为方面的延伸，也是智库做出积极贡献的前提。三是智库的实践活动的结果和绩效，即贡献。行为和实践活动的结果和绩效是大学智库投入和行为活动的结果，是实实在在的，能让人感受到的积极成果。基础性能力是智库能力的基础和条件，也是智库可持续发展、产生潜在影响力、做出实际贡献的重要条件，是智库的投入；活跃度反映智库投入转为行为和活动的积极性和活跃性；贡献度是智库的投入和活动产生的结果和成果。智库如果缺乏扎实的基础条件，或忽略基础性的组织建设和人才队伍建设，难以开展有效的活动和行动；如果智库只关注各种活动，只关注曝光率，只顾吸引眼球，不关注成果，不重视实际贡献，活跃性和一时的风光不可避免地终将昙花一现。

二　契合度：智库认定标准与任务要求相关性的评价

中国在漫长的历史过程中，存在类似具有充当智库功能的研究机构，也有个人发挥智库功能。但是，现代意义上的智库兴起于西方发达国家。大学智库是中国智库体系的重要组成和重要力量。

在中国，对于什么是智库，智库应该具有哪些基本特征和要素，中共中央办公厅、国务院办公厅印发了《关于加强中国特色新型智库建设的意见》（简称《意见》）对此进行了比较权威和科学的界定。根据《意见》，中国特色新型智库应当具备以下基本标准：（1）遵守国家法律法规、相对稳定、运作规范的实体性研究机构；（2）特色鲜明、长期关注的决策咨询研究领域及其研究成果；（3）具有一定影响的专业代表性人物和专职研究人员；（4）有保障、可持续的资金来源；（5）多层次的学术交流平台和成果转化渠道；（6）功能完备的信息采集分析系统；（7）健全的治理结构及组织章程；（8）开展国际合作交流的良好条件等。这为大学智库找准自己的定位，明确努力方向和奋斗目标提供了很好的指导，也为分析和界定大学智库提供了指导。

契合度是判断现象与本质、形式与内容的因果联系程度的一种方法。大学研究机构的智库功能不等于大学智库机构，前者是大学社会服务功能的新拓展和新形式，后者是依附于大学或大学内设的专业化政策咨询研究机构。

对照新型智库八个基本标准，中国很多号称智库的机构其实与现代意义上的智库标准还有不少的距离。与国务院发展研究中心专门主要从事政策研究和咨政建言的党政智库不同，多数大学智库形态并不清晰。中国大学研究机构存在各种平台和组织形式，诸如某某研究所、某某研究中心、某某研究院、教育部人文社会科学重点基地、省市哲学社会科学重点研究基地、教育部2011协同创新中心、省市2011协同创新中心等研究机构和研究平台。这些平台很多一方面和教学科研混合在一起，和院系所混在一起；另一方面，有不少是基于资源汲取的现实需要整合乃至拼凑而来，人员相互挂职，交叉重叠，非常松散，并不是实体性的研究机构。因此，大学智库评价指标体系需要首先对大学的研究机构进行鉴别，将非智库形态的研究机构剔除。

中国大学智库机构多数是从传统研究机构转型而来，或由多个研究机构组合而成，大致可划分为三类：一是具备智库形态和要求的大学智库研究机构，具有中国特色新型智库内涵的实体性研究机构，如近年来，依据国家战略需求、咨政能力和基础在中国大学中设立的"国家高端智库"；二是推进大学传统研究机构向新型智库转型，许多大学通过深化大学智库管理体制改革，创新组织形式，整合优质资源，构建党和政府信得过、用得上的新型智库，一些省市政府在遴选和培育满足地方需求的大学智库机构等；三是具有咨政建言功能，但主要不是从事政策研究和咨政建言的研究机构。前二者可以划分为大学智库，第三者不宜划归为大学智库机构。

契合度是大学智库评价的第一个一级指标。契合度从指标体系首先能够将大学智库和非智库型的大学研究机构区别开来，并且契合度得分高低反映大学实体性政策研究和政策咨询机构契合新型智库标准的程度。得分越高，说明该机构越接近于新型智库标准。

大学智库契合度指标借鉴了中共中央办公厅和国务院办公厅文件《关于加强中国特色新型智库建设的意见》对智库的内涵和基本特征界定和概括的标准。契合度包含四个二级指标：组织机构、人员队伍、研究资金和研究领域，见表4-1。

大学智库是依附于大学或大学内设的主要从事政策研究和政策咨询的机构。大学研究机构是不是一个实体性、半实体性的研究机构，是不是智库，与新型智库标准契合的程度，可以根据一些显性指标进行判断。内部治理机构怎么样（有无分支研究机构、专家委员会、理事会、学术委员会等设置）、组织机构平台背景怎么样（有没有专门办公用房，有无专职研究人员和专职行政人员，有没有与政策强相关的研究领域，有没有专门的网站，有没有数据采集分析系统，研究经费的稳定性和多渠道性），等等，基本可以判断是不是一个实体性的研究机构。这些指标既可以用于评价这些研究机构是不是智库，或者说契合新型智库标准的程度，也可以用以评价一个智库的规范化、专业化和规模化程度和水平，这些指标也可以从一个角度反映智库的综合实力，是不是一个好的智库。

表 4-1 　　　　　　　大学智库的契合度评价指标体系

一级指标	二级指标	三级指标	微观评价和观测要点
契合度 X	组织机构 A_1	研究平台 a_1	(1) 是否为国家高端智库，省部共建的高校实体性智库 (2) 是否有学科协同创新中心、研究基地等依托 (3) 是否有政府合作背景、咨政成果输送渠道
		组织架构 a_2	(1) 是否有清晰的治理结构及组织章程 (2) 是否有理事会和专家（学术）委员会 (3) 是否有分属研究机构等
		数据信息 a_3	(1) 是否有功能完备的信息采集分析系统 (2) 是否有专业领域年度报告和数据库建设基础 (3) 是否有完备的机构网站（语言种类、内容、更新频率）
	研究队伍 A_2	首席专家 a_1	(1) 是否有各级政府决策咨询委专家（国家、省部或地市） (2) 是否有具有影响力的学者专家 (3) 是否与政府部门关系密切、社会影响力大、活跃度高
		专职人员 a_2	(1) 专职研究人员人数和构成 (2) 专职行政人员人数 (3) 研究队伍的人均供职年数和增长率
	资金来源 A_3	研究经费 a_1	(1) 年度国家和省部级项目（决策咨询类重大项目）经费额 (2) 年度获国家、省部级政府和大学智库专项资助数额 (3) 年度其他课题经费及获捐赠的数额
		运营经费 a_2	(1) 年度机构运营费用总额 (2) 机构经费使用和分配的方式 (3) 年度机构费用增长率

从事政策研究、参与政策咨询、试图影响政策过程的各种组织日渐趋多，大学智库要想在日益激烈的思想市场和政策研究领域赢得一定的话语权，需要积极推进具备智库发展条件的研究机构向新型智库转型，加快新型智库建设步伐，加强智库基础性能力建设和投入力

度，保障经费，拓宽资金来源渠道；完善内部治理机构，重视组织运营和管理，提高组织的规范化、专业化水平；重视网站建设，充分利用网络做好组织和成果宣传；加强数据库建设，提高信息采集和数据分析能力，高度重视人才队伍建设；聚焦国家战略，加强战略研究、预判研究和前瞻性研究，提高研究成果的质量。

以中国人民大学国家发展与战略研究院为例，在其官方网站中对机构、研究团队（核心领域、特色团队、研究中心）、智库成果（中国宏观经济论坛系列报告、思想评论、政策简报、年度研究报告、专题研究报告、智库成果要报、公共政策评论、专家最新研究成果、国家治理研究）、研究动态、交流与合作都做了详细的介绍，同时搭配英文版进行国际宣传。从网站角度看，内容比较翔实而规范、信息更新比较及时，较好地展示了研究院的建设和发展。

三 活跃度：大学智库机构和首席专家的表征搜索的评价

大学智库的主要功能是战略研究、政策建言、人才培养、舆论引导、公共外交等。

纵观发达国家的智库，表现活跃，经常在媒体刊发文章、接受媒体采访和报道，或参加国会立法听证会或出版研究报告和简报，推动国际交流和合作，乃至设置海外分支机构。由此可见，专业化、规范化和国际化是智库未来的发展趋势。

当前中国处于政治经济社会的转型期，社会各种矛盾凸显，舆论汹涌；同时，中国正在快速崛起，面临日益错综复杂的国际环境，各种矛盾交织。中国大学智库相对于党政军智库，组织独立性更强，学术和研究自由度相对更大，大学智库除了应该继续加强政策研究水平和研究能力，提供高质量的咨政建言成果，更需要积极走出象牙塔，打破"酒好不怕巷子深"的传统观念的桎梏，要积极善于利用传统媒体和网络媒体，积极发声，表达观点，引导社会舆论，发挥公共外交的功能；讲好中国故事，争夺国际话语权，影响国际舆论，服务国家战略。

中国大学智库目前的专业化程度不高，许多智库曝光率很低，舆论引导和公共外交能力薄弱，咨政建言不活跃。目前我国大学学者的职业是教师，主要从事教学工作，并非专门从事社会科学研究，不能完全胜任政策研究和咨询工作。[①] 大学智库管理体制规范化、国际化和活跃度与现代智库的要求有一定距离。因此，大学智库评价指标活跃度主要描述和评价大学智库的行为和活动的活跃性情况。

大学智库评价存在两大难点，一是信息不对称，二是信息海量化。借助新一代信息技术，为在公共数据信息平台进行特定对象的表征搜索成为可能，大学智库机构和首席专家所参与的重大活动、媒体发声、观点阐述都会留痕和记录，包括主持和承担的国家基金重大项目、政府委托的重大研究课题，以及在国内外发表学术论文、理论观点，甚至包括影响力（他引度）都能通过公共数据信息平台获得搜索结果。

活跃度在一定程度上可以评价智库开展的活动和行为的频率，也在一定程度上反映智库的影响力和知名度。活跃度包括三个一级指标：咨政建言活跃度、媒体网络活跃度、学术交流活跃度。咨政建言活跃度评价智库机构担任国家和省市咨询委员会、受邀为政府做报告做讲座、提交政策研究报告、参与重要政策规划、简报和咨询报告数量；媒体网络活跃度主要评价智库在网络、平面媒体和国际媒体上的

[①] 房宁：《以专业化研究影响和改变社会——现代智库的运作与评价》，《中国发展观察》2012年第8期。

活跃状态；学术交流活跃度主要评价智库的高端论坛、会议交流和国际合作等情况。见表4-2。

表4-2　　　　　　　　　大学智库活跃度评价指标

活跃度 Y	咨政建言 B_1	咨询报告 b_1	(1) 年度政策研究报告、咨询报告、简报提交数量和层级 (2) 年度主持、参与政府五年规划和专项规划数量及层级 (3) 年度主持、承担政府应急政策研究和专题研究数量及层级
		咨政参与 b_2	(1) 年度受邀参与政府重大政策论证咨询会的层级和人次 (2) 年度受邀为政府领导层做报告的层级和人次 (3) 年度受邀为领导干部开讲座的层级和人次
	媒体网络 B_2	网络数据 b_1	(1) 网络搜索频度指数（机构、专家、新闻和学术搜索指数） (2) 机构和专家在网络平台上的受众粉丝量 (3) 机构官方网站访问量、下载量和关注度
		平面媒体 b_2	(1) 机构和专家接受媒体采访、报道的层级和人次 (2) 在国内主流媒体上发表政策建议、撰文发表咨政意见的次数
		国际媒体 b_3	(1) 接受国际主流媒体采访报道，为中国发声的人次 (2) 在国际主流媒体呈现智库研究成果的次数
	学术交流 B_3	高端论坛 b_1	(1) 机构持续举办国际或国内的专业化的高端论坛的场次 (2) 与政府合作举办政策研讨会和学术会议的场次
		会议交流 b_2	(1) 受邀参加联合国或国际组织举办会议、做主旨报告的人次 (2) 受邀参加国家或省市区举办的政府论坛、做报告的人次
		国际合作 b_3	(1) 联合创办智库机构数，国际智库交流合作项目数 (2) 举办国际论坛次数、受邀参加国际会议人次 (3) 在联合国、国际组织和分支机构任职或兼职人次

以网络搜索频度指数为例，我们可以通过百度检索大学智库机构网页检索量、新闻检索量、学术检索量和"机构+首席专家"检索量，再按照一定的权重进行计算，可以得到某一个大学智库机构的百度检索综合指数，也就是网络搜索频度指数。

在网页检索指标排名上，对外经济贸易大学世界贸易组织研究院以6850000条的网页检索量排名第一，排名前十的智库机构网页检索量的均值为4552910条，其中三个大学智库超过此均值，分别为对外经济贸易大学世界贸易组织研究院、清华大学中国与世界经济研究中心和北京大学国家发展研究院。排名前十的大学智库机构中，清华大学有两个智库机构入选，北京大学、中国人民大学、浙江大学、中山大学、复旦大学、武汉大学均有一家机构入列。

在新闻网页检索量指标上，浙江大学中国农村发展研究院排名第一，排名前十的智库机构中，有两家关注"三农"问题，另一机构是中国农业大学农民问题研究所；其他几家机构分别涉及公益问题、收入分配、金融、国家发展战略、公共管理、经济改革、国际关系等研究热点问题，这在一定程度上反映了新闻关注的热点问题。

在学术检索方面，对外经济贸易大学世界贸易组织研究院排名再一次位列第一，在排名前十的大学智库机构中有六家关注于经济方面的研究，分别为对外经济贸易大学世界贸易组织研究院、西北大学中国西部经济发展研究中心、吉林大学中国国有经济研究中心、浙江大学创新管理与持续竞争力研究中心、安徽大学经济法制研究中心、浙江大学区域经济开放与发展研究中心，基本表明经济领域依然是大学学术研究的热点问题。

"机构+首席专家"检索网页方面，复旦大学中国社会主义市场经济研究中心排名第一，清华大学有三家机构、北京大学有两家机构进入前十，另外中国人民大学、上海交通大学、天津大学、浙江大学各有一家机构进入前十。分析可以判断，在"大学+专家"网页量影响因素中学校的因子最大，大学的学术水平、排名以及学校中专家的知名度对于检索量有很大的影响。

从百度搜索综合指数来看，中国大学智库网络活跃度高的机构与智库所依托大学的综合实力、研究领域等有密切的关系，各单项指标和综合指标排名前十的大学智库中，除了学术检索的黑龙江大学俄罗斯研究院不是依托重点高校之外，其他依托高校均为985高校和211重点高校，并且985高校又更占多数，比如网络活跃度综合排名前10家大学智库中，985大学占据7家机构，新闻检索和"机构+首席专家"检索排名前10家智库均依托985大学。从研究领域看，各单项排名和综合排名前10的大学智库研究领域多为国家经济社会发展热点问题和重大战略问题。

四 贡献度：咨政建言采纳、理论研究成果、智库人才培养呈现状态的评价

影响力是智库的生命线，但不是智库的全部。本报告对大学智库的评价不局限于影响力的评价，而是强调综合能力的评价。对智库的物力人力投入，智库开展的各项活动，最终指向智库的贡献，即是智库在人才培养、服务社会、服务公共决策等方面的贡献。

贡献度主要评价大学智库在治国理政、战略规划、决策咨询、公共外交领域，咨政建言采纳、理论研究成果、智库人才培养所呈现状态。大学的自然科学成果转化为生产力与社会科学成果转化政府治国理政能力都是时代的要求和历史的趋势。因此，大学智库的贡献度评价主要分为以下方面。（1）决策咨询贡献度评价。围绕党和政府决策急需的重大课题和重大任务，以服务党和政府决策为宗旨，以政策研究咨询为重点方向，出谋划策、咨政建议，提出具有针对性和操作性的政策建议。（2）理论研究贡献度评价。发挥大学智库在基础研究方面实力雄厚的优势、学科门类齐全的优势，围绕重大现实问题，开展事关国家长远发展的基础理论研究和多学科的综合研究，为科学决策提供坚实的理论支撑。（3）人才培养贡献度评价。发挥大学智库的人才培养方面的优势,努力培养立场坚定、理论深厚、视野开阔、熟悉情况、掌握政策的复合型智库人才,为中国特色新型智库建设提供有力的人才保障。同时,接受和承担国外智库人才培养任务,实现智库人才的国际化(见表4-3)。

表4-3　　　　　　　　　　贡献度指标体系

贡献度 Z	决策咨询 C_1	领导批示 c_1	(1) 咨政建言成果被国家和省市政府实际采纳次数 (2) 获国家和部委领导批示层级和数量 (2) 获省市领导批示层级和数量
		咨政成效 c_2	(1) 参与国家和省市发展规划研究、论证和咨询的层级和数量 (2) 参与国家重要法律文件起草、论证和咨询的层级和数量
		政策制定 c_3	(1) 参与国家重要政策制定的人次 (2) 参与省市重要政策制定的人次 (3) 参与重要立法工作的人次
	学术研究 C_2	科研项目 c_1	(1) 年度国家基金类资助项目层级和数量 (2) 承担国家、省市政府的规划、政策论证专题研究项目层级和数量 (3) 政府的智库专项研究委托项目的层级和数量
		论文专著 c_2	(1) 国内外学术论文发表层级和数量 (2) 对政府决策咨询产生影响的论著和发展报告出版层级和数量
		研究成果 c_3	(1) 获国家和省部相关奖的奖项层级和数量 (2) 智库机构研究成果被采用、转载、引用层级和数量 (3) 研究成果被联合国和国际组织所采纳和应用次数
	人才培养 C_3	人才培养 c_1	(1) 培养年青一代智库专家人数 (2) 培养智库研究型的硕、博、博士后人才人数 (3) 为政府部门举办政策研究专门人才培训人次
		国际培训 c_2	(1) 接受国际智库、国际组织人才培训的层级和人次 (2) 为国际智库、国际组织培训人才的层次和人次

契合度指标评价大学研究机构是否符合新型大学智库的内涵和要求,或者说评价和反映与新型大学智库契合的程度,通过评价促进符合条件的大学研究机构积极向智库机构转变,逐步建设成为名副其实

的新型大学智库。活跃度反映大学智库在学术、咨政建言和媒体沟通交流方面的活动和行为，引导大学智库扎实开展各项活动，提高智库的知名度和影响力。最终，大学智库评价目的旨在促进大学智库提高研究水平和研究成果质量，为服务社会、服务国家发展战略等做出实实在在的贡献。

纵观宾夕法尼亚大学的全球智库评价和排名项目、上海社会科学院的中国智库评价和排名报告、中国社科院的全球智库评价报告，可以发现，虽然它们在评价维度、框架和指标体系上存在较大的差异，但智库评价内容和指标主要涉及智库的组织、人员、财、物、行为、活动、成果、影响力和实际贡献等几个方面。

本报告提出的"契合度—活跃度—贡献度"大学智库评价综合框架和指标体系评价和反映大学智库在组织机构、人员、资金、咨政建言、理论研究与学术研究、人才培养、媒体沟通与舆论引导等方面的功能和贡献，以及大学智库的特点，从而评价大学智库的综合实力、活跃程度和实际贡献。

大学的智库功能和大学智库是两个不同的概念。大学的智库功能是大学社会服务功能的拓展，是大学社会服务功能的新形式；大学智库是依附于或大学内设的政策研究和政策咨询机构，是大学的组成部分，也是大学的智库功能得以实现的重要又非唯一的载体。若将某所大学整体视为一个智库，则是对智库概念内涵和外延的严重泛化，既不利于大学的智库功能发挥和大学智库建设，也不利于大学整体发展。因此，需要根据中国特色新型智库的基本标准，构建大学智库评价维度和指标体系。本报告构建的大学智库"三度"评价框架——契合度、活跃度和贡献度——可以用于描述大学智库的基本特征，将大学智库与大学纯粹的学术和教学机构区别开来，鉴别大学某一机构是否具备智库型态和基本要素，评估大学智库的行为、活动及其成果和贡献，提高大学的智库建设意识自觉，引导大学智库加强自身建设，促进大学智库健康快速发展。

大学智库只是影响政策过程的诸多因素之一。大学智库是否影响了公共舆论和公共决策，影响程度有多大，实际贡献究竟如何，这种测量和评估是一个巨大的挑战，因此任何大学智库评价和排名的尝试都注定遭遇质疑。重要的是，在大学智库建设中开展评价，在大学智库评价中引导大学智库发展，不断改进评价方法，加强大学智库数据库建设；完善评价指标体系，做好定性评价和定量评价的平衡与结合，不断提高大学智库评价的客观性和科学性，以更好地服务于大学智库的建设发展。

第三节 大学智库指标权重确定、数据标准化及指数计算

一 指标权重确定及其方法

（一）指标权重确定的方法

指标权重确定直接关系到评价指标体系的科学性和公正性，也最容易引起评论者的批评。一般说来，等权重赋值与不等权重赋值都是可以借鉴的权重确定的方法。等权重赋值如李晓西"人类绿色发展指数（HGDI）"，以及世界经济论坛和埃森哲的"全球能源架构绩效指数（EAPI）"；不等权重赋值如华东政法大学的"国家参与全球治理指数（SPIGG）"、福建师范大学的"全球环境竞争力指数

(GEC)"和世界经济论坛的"全球竞争力指数（GCI）"。鉴于大学智库综合评价的三大维度，即契合度、活跃度、贡献度以及其下各级子要素的贡献值明显存在区别，为了确保各级要素指标权重的公平客观，并使其测量符合科学与合理要求，课题组充分参照国内外相关学术文献、政府文献、专业书籍等已有研究成果，并且征求国内外相关领域专家意见，对各级要素指标的重要程度进行论证，采用"德尔菲法"与层次分析法（Analytic Hierarchy Process，AHP）相结合的权重分配方法。

德尔菲法，是以古希腊城市德尔菲（Delphi）命名的反馈匿名函询法，由组织者就拟定的问题设计调查表，通过函件分别向选定的专家组成员征询调查，按照规定程序，专家组成员之间通过回答组织者的问题匿名地交流意见，通过几轮征询和反馈，专家们的意见逐渐集中，最后获得具有统计学意义的专家集体判断结果。实践表明，德尔菲法能够充分利用专家的知识、经验和智慧，对于避免盲目屈从权威或简单地少数服从多数、实现决策科学化、民主化具有重要价值，已成为权重赋值的有效手段。

层次分析法（AHP）是对难于完全定量的复杂系统做出决策的建模方法。通过分析复杂问题包含的因素及其相互联系，将问题分解为不同的要素，并将这些要素归并为不同的层次，从而形成多层次结构。本研究将大学智库综合评价指标权重赋值作为决策问题，对其进行层次化处理，将权重赋值过程系统化、数学化和模型化，便于操作与计算，易于理解和接受，具有多重优势，具体如下。（1）将定性分析与定量分析相结合，能够处理许多用最优化技术无法解决的实际问题，因为通常最优化方法只能用于定量分析。（2）操作方式简便易行，它可以将相对复杂困难的权重赋值问题，简化为两两对比的简单问题。(3)层次分析模型的输入数据主要是研究者和咨询专家的选择和判断,充分反映和利用了专家对综合问题的认知能力。(4)分析时所需要的定量数据量在可掌控范围内,足以保证对问题的本质、所涉及的要素及其内在关联进行比较透彻、清晰的分析,并不需要受访专家全面精确地掌握或利用相关数据,把重点放在不同层级、不同要素之间的有机联系上,根据其专业水平和经验积累进行综合研判。

(二) 指标权重确定

1. 建立递阶层次结构,构造层次分析模型

对各大学智库的发展状况进行评价,不仅需要进行详尽深入的理论分析和探讨,更需要将其纳入一个相对公平合理的评价框架。为此,本研究运用层次分析法,将内容庞杂、数据紊乱、因素繁多、可比性差、难以量化的大学智库评价系统,简化为层次清晰、结构严谨、因素有限、数据可比、可量化研究的层次结构模型。

根据X—Y—Z三个维度要素,从系统观念分析,可知大学智库的总体实力,取决于上述三维要素的能力。其三维空间表达如图4-1所示。

公式中,X,Y,Z分别为契合度、活跃度、贡献度,j_k与m_i分别为其指标下二级指标权重与三级指标权重,A,B,C为二级指标,a,b,c为三级指标。

综合指标层:即大学智库综合评价。

一级指标层:包含契合度、活跃度、贡献度三个维度。

二级指标层:包含组织机构契合度、研究队伍契合度、资金来源契合度、咨政建言活跃度、媒体网络活跃度、学术交流活跃度、决策咨询贡献度、学术研究贡献度、人才培养贡献度,共计9个指标。

三级指标层:一共包含23个指标。

第二部分 大学智库评价与"三维模型"FAC

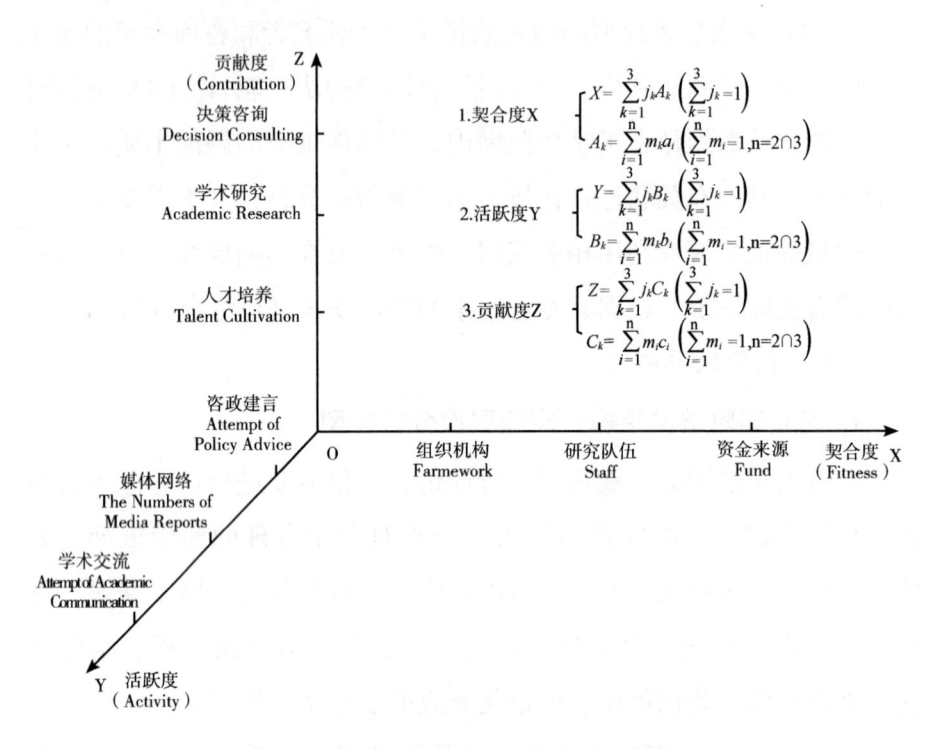

图 4-1 中国大学智库评价的"三维模型"

坐标轴:
- Z 轴 贡献度（Contribution）：决策咨询 Decision Consulting、学术研究 Academic Research、人才培养 Talent Cultivation、咨政建言 Attempt of Policy Advice
- Y 轴 活跃度（Activity）：媒体网络 The Numbers of Media Reports、学术交流 Attempt of Academic Communication
- X 轴 契合度（Fitness）：组织机构 Farmework、研究队伍 Staff、资金来源 Fund

1. 契合度 X
$$X = \sum_{k=1}^{3} j_k A_k \quad \left(\sum_{k=1}^{3} j_k = 1\right)$$
$$A_k = \sum_{i=1}^{n} m_k a_i \quad \left(\sum_{i=1}^{n} m_i = 1, n = 2 \cap 3\right)$$

2. 活跃度 Y
$$Y = \sum_{k=1}^{3} j_k B_k \quad \left(\sum_{k=1}^{3} j_k = 1\right)$$
$$B_k = \sum_{i=1}^{n} m_k b_i \quad \left(\sum_{i=1}^{n} m_i = 1, n = 2 \cap 3\right)$$

3. 贡献度 Z
$$Z = \sum_{k=1}^{3} j_k C_k \quad \left(\sum_{k=1}^{3} j_k = 1\right)$$
$$C_k = \sum_{i=1}^{n} m_i c_i \quad \left(\sum_{i=1}^{n} m_i = 1, n = 2 \cap 3\right)$$

图 4-2 中国大学智库评价指标计算

1. 契合度 Fitness
$$X = \sum_{k=1}^{3} j_k A_k \quad \left(\sum_{k=1}^{3} j_k = 1\right)$$
$$A_k = \sum_{i=1}^{n} m_k a_i \quad \left(\sum_{i=1}^{n} m_i = 1, n = 2 \cap 3\right)$$

2. 活跃度 Activity
$$Y = \sum_{k=1}^{3} j_k B_k \quad \left(\sum_{k=1}^{3} j_k = 1\right)$$
$$B_k = \sum_{i=1}^{n} m_k b_i \quad \left(\sum_{i=1}^{n} m_i = 1, n = 2 \cap 3\right)$$

3. 贡献度 Contribution
$$Z = \sum_{k=1}^{3} j_k C_k \quad \left(\sum_{k=1}^{3} j_k = 1\right)$$
$$C_k = \sum_{i=1}^{n} m_k c_i \quad \left(\sum_{i=1}^{n} m_i = 1, n = 2 \cap 3\right)$$

2. 构造判断矩阵并赋值

利用 AHP 层次分析法软件进行建模后，直接生成调查问卷，采用德尔菲法让专家在 1—9 的区间内对一级指标和二级指标的权重进行赋值。

3. 层次单排序（计算权向量）与检验

判断矩阵满足一致性检验，在检验结果基础之上，最终确定指标权重。

研究发现，在所考察的大学智库评价三级指标以及观测点中，其异质性较为显著。因此，课题组在充分参照国内外相关学术文献、政府文献、专业书籍等已有研究成果，并且征求相关领域专家意见的基础上，对三级指标的重要程度进行研究讨论，最终决定采用等权重赋值方法，即各个指标平分总权重，则有指标权重计算公式如下：

$$W_3 = \frac{W_2}{t}$$

其中，W_3 为某三级指标权重，W_2 为其之上的二级指标权重，t 为该二级指标下的三级指标个数。

综上所述，一级指标和二级指标，采取德尔菲法和层次分析法确定权重；三级指标，则采取等权重赋值。

二 大学智库评价指标数据标准化

（一）数据标准化的一般方法

1. 离差标准化

离差标准化是将某变量中的观察值减去该变量的最小值，然后除以该变量的极差。经过离差标准化，各种变量的观察值的数值范围都将在 [0，1] 之间，并且经标准化的数据都是没有单位的纯数量，可以消除量纲（单位）影响和变异大小因素的影响；其缺陷在于当有新数据加入时，可能导致 max 和 min 的变化，需要重新定义。

2. 标准差标准化

标准差标准化是将某变量中的观察值减去该变量的平均数，然后除以该变量的标准差。经过标准差标准化后，各变量将有约一半观察值的数值小于 0，另一半观察值的数值大于 0，变量的平均数为 0，标准差为 1。经标准化的数据都是没有单位的纯数量。对变量进行的标准差标准化可以消除量纲（单位）影响和变量自身变异的影响。但有人认为经过这种标准化后，原来数值较大的观察值对分类结果的影响仍然占明显的优势，应该进一步消除大小因子的影响。

（二）本研究的数据标准化方法

在对比分析人类发展指数（HDI）、全球竞争力指数（GCI）、人类绿色发展指数（HGDI）、国家参与全球治理指数（SPIGG）等国内外权威指数测算方法的基础上，同时基于本指标体系数据表达的直观性和统计分析的需要，课题组最终采用离差标准化法对大学智库评价的相关数据进行标准化，即将某变量中的观察值减去该变量的最小值，然后除以该变量的极差，进行归一化处理。公式如下：

$$x^* = \frac{x - x_{\min}}{x_{\max} - x_{\min}}$$

其中，$x_{\max}$ 为样本数据的最大值，$x_{\min}$ 为样本数据的最小值，x 为观察值，x^* 为标准化值。

三　大学智库综合评价

大学智库数据采集主要包括以下几个方面，采取以下方法：

一是根据"三度"评价指标体系，设计中国大学智库调查问卷、发放152份问卷，将回收问卷的数据输入数据库；

二是赴山东、黑龙江、吉林、北京、天津、陕西、上海、江苏8省市，实地走访20所大学47家智库，获取部分数据；

三是计算机编制、自动搜索大学智库的网络搜索频度指数（分别为机构网页、新闻、学术和机构+专家搜索量，按照一定比重获得总搜索量，进行数据处理后获得各个大学机构的网络指数，作为网络搜索频度指数数据）；

四是通过网络收集数据（基于指标体系），通过大学网站、智库机构网站搜集智库信息（诸如机构背景、人员、研究领域、研究成果、出版物等），百度搜索各个智库基本情况和数据；通过期刊网知网搜索各个智库机构专职人员的学术成果和在媒体上发表的文章；通过国家社科基金数据库，搜索专职人员承担国家社科项目数据。

最后，根据赋予不同指标或数据以不同数值，进行统计数据处理，获得各个智库机构契合度、活跃度和贡献度的得分，进而计算出各个智库机构的综合指数，作为大学智库综合排名依据。

第 五 章

Wiki、爬虫技术与中国大学智库数据库

加强中国特色新型智库建设是国家作出的重要战略，中国大学智库则是构成中国特色新型智库发展的重要力量。在当前信息化社会发展背景和条件下开展中国大学智库的研究，技术手段是必要条件，数据库建设是信息技术手段运行的重要基础。中国大学智库数据库的建设，既是实现对我国大学智库进行科学、系统和规范评价的必要途径，也是大学智库研究对接时代发展脉搏、充分运用现代信息技术条件积累、孕育、挖掘深层次信息的重要手段。

大学智库数据库建设采用基于维基（Wiki）技术的数据库和爬虫技术，充分重视研究数据组织和信息共享平台的融合，既满足大学智库研究对数据采集、分析与处理的需要，又实现研究成果的展示与宣传，推动大学智库研究成果的知识管理与数据管理、开放性与大数据化、智能化与动态化、国际化与延伸性的全面融合。

◇◇第一节 大学智库数据库建设对大学智库评价的意义

一 提升大学智库研究和评价技术手段

中国大学智库是我国智库发展的中坚力量。不同于已有多年积累

的西方国家的社会智库，当前我国除了社科院和党校行政学院之外，能够实现为政府科学民主依法决策提供咨政建言功能的研究机构基本集中在大学体系中。研究大学智库，需对此类智库机构及其依托平台进行充分合理的分析，同时对其支撑研究团队及其成果进行科学评价。在此过程中，智库数据库研究和建设的必要性凸显，成为提升我国大学智库研究的重要技术手段。

（一）提升大学智库前期研究与评价的信息化水平

在研究大学智库的过程中，机构及其研究人员的信息采集是首先需要面对的难关。就大学智库机构而言，老牌的研究院所成立时间较早且分布广泛，相关资料零散，人工查找十分困难。不同于社科院、党校行政学院智库以及企业和社会智库，我国的大学智库不仅扎根于高等院校不同层次和专业领域学科的体系当中，还往往紧跟经济社会发展趋势和国家战略政策的变化赋予其新的功能和内容，研究内容的扩张与研究方向的更迭，造成大学智库信息收集和界定存在难度。同时，各智库的研究人员往往都有多重社会身份，信息和数据的采集与甄别必须通过专门的信息化手段才能够高效、准确地实现。再者，我国的大学智库除了专职研究人员以外，还会因为大学系统特有的学者交流计划带来大量的来自国内外、政府和企业的兼职研究人员信息，更增加了大学智库的数据采集与评判的难度。因此，通过数据库建设，自动收集、鉴别、判断、验证、整理和管理对象智库机构及其研究人员的信息，可以大幅提升智库研究的信息化水平和效率。

（二）实现大学智库中后期研究绩效评估的智能化水平

在大学智库研究工作中，收集和整理研究人员的理论成果只是初步的工作。在中期研究阶段，如何通过收集到的信息评价目标智库机构咨政建言能力成为国家发展的智力支撑的水平做出相应的判断和评估则是研究的难点之一。而随着研究的深入开展，本研究能否实现向政府部门提供和推荐经济社会发展各个领域优秀大学智库名单，实现政府决策咨询需求和智库决策咨询服务的双向信息对称，则需要对所研究的大学智库机构进行绩效评估和评级。这种智库研究的现实需要和发展需要的工作量和难度巨大，必须通过智库数据库的建设来实现智能化的众多大学智库的水平能力及绩效评估工作。

（三）保障大学智库后期研究信息及评估更新的自动化水平

大学智库机构中的学者都是我国经济社会建设各个领域中的杰出人才，长期关注和研究社会发展的问题，同时具备所在大学相应学科发展的深厚基础，并不断产生新的研究成果，是一个动态的概念。如果不能及时收集和把握这些学者的最新学术及研究动态，则必然会丧失对大学智库研究状况的准确和全面了解，从而使评估结果发生偏差。因此，只有通过建设智库数据库，才能克服人力难及的庞大信息更新工作，实现大学智库后期研究的信息更新、定期更新评估的自动化。

二 汇聚大学智库研究的成果

智库数据库的建设不仅仅是使大学智库机构研究能力提升的技术手段，还有利于通过信息化和智能化的方式高效地收集和集聚当前国内外关于智库研究的既有成果和前沿动态。

快速便捷收集整理网络上公布的现有智库研究学术成果。在我国，随着国家提出加强关于中国特色新型智库建设以来，针对智库、大学智库的研究不断加强，各种研究机构不断成立，论文、著作、国家课题等研究成果不断涌现，亟须一个汇聚和展示我国智库研究和智库发展的平台。研究和建设智库数据库，不仅可以及时、全面地反映我国智库的研究和发展水平，同时还可以宣传和对接国际层面关于智库研究的学术与实践动态，有利于我国智库的持续发展，更有利于反映我国决策体制改革和决策咨询制度建立的推动和深化。

有效管理和衔接自身研究团队的阶段性成果。在微观层面，通过建设智库数据库，各研究团队可以高效地交流、管理相应的主题研究，从而有利于协调智库研究的整体性和方向性，也便于研究成果的阶段性展示，吸引社会对智库研究的持续关注。

三　提升大学智库研究评价的科学性

智库数据库不仅仅是资料存贮的后台资料库，更是展示研究成果、彰显影响力的有效网络平台。大学智库的数据库建设并非如传统观念之中简单用来存储文件、数据并便于检索查询等关于智库研究的后台资料库，而是需要建设和形成一个能够展示智库研究的成果平台，汇聚智库研究和实践的交流和信息平台，国内外智库建设的发展平台。通过智库数据库的建设推动智库研究，展示我国新型智库建设的最新成果。

智库数据库结合互联网的推广，将实现在国际范围内宣传介绍我国具有中国特色的新型智库的研究成果和能力建设，彰显我国决策体制改革不断深化的发展脉络。

◇第二节　维基技术和爬虫技术在大学智库评价中的应用

在中国大学智库的数据库建设过程中，采用维基技术可以更好地实现数据库的开放性、协作性，能够更好地帮助研究组织实现知识管理，为完善中国大学智库的研究和评价工作提供新的途径。

网络爬虫技术是随着搜索引擎发展而产生并普及的一种通用的信息采集技术，作为搜索引擎网络信息的前沿，负责完成网页信息的采集任务，为搜索引擎提供检索信息的数据来源，解决大学智库评价数据不足和公共平台数据的海量获取问题。

一　维基技术的起源及特征

维基一词来源于夏威夷语的"wee kee wee kee"，发音wiki，原本是"快点快点"的意思，被译为"wiki"或"维基"。1994年，Wiki一词被Ward Cunningham用来命名他在美国俄勒冈州波特兰开发出的WikiWikiWeb网站，"借用wiki-wiki的表述来传递（自己）开发的网站的快捷性并使之与其他网站做出区别"。[①]

这个由Ward Cunningham和Bo Leuf合作开发的Wiki技术平台是一种在线多人协作的写作工具，Ward Cunningham和Bo Leuf在他们的书中如此描述维基技术的本质特点："1. 维基可以邀请所有用户编辑任何网页或创建在维基网站的新页面，只使用一个简单的Web浏览器而无须任何额外的插件；2. 维基通过直观便捷的创建页面链接来促进在不同页面中那些有意义的主题内容的关联性；3. 维基不是那种为游客休闲而精心设计的网站，相反，它寻求将访问者吸引到一个持续的创造和协作的过程中来，从而不断提升维基网站的格局。"[②] 简

---

① Cunningham, Ward (November 1, 2003), "Correspondence on the Etymology of Wiki". WikiWikiWeb. Retrieved March 9, 2007.

② Leuf & Cunningham, "The Wiki Way: Quick Collaboration on the Web". Ward Cunningham's site http://c2.com/cgi/wiki?WikiDesignPrinciples, 2001.

言之，Wiki 技术平台可以有多人（甚至任何访问者）维护，每个人都可以发表自己的意见，或者对共同的主题进行扩展或者探讨。同时，Wiki 也指一种超文本系统，它支持面向社群的协作式写作，包括支持这种写作的辅助工具。Wiki 是 Web2.0 中的重要应用软件之一，与 BBS（论坛）、BLOG（博客）等应用相比，更具开放性、自组织性和协作性，能够更好地满足知识管理的需要，任何参与者都可以对 Wiki 中的内容进行编辑和管理，在社群成员的共同协作下进行新知识的创造。

维基技术是由软件设计模式社区发展出来，用来书写与讨论模式语言。1987 年 9 月，来自 Apple 公司的 Kent Beck 和 Ward 一起撰写了一篇论文《为面向对象的程序应用模式语言》(*Using Pattern Languages for Object-Oriented Programs*)，并在该年的 OOPSLA 会议上得以发表。这篇论文所表达的思想影响非常广泛，因为它可以帮助程序员通过一种格式来交换彼此的编程理念。此后，Ward 一直活跃在有关模式的社区里，并于 1994 年成立了第一个 Wiki 网站：WikiWikiWeb，用来补充他自己经营的软件设计模式网站。他发明了 Wiki 这个名字以及相关概念，并且实现了第一个 Wiki 引擎。

Wiki 有以下特点。

1. 便捷高效

（1）格式简单：基础内容通过文本编辑方式就可以完成，使用少量简单的控制符还可以加强页面的多样化展示。

（2）链接方便：通过简单的"条目名称"，可以直接产生内部链接。外部链接的引用也很方便。

（3）维护快速：快速创建、更改网站各个页面内容。

2. 自组织

（1）自组织性：同页面的内容一样，整个超文本的相互关联关系也可以不断修改、优化。

（2）可汇聚性：系统内多个内容重复的页面可以被汇聚于其中的某个页面，相应的链接结构也随之改变。

3. 可增长

（1）可增长性：页面的链接目标可以尚未存在，通过点选链接，我们可以创建这些页面，使系统得以增长。

（2）版本追踪：Wiki 系统通过文本或关系型记录实现内容页面的修订历史跟踪，既可以随时找回指定的历史版本，也可以与以往的版本进行内容对比。同时，系统内的页面变动可以被访问者观察，避免正确内容的错误修改，逐步积淀与创造知识，使多人协同创作成为现实。

4. 开放性

（1）开放的：社群内的成员可以任意创建、修改，或删除页面。

（2）可观察：系统内页面的变动可以被来访者清楚观察得到。

5. 经济性

在 Wiki 出现前，进行复杂的知识管理需要支付昂贵的费用。然而由于大多数 Wiki 是基于开放源代码的，不需要大规模的软件部署，就可以很好地与已有的网络基础设施连接，它们对于选择开放源代码软件的组织来说是免费的，或者更确切地说，对于愿意为 Wiki 的部署和支持支付费用的组织来说是相对廉价的。

二 Wiki 技术应用于大学智库数据库与评价的优势

智库研究必须建立在充足的数据和信息基础上，这就要求大学智

第五章　Wiki、爬虫技术与中国大学智库数据库

库研究必须高度重视数据库和数据共享平台的建设。大学智库的数据库建设，以大数据建设为切入口，以四大专题数据库（评价指标库、绩效数据库、支撑案例库、信息资源库）和一个信息平台（智库研究信息支撑平台）为支撑，促进和推动各研究部门工作执行的标准化、规范化，进而数据化，为大学智库排行榜的制定与发布提供了基于强大数据分析的决策咨询。

互联网时代，公开的网络信息量十分巨大，仅依靠人工的方法难以应对大学智库研究对所需要的信息收集，以及后续的数据处理，因此需要建设大学智库研究的信息支撑平台，实现自动化的大学智库信息收集与分析，解决研究过程中的数据采集、分析、表达、整理等难题，从而梳理和客观呈现大学智库的发展现状，为推动大学智库发展做出应有的贡献。

大学智库的研究重点在于考察研究对象的契合度、活跃度、贡献度，并通过设立的二级、三级指标体系建立起我国大学智库的综合评价体系。以往，针对智库的相关研究（如智库的影响力评价）其研究方法经常采用主观评价（专家打分）为主、定量分析为辅的方式，原因就在于所研究的智库对象的信息和数据不足甚至难以获取，即使是发布全球智库报告的麦甘团队亦不例外。因此，智库研究和智库评价的深化，首先要求相关的研究方法和手段的提升与进步，而智库数据库的建设则正是其中的关键和契机。

随着移动互联网技术的飞速发展，关于大学智库的第一手信息不仅仅通过其机构或组织的官网发布，更多的是以新闻、论坛、微博、微信等社交媒体分散于公开网络之中。而以网络论坛 BBS 为代表的交互性网络站点，更是一些重大事件与热点事件的网络信息聚合点，或者是各方观点的直接交锋点。对于这些分散信息的收集与整理是提升

和完善大学智库定量化研究的基础，也是建设大学智库数据库的核心价值与内容。

为更好地支撑大学智库研究，其数据库建设必须满足以下要求，总体框架见图5-1。

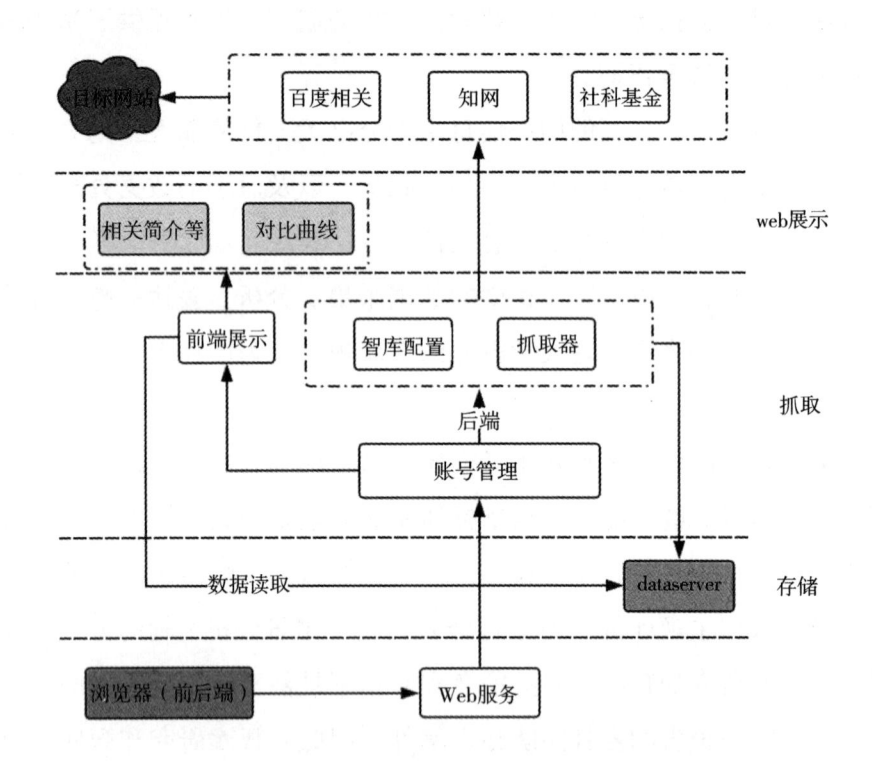

图5-1 大学智库网络数据的抓取模型总体框架

1. 对数据采集的要求：自动化和智能化

数据采集是根据用户信息需求，设定主题目标，使用人工参与和自动信息采集结合的方法完成信息收集任务。用户只需输入一个待采集的目标网址集合，即可实现信息的自动采集。可以对此类不断采集的新闻信息统一加工过滤、自动分类，保存新闻的标题、出处、发布时间、正文、新闻相关图片等信息，经过手工配置还可以获得本条新闻的点击次数，支持采集指定论坛帖子的主题，并记录回帖数量和内容。根据论坛页面表现形式配置获取发贴人的相关信息。同时支持多媒体数据采集，可自动解析 RSS 的 XML 文件，抽取网页的链接、标题、时间等信息。支持网页快照功能等。大学智库相关的信息在公共平台上的跟踪、持续、反馈的热度，讨论的深度，将从某个侧面代表该信息的重要程度。智库信息采集也会面向微博服务站点，实现内容的提取和过滤。

2. 对分析与处理的要求：精准、高效、关联

基于采集到的原始信息，需要通过建立数据库来指导热点分析的过程。热点分析基于向量空间的特征分析技术，在数据库的指导下对抓取的内容做分类、聚类和摘要分析，对信息完成初步的再组织，实现对海量信息的准确、高效分析和管理。

3. 对成果展示与宣传的要求：可视化和个性化

充分利用包括情报简报、趋势图表、聚类图等可视化表达方法，以及智库数据库全文检索和信息服务门户，为研究者提供方便快捷、图文并茂的数据展现。例如：在每天特定的时刻以报表的形式给出热点、要点、频点、敏点、疑点、难点、当前智库报道热门指数等内容，提取最重要的新闻，进行摘要简报。

Wiki 支持面向社群的协作式写作，适合创建知识管理的网络系统，通过在 Web 的基础上对 Wiki 文本进行浏览、创建、更改，而且这种创建、更改以及发布的代价远比 HTML 文本小；同时，写作者自然构成了一个社群，有利于信息提供者的沟通与交流，帮助我们在一个社群内共享某个领域的知识。因此，Wiki 技术应用于大学智库数据库建设的优势体现在以下方面。

1. Wiki本身就是一个知识共创共享平台。它所具有的以自组织和非线性为主要特点的知识链接机制，充分调动组织中每个Wiki用户的协作力量，加强组织内部的信息交流，加速隐性知识向显性知识的转化，促进显性知识的个体隐性化和组织隐性化，对构建组织的知识管理平台非常有效。首先，在该平台上不同用户可以在不同的主题空间内针对特定的主题条目进行编撰、修改，实现隐性知识的显性化；然后，其他用户则通过链接访问该知识条目以吸收该条目所包含的知识，如果这些用户有更多更新的想法则还可以在此基础上对原条目内容做进一步的修改，如此不断循环以实现显性知识的个体隐性化及组织隐性化，进而实现组织知识共享。其次，Wiki也不同于其他单向知识信息的传递平台，它所具有的互动开放性等特点，使知识增量的实现更为迅速有效，促进了知识结构的优化，进而达到更好的知识共享效果。

2. Wiki满足知识管理的社会功能。知识管理本身所具有的社会功能通常包括五种，分别为知识存储器功能、知识交换机功能、知识集成者功能、知识导航员功能和知识加油站功能。而Wiki的具体应用步骤一般包括：编撰、讨论修改、再修改、主题条目与知识链接、吸收学习。显然，它们互相之间存在一种一一对应的映射关系。换句话说，在Wiki的具体应用中正好能体现或是满足知识管理的社会功能。

三 爬虫技术在智库研究评价抓取信息的优势与局限

互联网的迅速发展与普及，已经颠覆了人类一直以来的生存范式，从经济文化到社会教育，从生产方式到娱乐模式均因为互联网而产生了巨大的变化，而这种深入的影响呈现指数化发展。互联网的基础是无数个"万维网"（World Wide Web，简称为WWW，也称

Web）的互相协同，而万维网实际上是一个海量的分布式异构超文本文档库，自 1991 年问世至今，万维网内信息规模呈爆炸式增长。根据 2019 年中国互联网络信息中心在北京发布的第 44 次《中国互联网络发展状况统计报告》，截至 2019 年 6 月，我国的网站数量已经达到了 518 万个，仅移动互联网流量就达到了 553.9 亿 GB，爆炸性的数据容量让人们陷入了数据超载的困境。一方面，网络上的内容数量在指数性的增长；另一方面，由于网络数据杂乱无章，致使人们开始有了从海量数据中提取有效数据的客观需求。

网络数据虽然井喷无序，但其底层逻辑还是相通的。互联网的信息主体还是来自于 Web 页面，而大部分的 Web 页面仍然采用 html 格式描述，但由于 Web 中夹杂的文字、图像、视频、音频在内的非结构化数据变得越来越多，现有适于处理结构化数据的应用程序难以直接提取 Web 页面上包含的数据，人工采集当然是一种方法，但它只适合于小规模的数据采集，大规模的数据采集只有通过新技术才能实现，而这种技术就是爬虫技术。

（一）爬虫技术在信息抓取中的优势

网络爬虫指的是一种特殊的应用程序或脚本，主要作用是按照一定的规则自动地抓取万维网信息。目前，网络爬虫被公认为网络信息自动采集任务最有效的工具，在大数据时代显得尤为重要。从学理上看，网络爬虫的本质是一种可以分析和追踪网络超链接结构，并根据特定策略持续进行数据发掘与收集的功能模块。网络爬虫技术的最早出现就是应用在我们所熟知的网络搜索引擎上，负责完成外部网页信息的采集任务，为搜索引擎的搜索结果提供检索信息，现阶段的网络爬虫技术是应用于搜索引擎上爬虫技术的升级版发展而伴随产生并普及的一种通用的信息采集技术，网络爬虫一直以来是网络搜索引擎的技术支持者，其性能与策略直接体现在搜索的效果上，包括信息质量、信息准确性、信息时效性等，而对爬虫技术的泛化使用，将其应用在大学智库评价工作当中具有较强的时代需求。

与普通搜索引擎相比，网络爬虫应用于大学智库评价工作具有四个方面的优势。一是定制化的优势，在不同领域、来自于不同背景的用户搜索目标往往不同，通过普通搜索引擎进行搜索，结果仍然不够精确，包含了大量的无关信息，需要人工后期对数据进行清洗与挑选。但爬虫技术具有定制化的优势，在大学智库评价工作中，能够根据需求设置专门条件，让搜索结果符合要求。二是高效率的优势，搜索引擎的目标往往是覆盖更大的网络区域，把能够爬取的数据均收入囊中，而进行搜索的服务器算力有限，在满足数据广度的条件下难以同时满足数据抓取的深度要求。同时，搜索引擎的并发数有限，而网络爬虫技术能够多个爬虫共同运行，信息获取效率自然较高。三是跨格式的优势，搜索引擎抓取格式的进化刚从文字抵达图片这一阶段，对图片、数据库、音频、视频多媒体等信息含量密集且具有一定结构的不同数据融合往往无能为力，而现在的爬虫技术已经进入新阶段，能够跨越现有网络数据格式的障碍，让数据抓取更为全面与丰富。四是智能化的优势，现阶段，通用搜索引擎主要提供的搜索方案仍是基于关键字，无法支持根据语义信息提出的查询，而爬虫技术则正在这个领域发力，结合最新的语义识别技术，已开始进入商用领域。

现阶段，网络爬虫技术一般根据系统结构与实现技术进行分类，大致可以分为通用网络爬虫（General Purpose Web Crawler）、聚焦网络爬虫（Focused Web Crawler）、增量式网络爬虫（Incremental Web Crawler）和深层网络爬虫（Deep Web Crawler）四种类型。在现实当中，有效的爬虫技术往往都是包括了其中的几种而共同实现抓取目标。

（二）大学智库网络数据的抓取模型设计与应用

大学智库评价技术应用是以特定网站作为爬取目标，爬取网站的内容，主要包括含有特殊字段的文本等能够反映相关智库信息的内容。大学智库网络数据的抓取主要来源包括百度代表的公共搜索引擎数据、知网为代表的半公开数据库信息、社科基金等网站的公开信息以及智库的网站所包含的相关信息。

爬虫一共分为三个模块即前置规则预设模块、网页抓取模块和后续数据处理模块。

前置规则预设模块负责为程序提前设定了将要获取的数据的格式，更换 User-agent 以及更换 Cookies 登录多个测试账号。

网页抓取模块负责从定义的初始 URL 开始抓取网页信息，并进行初步提取分析，根据返回结果的类型调用不同的回调函数。

后续数据处理模块则进一步分析网页抓取模块的结果，判定是否为合法的爬取结果，并将其存入数据库或者将此 URL 调至 Scheduler 等待调度爬取。下面将对各个部分的实现细节进行介绍。

爬虫实现细节　首先是对爬虫爬取数据格式的规定。在 item.py 文件中，我们根据所要提取的字段设置了相应的类型。

其次是网页抓取模块进行规定。网页抓取模块的实现代码主要是在 Spiders.py 中，这是整个项目的核心部分。

后置数据处理模块　通过 Spider 类我们已经爬取到目标数据之后，我们需要考虑到数据的存储问题。对于爬虫爬取到的数据具有复杂结构，我们应该使用 MongoDB 来存储结果。如何进行爬取结果和数据库之间的传送问题，是后置数据处理模块将要解决的问题。Pipelines.py 中具体实现了一系列的处理过程，可以将其看作数据流水线

pipelines.py 中定义了 MondoDBPipeline 类，包含了两个方法，分别用来初始化数据表和处理 item 并入库。与 mongoBD 的交互是通过 pymongo 开源模块实现的。

（三）爬虫技术的大学智库基础数据的采集及局限性

研究通过网络爬虫框架，基于此框架爬取了已收集的大学智库的部分基础数据，共爬取全国近 1000 个大学智库的百度词条数量、百度网页数量、首席科学家百度搜寻指数、知网相关信息数量、社科基金项目总和、批示信息等多个信息，对原始数据进行预处理，清洗后对相关数据进行了数据挖掘中的经典研究方法，提出了一套打分算法，能够合理地对大学智库进行打分，并形成了动态的列表，可以进行智库间的比较，也可以观察智库在时间轴上发生的数据变化，很好地支撑了大学智库评价研究工作的开展。

但是，爬虫技术在大学智库基础数据的采集中尚属首次应用，仍存在不足。

1. 数据采集仍存在盲区

大学智库的活动需要准确、客观、全面、可靠的基础数据资料，这是智库活动的基础，也是整个活动中较为关键的环节。没有准确、全面、可靠的数据作为保证，大学智库活动所得出的结果的准确性和可信度就会大打折扣。由于社会环境问题，在很长的一段时间内我国的社会信息透明度很低，在一定程度上会对大学智库活动中数据的获取带来很多问题和不便。

中心课题组在《中国大学智库发展报告》中采用的所有数据资料全部是公开透明的，但是中国大学智库真正能够公开的数据信息是十分有限的，而且公开数据的有效性和可信度是仍然需要进一步验证。在基础原始数据信息不足的情况下进行的大学智库活动很难做到受到社会各界的完全认可。

大学智库公开数据量较少的情况下容易造成实力相近或100名之后高校的结果误差较大，往往会因为一项或者几项数据的缺失导致一个名次上有很多的大学智库。这种情况下得出的综合评价存在失真之嫌，为了能够从根本上解决这个问题，需要呼吁政府部门能够在最大限度内对大学智库的资源社会化、透明化，便于社会能够获取大学智库的完整信息。

2. 数据处理的指标体系和权重分配需进一步探讨

大学智库活动有着很强的目的性，是为了让决策部门摸清高校智库资源，助推科学决策的活动。当确定了活动的目的之后，活动中所需要的数据、体系、方向、权重等等方面也就有了针对性。网络爬虫所获得的数据是完全客观的，但在二次处理时仍加入了人为干预，并没有一个共识性的指标权重，有时候会在单个指标的权重设置上缺乏逻辑判断标准，关于单个指标的权重分布缺乏严谨细致的逻辑分析；指标体系的设置不能够准确、可靠地反映每所高校的真实特点；定性和定量指标缺乏有机结合，例如"人才"和"科学"这两个指标，仅仅依靠定量指标无法真实有效地反映出高校的特点，往往会导致复杂的问题简单化，使得结果失真。

3. 追求同一性的指标而忽视了特色

每个大学智库会因为自己的历史渊源、定位和职能的不同，导致其特色也不尽相同。不同的特色用同一套综合性指标体系来衡量是十分不合理的。

对于广而全、追逐热门领域研究的大学智库与在一个领域内深耕多年，有厚重基础的大学智库采用同一套指标体系进行衡量的话是不合适的。大学智库的研究侧重点和研究特色是一个大学智库的亮点，不同类型的大学智库是不能用同一个指标体系来衡量的，而且彼此之间也不具有可比性，若是人为的硬来套用同一套指标很可能会导致不合理结果的产生，这是对社会不负责任的表现。目前，本研究的指标体系，基本上反映的都是优质资源和产出水平，这些指标主要针对的是较为成熟的大学智库。

第三节　大学智库的数据库模型设计与数据库建设内容

大学智库数据库建设的目的在于通过综合运用现有的信息化手段较为完整和全面地描述智库，为大学智库的评价奠定数据基础。当前国内外学界对智库评价的方式不尽相同，但是对于能够描述智库的信息和数据的需求基本一致。因此，如何设计大学智库数据库以保障智库评价成为本研究的关键问题。

一　大学智库的数据库设计理念与模型构建

（一）大学智库的数据库设计理念

在智库的研究过程中，对象智库的信息采集和获取是首要环节，也是最为艰难的工作。依靠人工手段和团队自身的有限力量进行研究数据采集不仅效率低下，而且准确性难以保障。因此，对大学智库数据库的设计应该充分实现以下理念：

1. 开放性描述

在以往的智库研究中，智库对象的信息一般来自两方面：一是研究者自身通过文献渠道收集，二是通过各种调查方式由受访对象反馈。两者均有明显的不足，首先是获取信息的有限性，即文献数据的缺失和不准确；其次是研究者获得数据后的封闭性，即研究者获得信息后便不再公开。当前国内无论是研究智库的学界还是运作智库的实践方均趋向于认同智库联盟的发展方向，即区域内的智库抱团发展，协同发展，互通有无、交流创新，共同为实现我国智库的发展使命贡献力量。因此，本研究中的大学智库数据库设计的首要理念就是开放性。

在开放性理念下，具有共同交流意愿的智库不再是智库研究的受访者来被动反馈调研问卷，而是区域智库联盟的共同参与者，主动地分享自身发展状况。同时，分享后的信息对其他分享自身的智库也是开放的。而这种开放性理念与 Wiki 技术的开放性社群的概念十分匹配，有利于区域智库联盟的交流。

2. 大数据描述

传统数据库要求数据高度精确并且按预设的规则排列，这种注重精确性的关系数据库自有其存在的理由，而且还将在特定领域存在相当长的时间。但是注重信息的精确性显然是信息缺乏时代的产物，因为获取的数据量小，所以要求尽可能精确。然而，纷繁复杂的自然和社会现象往往并非小数据所能涵盖，况且小数据即使都是真实的，也有可能得出以偏概全的结论。微软资深数据库设计家派特·赫兰德（Pat Helland）2011 年指出："我们再也不能假装活在一个整齐划一的世界里。"（"We can no longer pretend to live in a clean world."）[1]伴随云计算的逐步成熟，从小数据过渡到大数据是必然趋势。而在大数据

---

[1] Milan Zeleny, *Management upport Systems*: *Towards Integrated Knowledge Management*, *Human Systems Management*.1987, 7 (1): 59-70.

称雄的数据海洋中,精确的结构化数据只占极少部分,大量非结构化数据成为有待开采的金矿,而要处理大数据,就必须一定程度上接受不精确性。因此,对大学智库数据库的设计需要放弃传统的追求确凿无疑的思维方式,放弃对一些局部或细节真实性的追求,转而追求对概率和趋势的认知。纷繁而有瑕疵的大数据所得出的结论较之无瑕疵的小数据得出的结论更为可靠和科学,即大数据视域下的 DIKW (Data-to-Information-to-Knowledge-to-Wisdom) 体系:① 数据(赋予背景)—信息(提炼规律)—知识(指导实践评价)—智慧,在这一链条中,人类的智慧是经由数据—信息—知识—智慧这样一种层级递进的方式而产生,数据处于链条的基础位置。没有数据的处理,就没有后来的信息和知识,也就更不可能有高层级的智慧和思想。在大数据时代,数据的重要性得到了前所未有的显现。

3. 智能评价

在上述两个理念支撑下的大学智库信息和数据的采集过程与以往的研究数据采集形式有巨大的不同,即由结构化的数据变成半结构化或者非结构化的数据,由智库联盟的成员分享至数据库的 Wiki 平台,又或者由网络信息获取程序自动检索后纳入智库数据库。而这两种方式都适合使用自然语言进行描述,如关于某智库的新闻、通报、成果要报及摘要等。这种自然语言性描述的首要优势就是便于智库联盟内的交流与宣传,也符合智库数据库 Wiki 平台层面的建设,完成智库研究信息和数据的积累。而对于后续的智库深入研究与评价的数据需求,则需要匹配智能化的手段与方式如采用文本挖掘技术对智库的自

---

① Russell L. Ackoff, From Data to Wisdom, *Journal of Applied Systems Analysis*, 1989 (16): 3-9.

然语言描述文本进行数据提炼，以满足智库评价的抽象性和结构化的数据需求。

（二）大学智库数据库模型构建

传统的情报采集和知识转化方法已不适应大数据时代的生态环境，需要进行方法与工具的创新，而情报服务创新要解决基于信息化的智能采集、数据挖掘方法与技术等问题。在大数据环境下，社会科学研究获得全景式大样本情报数据成为可能，需要利用云计算和数据挖掘、自然语言处理、模式识别、机器学习等人工智能技术集成工具的创新来实现大学智库研究信息与数据的高效汇集、海选、加工和展示。因此，在上述设计理念的引导下，构建的大学智库数据库模型如图5-2所示。

该系统主要包括四个子系统，即垂直搜索引擎、数据存储系统、推荐计算系统和系统应用层（Wiki平台）。

其中Wiki平台是模型中的核心组成部分，模型内的其他部分均由Wiki平台连接起来，起到知识门户的作用，最终实现模型的知识管理功能，如内联网、合作共享、知识管理、外联网、Web发布等。

大学智库数据库的Wiki平台主要由不同主题空间（Space）组成，空间里可以创建各式各样的页面（Page）。在Wiki平台上，可实现关于大学智库知识管理的对内和对外门户的双重应用。前者主要解决组织内部的知识交流、共享和学习，从而促进新知识的产生，优化实践活动。它能够让组织内的用户通过单一的入口找到"适当的人"和"正确的事"，并为适当的人做正确的事提供"适当的场所"。例如，建立一个以国情研究智库为主题的空间，组织内的相关人员便可在授权的前提下于该空间中进行添加页面、修改页面、页面评论、上传附件文档等一系列动作。同时管理人员可以根据需要，通过安全控

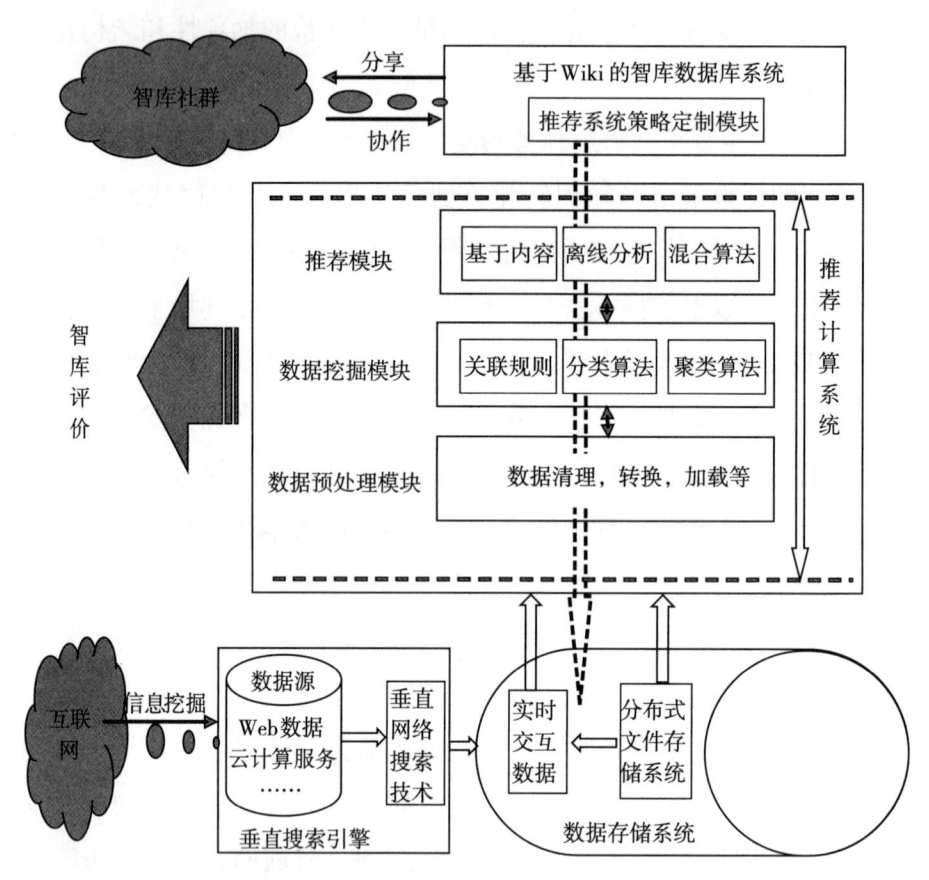

图 5-2　大学智库数据库模型系统概念图

制来确定哪些特定的用户（Users）或组群（Group）能够浏览、评论、修改、移除空间内的页面信息，具体针对不同的浏览组群设立权限。而后者则为外部信息用户提供了一种个性化的信息发布平台，加强了用户与门户网站的互动体验，使研究机构快速获取来自外部的信息与知识，辅助日常工作决策，如可以建立一个安全的外联网空间，有针对性地发布内容（大学智库的研究动态、成果展现、思想交流等，且这些操作、变更对于组织内各用户来说都是可视的）。

被 Wiki 平台连接起来的其他子系统包括以下方面。（1）垂直搜索引擎依据垂直网络分析技术、摩尔模型与向量空间模型主题相关度判定原理，大大提高了搜索引擎查询的准确率和效率。（2）数据存储系统主要包括两个部分：实时交互数据库（供应用层系统使用，基于普通的关系型数据库）、分布式文件存储系统（实现高可靠的分布式数据文件存储功能，将海量数据分布存储在多台计算机集群上）。（3）推荐计算系统包括数据预处理模块（对异构数据进行清洗、转换、加载等）、数据挖掘模块和推荐模块。上述模块中的算法在运行时都结合 MapReduce 等分布式计算框架进行，同时主要采用 Mahout 机器学习框架构建相应推荐算法。基于云计算的个性化推荐系统应用层根据实际的业务需求进行推荐策略定制，具体计算由推荐计算系统完成，计算结果则供应用层进行调用。

二　大学智库数据库建设的主要内容

（一）实现大学智库的知识管理与数据管理的融合

智库研究尤其是大学智库研究，不仅包括对研究对象的相关数据的分析，还涉及了对大学智库在社会科学领域的各种成果的积累和评价。在中央全面深化改革领导小组第六次会议上，习近平总书记就我国建设新型智库问题发表了重要讲话。他指出，进行治国理政，必须善于集中各方面智慧、凝聚最广泛力量。而我国发展新型智库的要求就是要为国家发展如何确定战略方向，社会经济发展如何谋划具体实施路径起到切实有效的咨政建言的功能。因此，对大学智库的研究不应只限于简单收集研究成员及其成果的统计量化，而是需要涉及如何评价丰富的社会科学成果在应用和服务于政府、社会可持续发展的过程中的效果和作用，从而判断所研究的大学智库在实现咨政建言，即智库最本质的功能方面的能力。这种对大学智库能力的评估在更高层面上就是意味着对我国发展过程中,大学智库的软实力的评价。而与这种对大学智库所特有的社会科学软实力的研究所对应的大学智库数据库建设要求探索一种新型的,并不局限于传统的数据—关系型的智库研究数据库,而是需要采用能够体现和结合知识管理与数据管理相融合的新型数据库。

另外,在国际层面的智库的发展和研究过程中,逐渐开始重视智库之间的网络化沟通和联系,"知识网络"[①] 的概念提出需要将通用标准和寻求专门政策领域变革的政策活动者聚合在一起。而在这种聚合过程中基于知识管理的沟通必然会比基于单一数据的沟通更加易于相互的理解和认可。因此,建设基于 Wiki 技术的中国大学智库数据库,将有助于实现大学智库研究和发展的新型知识管理与传统数据管理的融合。

(二) 实现大学智库开放性与大数据化的融合

我国明确提出要加强具有中国特色的新型智库建设,为我国的发展服务,为党和政府的科学决策咨政建言。因此,大学智库数据库的研究和建设需要突破传统封闭式的内部化形式,将智库研究的数据和成果通过互联网的平台分阶段、分类型的对社会公开,实现智库研究和建设的开放性,智库身份的神秘面纱,政府的决策需要公开化,决策咨询更应该保持开放性,既有利于社会公众了解我国智库咨政建言能力的不断加强,我国智力软实力的不断提升,也有利于国际社会深入了解我国智库发展的水平和能力,推动智库研究和建设的国际交流。

在本项目对我国诸多大学智库机构的研究过程中,不少大学智库

---

① 詹姆斯·麦甘恩、理查德·萨巴蒂尔:《全球智库:政策网络与治理》,上海交通大学出版社 2015 年版。

机构不仅相关资料难以收集，其官方网络平台都难以访问。这种情况不仅发生在一般的大学智库机构中，甚至发生在某具备教育部人文社科重点研究基地与2011协同创新中心双重身份的机构中。由此可见，我国的大学智库机构对网络门户的建设不够重视。在信息化快速发展的现代社会，通过构建可以运作良好的智库数据库+互联网的方式，不仅可以实现面向社会的开放和宣传，还可以有效利用网络资源，通过智能检索和分析，充分利用网络信息，运用大数据的思维和方式，既保持智库信息的实时更新，又可以分析和预测智库发展的研究方向和动态。

（三）实现大学智库评价的智能化与动态化

智库的使命在于咨政建言，为我国经济社会领域的公共政策的酝酿、制定、改善服务。因此，需要通过智库数据库对智库的成果和绩效进行合理而科学的评价，通过数据库的专家系统和社会评价系统广泛收集评价意见，智能化地予以分析，从而形成趋于科学而合理的评价结论和报告，并定期向社会公布，保持智库评价与时俱进的动态性。

就目前而言，我国的大学智库机构的网络平台绝大部分仍缺失类似功能，常见较好的做法一般是将智库团队的典型研究摘要做介绍性展示，其次是只有研究项目的名称，再者是简单统计各类研究项目的数量，或者仅仅介绍团队的研究方向等信息。因此，如何让社会充分了解大学智库的研究和在实现智库咨政建言功能中的成果及贡献，让社会参与到智库成果的评价体系内，开拓大学智库与社会评价的常态化的互动与沟通，不仅有利于大学智库自身的宣传与发展，也有利于将社会的声音通过智库传递到政府决策的体制内。

(四) 实现大学智库的国际化和延伸性

无论是大学智库的研究，还是大学智库自身的发展，具备国际化的视野已经成为基本素质。全球范围内的智库机构都在寻求合作与发展的机会，从而不断扩大智库自身的影响力。因此，在"互联网+"的时代背景下，将智库数据库的相关功能如社会建议收集、公共政策评价、智库成果评价等向国际开放，既有利于吸引国际层面的智力资源的关注并为之服务，又有利于建立和加强智库研究的国际交流，将大学智库的研究影响力突破物理空间而拓展到更为广阔的信息空间。

第三部分

中国主要大学智库及其特征

中国新型大学智库体系目前主要由国家、省市、大学校级和其他类型大学智库等四级构成。中国大学智库总体还处于发展的初期阶段，数量众多，占中国智库的多数，有其自身特点和优势，但有影响力的大学智库相对较少，存在短板，与顶尖党政军智库相比，其政策影响力尚有一定距离。①

---

① 由于资料信息和评价约束等因素，本报告中国大学智库范畴主要指中国大陆的大学智库，暂不包括港澳台三地的大学智库，特此说明。

第六章

中国主要的大学智库

本报告涵盖中国大学智库746家，其中省级智库314家，国家高端智库（高端试点建设单位和高端建设培育单位）14家，其他类型智库418家。根据契合度、活跃度和贡献度，入选国家高端智库和地方省市重点培育或高端智库情况，遴选了30家中国著名大学智库，70家重要大学智库。

◇第一节　中国30家著名大学智库

中国30家著名大学智库包括8家入选的国家高端智库试点建设单位，6家入选的国家高端智库建设培育单位。还有16家其他智库，其中10家依托教育部、省市人文社科基地，国家2011协同创新中心，或省重点智库，具体见表6-1。

表6-1　　　　　　　　中国30家著名大学智库

序号	智库机构	主要负责人	刊物/系列报告	机构背景
1	中国人民大学国家发展与战略研究院	刘伟　刘元春　严金明	《问题与思路》	国家高端智库试点建设单位

续表

序号	智库机构	主要负责人	刊物/系列报告	机构背景
2	北京大学国家发展研究院	林毅夫 姚洋 黄益平	《经济学季刊》China Economic Journal	国家高端智库试点建设单位
3	清华大学国情研究院	胡鞍钢	《国情报告》	国家高端智库试点建设单位
4	中山大学粤港澳发展研究院	陈春声 何俊志	《港澳情况通讯》	国家高端智库试点建设单位
5	武汉大学国际法研究所	肖永平	《武大国际法评论》《中国国际私法与比较法年刊》	国家高端智库试点建设单位
6	复旦大学中国研究院	张维为 范勇鹏		国家高端智库试点建设单位
7	北京师范大学中国教育与社会发展研究院	程建平 朱旭东		国家高端智库试点建设单位
8	浙江大学区域协调发展研究中心	任少波 周谷平 董雪兵 徐宝敏	《中国西部大开发发展报告》《国家西部开发报告》	国家高端智库试点建设单位
9	厦门大学台湾研究院	曾坤瑜 李鹏	《台湾研究集刊》	国家高端智库建设培育单位
10	南京大学长江产业经济研究院	洪银兴 刘志彪 陈柳 徐宁	《长江产经决策咨询报告》《长江产经专项课题报告》	国家高端智库建设培育单位
11	武汉大学中国边界与海洋研究院		《边界与海洋研究》	国家高端智库建设培育单位
12	四川大学南亚研究所	李涛	《南亚研究季刊》	国家高端智库建设培育单位
13	西南政法大学人权研究院	付子堂 张永和	《中国人权评论》《西政智库专报》《人权与中国》	国家高端智库建设培育单位
14	中国政法大学人权研究院	马怀德 张伟	《人权研究》（中英文）	国家高端智库建设培育单位
15	中国人民大学重阳金融研究院	王文 周洛华	《研究动态》《金融简报》等	

续表

序号	智库机构	主要负责人	刊物/系列报告	机构背景
16	复旦大学国际问题研究院	沙祖康　吴心伯　刘季平　冯玉军　祁怀高	《美国问题研究》《中国周边外交学刊》《韩国研究论丛》《日本研究集林》《宗教与美国社会》	教育部人文社科基地
17	浙江大学中国农村发展研究院	钱文荣　陈志钢等	《卡特动态》	浙江省重点智库　教育部人文社科基地
18	北京大学国际战略研究院	王缉思　袁明　于铁军	《国际战略研究简报》《中国国际战略评论》（中英文版）	
19	华中师范大学中国农村研究院	徐勇　邓大才		教育部人文社科基地
20	清华大学中国科技政策研究中心	薛澜　苏竣　梁正　戴亦欣	《科技政策中心动态》	
21	南京大学中国南海研究协同创新中心	朱峰　吴士存		国家2011协同创新中心
22	浙江师范大学非洲研究院	刘鸿武　王珩　徐薇　杨文佳	《非洲地区发展报告》《非洲研究》	浙江省重点智库
23	北京师范大学中国公益研究院	王振耀　高华俊	《中国公益年报》《中国社会政策进步指数》《中国儿童福利与保护政策报告》等	
24	浙江大学公共政策研究院	姚先国　金雪军	《公共政策参考》《公共政策研究》《公共政策评论》	浙江省重点智库
25	华中科技大学国家治理研究院	欧阳康	《国家治理参考》	
26	中国海洋大学海洋发展研究院	庞中英　韩立民　贺鉴		教育部人文社科基地　山东省重点智库
27	华东师范大学国际关系与地区发展研究院	刘军	《俄罗斯研究》	上海市重点智库
28	中国人民大学人口与发展研究中心	翟振武　刘爽	《人口研究》	教育部人文社科基地

续表

序号	智库机构	主要负责人	刊物/系列报告	机构背景
29	上海外国语大学中东研究所	刘中民	《阿拉伯世界研究》《亚洲中东与伊斯兰研究》	上海市重点智库 教育部人文社科基地
30	清华中国社会风险评估研究中心	夏诚华 彭宗超		

一 中国人民大学国家发展与战略研究院

中国人民大学国家发展与战略研究院（National Academy of Development and Strategy）于2013年6月正式成立。国发院以习近平总书记治国理政思想为指导，以"四个全面"战略为研究框架，以"国家治理现代化"为特色研究领域，通过机制和体制创新，整合中国人民大学优质智库研究资源而打造的，独立的非营利实体研究机构。

国发院目标定位是坚守"国家战略、全球视野、决策咨询、舆论引导"，着眼于思想创新和全球未来，致力于发展成为具有国际影响力的中国特色新型智库，服务于国家发展战略与社会进步。国发院聚焦核心三大研究领域：经济治理与经济发展、政治治理与法治建设、社会治理与社会创新。

国发院设立了中国政府债务研究中心、世情研究中心、国际经济与金融研究中心、城市更新研究中心、老龄产业研究中心、国家治理研究中心、"一带一路"研究中心、世界经济与政治研究中心、金融科技与互联网安全研究中心、中国周边外交与安全研究中心、全球公共外交研究中心、国际战略研究中心等20余个研究中心。2017年，拓展校地合作，设立了宜宾分院（长江经济带研究院）和青岛分院。

国发院现任理事长是人民大学党委书记靳诺，院长是人民大学校长刘伟，首任执行院长是人大副校长刘元春，现任执行院长是严金明。

国发院举办的内部刊物是《问题与思路》。

官方网址是 http://nads.ruc.edu.cn/index.htm。

二 北京大学国家发展研究院

北京大学国家发展研究院（National School of Development at Peking University，简写为 NSD）前身是 1994 年创立的北京大学中国经济研究中心（CCER）；2008 年改名为国家发展研究院。

国发院秉承北大兼容并包、和而不同的学风，高度关注中国的现实问题，致力于学术与现实的结合，推动中国进步。经过二十多年的发展，国发院已经形成了集教学、科研和智库于一身的综合性学院，成为北大构建世界一流大学的重要组成部分。

秉承"小机构、大网络"的理念，聚合北大乃至全球的研究资源，在政府与市场的关系、新农村建设、土地问题、国企改革、电信改革、股市治理、人口政策以及经济结构调整等诸多重大问题上，产生了一批有影响力的政策建议，并被政府所采纳。经过多年的耕耘，国发院已经成为中国高校智库著名智库，2015 年入选国家首批高端智库。拥有"中国经济观察报告会""格政"和"国家发展论坛"三个智库品牌活动，并牵头组织"中美经济对话"和"中美卫生对话"。

国发院设立了中国经济研究中心、健康老龄与发展研究中心、人力资本与国家政策研究中心、中国卫生经济研究中心、公共财政研究中心、市场与网络经济研究中心、数字金融研究中心、全球女性领导力研究中心等中心。

国发院举办的刊物如下。（1）《经济学季刊》（CSSCI 来源集刊），创刊于 2010 年。（2）*China Economic Journal*（CEJ），创刊于 2008 年，是由北京大学中国经济研究中心（CCER）主办、英国 Taylor & Francis 出版集团下属的著名 Routledge Journals 协办并面向全球发行的英文学术期刊。国发院还出版了一系列具有重要影响的丛书和著作，"北京大学中国经济研究中心研究系列""朗润评论系列""北京大学国家发展研究院简报系列" "CCER/CMRC '中国经济观察' 系列"等。

国发院理事长是原北京大学校长吴树青，名誉院长是林毅夫，现任院长是姚洋教授。

官方网址是 http://nsd.pku.edu.cn/。

三 清华大学国情研究院

清华大学国情研究院（Institute for Contemporary China Studies, Tsinghua University）成立于 2011 年 12 月，其前身为 2000 年成立的中国科学院—清华大学国情研究中心（CCS, Center for China Studies）。国情研究院作为校级科研机构，依托清华大学公共管理学院运行，院长和首席专家由著名国情专家胡鞍钢教授担任。

国情研究院的主要研究方向包括中国经济和社会、中国政治与治理、中国资源环境与可持续发展、中国与世界等。重点开展区域经济、发展规划、三农问题、能源、环境、水资源、就业、科技、信息化、教育、人口和卫生等方面的公共政策研究。经过多年的发展，国情研究院现已初步建成具有较高学术影响力、国际影响力以及社会影响力的当代中国研究平台和大学高端智库，并于 2015 年入选全国首批 25 家国家高端智库建设试点单位。至 2019 年末，国情研究院骨干研究团队有教授 5 人，副教授 4 人，助理教授 3 人，博士后研究人员

20余人。

国情研究院秉承"与中国发展同行,与中国开放相伴,与中国变革俱进,与中国兴盛共存"的发展理念,坚持"维护国家最高利益,认清国家长期发展目标,积极影响国家宏观决策"的发展宗旨,瞄准"打造中国一流决策智库和世界一流的当代中国研究基地"的建设目标,把握中国问题导向、重大矛盾与关系线索、综合创新与集成创新方法,努力为国家决策做贡献,为理论创新做贡献,为培养人才做贡献,已经建设成为国家高层科学决策的重要智库。

研究院以《国情报告》打造中国智库品牌作为决策咨询平台,形成服务决策的渠道和品牌。

官方网址是http://www.iccs.tsinghua.edu.cn/index.html。

四 中山大学粤港澳发展研究院

中山大学粤港澳发展研究院是国家高端智库试点建设单位。研究院成立于2015年,在教育部人文社会科学重点研究基地中山大学港澳珠江三角洲研究中心、港澳与内地合作发展协同创新中心等基础之上,整合了校内经济学、政治学、法学、社会学、公共管理、新闻传播等优势学科研究力量,是港澳治理与粤港澳合作发展领域的专业化高端智库。

研究院主要围绕港澳发展动态、港澳治理以及粤港澳合作发展等重大问题,以一流的决策研究成果,服务于党和政府的重大决策需求。研究院下设中山大学港澳基本法研究中心、港澳政治与公共治理研究中心、港澳经济研究中心、港澳社会研究中心、"一带一路"与粤港澳国际合作研究中心、粤港澳民意调查中心、国际湾区高等教育研究中心等。此外,依托研究院建设中山大学港澳珠江三角洲研究中心、中山大学自贸区综合研究院、粤港澳大湾区研究基地、广东省舆情大数据分析与仿真重点实验室、地方治理与公共政策研究中心、粤港澳大湾区国际传播研究中心、穗港澳区域发展研究所。

研究院作为中山大学重点建设的高端智库，拥有现代化的办公条件和良好的科研条件。研究院建设的粤港澳档案文献中心是目前境内收藏港澳文献最全面、系统的特藏馆之一。研究院建设的粤港澳研究数据平台拥有港澳经济、社会等多个专题追踪数据库。

研究院定期发布刊物有《港澳情况通讯》。《港澳情况通讯》是在对香港与澳门政治形势作出基本判断基础上发表的系列港澳政情分析咨询报告。

研究院实行理事会领导下的院长负责制，现任院长是陈春声教授。

官方网址是http：//ygafz.sysu.edu.cn/。

五 武汉大学国际法研究所

武汉大学国际法学源远流长，当代中国许多著名的国际法学家都与武汉大学的国际法学有着直接的渊源。

国际法研究所成立于1980年，是我国高校系统最早成立的国际法研究机构之一，也是我国法学学科中最早设立硕士点和博士点及博士后流动站的单位之一。研究所于1987年被原国家教委确定为重点研究所，1988年确立为国家级重点学科。1997年，国家教委批准该所的"国际法与比较法"为"211"工程重点建设项目。2000年被批准为教育部普通高等学校人文社会科学重点研究基地；2014年以国际法所为支撑单位申报的"国家领土主权与海洋权益协同创新平台"被教育部批准为"2011协同创新平台"；2015年被中宣部批准为首批国家高端智库试点建设单位；2017年国际法入选国家"双一流学科"。

三十多年来，武汉大学国际法研究所一直同时注重国际公法、国际私法、国际经济法的研究，并强调这些学科的交叉和综合研究，在中国国际法领域形成了分支学科和研究方向齐全、学科发展水平齐头并进、中青年学术带头人突出、科研和教学成果领先的鲜明特色。

研究所发布的刊物有：（1）《武大国际法评论》，（2）《中国国际私法与比较法年刊》。

国际法研究所现任理事长韩进教授，所长肖永平教授。

官方网址是 http：//translaw.whu.edu.cn/。

六 复旦大学中国研究院

复旦大学中国研究院成立于2015年11月，由复旦大学中国道路研究的"复旦大学中国发展模式研究中心""复旦大学新政治经济学研究中心"联合组建而成。

研究院立足复旦，立足上海，同时面向全国，面向世界。研究院的宗旨为分析中国崛起的原因和规律，进行中国道路、中国模式和中国话语的原创性理论研究和政策研究，推动中国思想和中国话语在世界范围内的崛起，着力建设成为在国内外均有一定影响力的新型智库。

研究院是一个在国内外均有一定影响力的新型智库。2015年入选首批国家高端智库试点建设单位。

研究院组织一系列活动，如思想者论坛、中国道路与中国话语高端论坛、中国话语工作坊、各类专题研讨会、高端培训课程、中国学研究生课程、理论网站建设、中国话语丛书出版等，为研究中国道路、中国模式和中国话语的学者和人士提供研究、交流和学习的平台。

研究院每年在复旦大学或牛津大学举行一次关于中国模式的国际研讨会。研究院与上海社会科学院世界中国学所合作，组建了上海市中国梦创新研究基地。研究院与上海春秋发展战略研究院及《观察者》网建立了战略伙伴关系。研究院多次聚集海内外中国道路研究的最强阵容，举办中国道路与中国话语高端论坛和其他高层次研讨会。

研究院设理事会和学术委员会，理事长为焦扬女士，学术委员会主任为史正富教授，院长为张维为教授。

官方网址是 http：//www.cifu.fudan.edu.cn/。

七　北京师范大学中国教育与社会发展研究院

北京师范大学中国教育与社会发展研究院是以教育政策研究和社会治理创新为研究特色的新型高校智库，面向国家重大战略和区域发展，开展具有前瞻性、针对性的多学科交叉综合研究，取得了系列显著成效。2017年入选国家高端智库建设培育单位，2020年入选国家高端智库试点建设单位。

由民进中央和北京师范大学共同组建，是北京师范大学整合校内外资源，以推进中国特色教育现代化和社会建设为使命，以教育改革发展和社会治理创新为研究特色的新型高校高端智库。

研究院以习近平新时代中国特色社会主义思想为指导，突出中国特色新型智库的建设特征。理事会秉持国家使命、客观立场和专业精神，开展协同创新，扎实推进各项工作，推动研究院持续创新管理机制和研究方式，提升管理能力和研究水平，努力建设成为党和国家信得过、靠得住、用得上、离不开的高端智库。

立足学校综合性、研究型、教师教育领先的中国特色世界一流大学的办学定位，依托"高原支撑，高峰引领"的学科发展策略和一体两翼的空间战略规划，充分调动学校优质科研资源，将研究院建设成为具有全球影响力和国际知名度的一流国家高端智库。

现任院长是程建平教授，理事长是全国人大常委会副委员长、民进中央主席蔡达峰。

八 浙江大学区域协调发展研究中心

浙江大学区域协调发展研究中心主要依托浙江大学中国西部发展研究院，并整合学校相关研究力量于2014年12月成立，2017年6月纳入国家高端智库建设培育单位，2018年9月列入浙江省新型重点专业智库，2020年3月入选国家高端智库试点建设单位。西部院成立于2006年10月，由国家发展改革委员会与浙江大学共建，时任浙江省委书记的习近平同志亲自为西部院揭牌奠基。

中心凝练了"一核心两联动""三大研究方向""两大支撑平台"有机组合、开放交叉的研究格局。坚持以西部大开发研究为核心，通过浙江经验提升促进东西互动，通过沿边开发开放联通"一带一路"沿线国家，促进内外联动；围绕区域协调发展重大理论和实践问题，依托浙大多学科综合优势，将区域经济合作、社会民生改善、生态文明建设作为三大研究方向，人才培养和数据资源库作为两大支撑平台。

中心通过"小机构、大网络、强团队、开放运作"的建设模式，形成了以首席专家周谷平教授、史晋川教授为核心，专职研究队伍、校内双聘研究队伍和校外兼职研究人员共同组成的研究团队。

中心设立区域经济规划研究所、城乡融合发展研究中心、区域一体化研究所、生态文明研究中心、资源与环境政策研究中心、"两山"

建设与发展研究中心、社会发展与政策研究中心等。

近年来，中心先后参与举办杭州G20峰会重要配套会议，"创新、新经济与结构改革"二十国集团智库会议（T20），"中国治理的世界意义"国际论坛等重大活动。目前中心已形成年度报告、智库丛书、高端论坛等智库核心品牌，连续多年编撰出版年度《中国西部大开发发展报告》（浙江跨区域合作发展报告）《国家西部开发报告》，打造了"西部大开发研究丛书""丝路文明"等品牌书系，定期举办国际展望大会、"两山"理念研讨会、"中国职业教育服务'一带一路'建设"论坛等品牌活动。

中心主任是浙江大学党委书记任少波，执行主任是原浙江大学党委副书记周谷平教授。

官网是http://www.crcd.zju.edu.cn/。

九 厦门大学台湾研究院

厦门大学台湾研究院的前身为厦门大学台湾研究所，成立于1980年7月，是海内外最早公开成立的台湾研究学术机构，是教育部和福建省共建单位。2004年2月，经学校批准，升格改制为台湾研究院。

研究院于1997年和1999年先后被列为国家"211工程"的重点建设学科和福建省重点学科。台湾研究所2001年入选为"教育部人文社会科学重点研究基地"。2012年入选教育部国别和区域研究基地。2014年，由厦门大学牵头且以台湾研究院为核心力量成立的"两岸关系和平发展协同创新中心"入选国家级"2011计划"。2017年9月，被中宣部纳入国家高端智库建设培育单位。

研究院现设政治、经济、历史、文学、法律、两岸关系等六个学科导向的研究所，遵循"问题导向、特色鲜明、基础雄厚、学科融合"原则设立了民进党研究中心、两岸青年研究中心、涉台外交研究中心等跨学科研究机构，以及两岸融合发展与国家统一政策模拟实验室、大数据与民意调查研究中心、文献信息中心等综合性教学科研服务平台，《台湾研究集刊》编辑部、文献信息中心、继续教育中心等。

近四十年来，研究院以"历史地、全面地、实事求是地认识台湾，促进海峡两岸学术交流，为祖国统一大业服务"为宗旨，致力于"理性、客观、全面、深入"地研究台湾、两岸关系以及涉台外交等问题，是目前中国大陆高校中规模最大、学科最全、成果最多的台湾研究学术机构。

研究院依靠厦门大学"侨、台、特、海"鲜明办学特色，发挥厦大"三海"（海洋、海峡、海丝）优势，借助"两岸关系和平发展协同创新中心""教育部人文社科重点研究基地""教育部国别和区域研究基地"等重大平台，发挥多学科综合研究的优势，致力于把研究院建成全国一流的从事台湾问题和国家统一研究的中国特色高校新型智库，两岸领先的台湾研究高端人才和涉台事务专门人才培养基地，国际知名的国家治理和区域研究学术机构。

现任院长刘国深教授。

官网是 https：//gifts.xmu.edu.cn/。

十　南京大学长江产业经济研究院

南京大学长江产业经济研究院成立于2015年11月，是江苏省首批重点高端智库，2017年入选国家高端智库建设培育单位。研究院以南京大学经济学、管理学及其他相关学科平台为核心，聚焦中国现代产业体系建设、长江经济带高质量发展和长三角区域一体化两大国家战略，以服务党和政府决策为根本开展智库研究。

在平台建设方面，研究院与党和国家各相关部委、长三角地区各政府部门，国家与地方媒体平台、产业平台，以及国内外各高校与研究机构建立互动机制，现已成为国家工信部工信智库联盟核心成员单位、国务院参事室长江经济带发展研究中心成员单位、长三角产业创新智库联盟首批发起单位、光明日报战略合作单位、经济日报调研点并加入南方智库矩阵联盟。

研究院按照以习近平同志为核心的党中央对中国特色新型智库的标准和要求，展现时代特征，强化使命意识，依托南京大学经管学科人才云集的优势，通过体制机制不断创新，着力打造"智政、智智、智产、智媒"四大互动有机联合体，构建"小平台+大网络"的无边界研究模式和专业化、职业化的智库运营力，全面服务于中国特色社会主义经济建设大局，力争通过5—10年的努力，把研究院建设成为国内一流、国际有较大影响力的产经专业智库。

研究院拥有《长江产经决策咨询报告》和《长江产经专项课题报告》两个系列内刊。报送报告300余份，获得肯定性批示50余份，其中国家级批示10余份，省部级40余份，另有多篇报告被中办、国办、中宣部采用；承接政府专项课题90余项，发布4份研究报告；出版"长江产经中国经济发展系列著作"10本，长三角一体化系列专著30余本。

研究院名誉理事长洪银兴教授，理事长、院长刘志彪教授。

官网是http：//yangtze-idei.cn/。

十一　武汉大学中国边界与海洋研究院

武汉大学中国边界与海洋研究院（Wuhan University China Institute of Boundary and Ocean Studies，CIBOS）是2007年4月成立的

校直属跨学科实体性研究机构。边海院以武汉大学国际法、世界历史、测绘遥感、水利水电、世界经济、环境法、公共管理等学科优势为依托,以"校部共建、咨政服务、专兼结合、平台开放"为建设思路,现已成为国内涉边海问题实力雄厚、独具特色的知名智库。2011年,边海院被外交部、国家海洋局聘为海洋问题咨询机构,2013年被中央外办聘为咨询机构。

边海院研究与咨询的重点为国家主权与领土完整、边界与海洋争端、周边外交与周边合作、海洋利益的维护与拓展、"一带一路"倡议实施、极地战略与利益等问题。在涉及东海南海争端、钓鱼岛、西南沙群岛历史档案收集整理与研究、菲律宾南海仲裁应对、我国海疆形势与海洋经略、南海断续线历史性权利、边界立法等问题上,向国家提交了一系列高水平、有影响力的研究成果,参与决策咨询工作,在每个关键阶段提交了"直接管用"的咨询报告,起到了国家智库的作用。

边海院成立以来,按照"精法律、通历史、会外语、懂技术"的跨学科人才培养目标,以国际法(边海问题研究)方向招收培养博士和硕士研究生,形成了成熟的跨学科人才培养方案和课程体系。

边海院拥有丰富的研究资料,建有专门的历史档案室,现存中(含大陆与台湾)外(日、美、英、法、俄、韩等国)边海问题历史档案45万余页,拥有国内外最齐全的东海、南海历史档案资料,为我国边海问题研究提供极为丰富和宝贵的史料支撑。

主办《边界与海洋研究》双月刊,是本领域国内第一本专业期刊。

官网是http://www.cibos.whu.edu.cn/。

十二　四川大学南亚研究所

四川大学南亚研究所的前身，是于 1964 年成立的四川大学印度研究室。1978 年经原国家教育委员会批准，研究室扩展为南亚研究所，为独立的系处级单位。1995 年，学校设立协调性的人文社会科学院，把南亚研究所纳入该院。1998 年，学校撤销人文社会科学院，又将该所置于实体性的经济学院之中。2000 年底，教育部批准南亚所为人文社会科学重点研究基地，并规定其为与院（系）平行且独立设置的实体科研机构。南亚所是我国高校唯一专门研究南亚的机构，也是全国研究时间最长、研究人员最集中、研究资料最完整、研究设施最先进、研究成果最多的南亚研究机构。

南亚所专职科研人员 19 人，其中研究员 6 人，副研究员 5 人，助理研究员 4 人，博士 5 人，硕士 6 人；兼职研究人员 10 人，其中研究员（教授）8 人，副研究员（副教授）2 人；行政资料人员 3 人。下设南亚经济发展研究室、南亚社会政治研究室、南亚军事安全研究室、南亚与中国西南发展研究室、行政资料室和《南亚研究季刊》编辑部等机构。

研究所坚持"以研究政治经济现状为主，兼及历史文化"的方针，加强对南亚国家政治经济现状的研究，并结合我国社会经济发展的实际，服务国家社会经济发展。研究所先后承担并完成国家社科基金和政府有关部门的科研课题 20 多项，向中央政府有关部门和有关单位提供研究报告 50 多份，多篇调研报告获得重要批示。

2017 年入选国家高端智库建设培育单位。

现任常务副所长是李涛教授。

官网是 http：//www.isas.net.cn/default.aspx。

十三　西南政法大学人权研究院

西南政法大学人权研究院是直属于学校的实体化科研机构，主要从事人权咨政、人权理论研究、人权实践调研、人权教育培训、人权对外宣传等工作。2014年，入选国新办、教育部国家人权教育与培训基地；2017年，入选国家高端智库建设培育单位；同年成为教育部高校高端智库联盟首批成员单位。

研究院秉承法治中国建设与中国人权事业发展基本宗旨，围绕服务国家人权战略目标，践行"国家人权行动计划"，把握世界人权发展总趋势，遵循"问题导向、理论建构、深入基层、实证研究、协同创新"的建设路线，打造具有"全局性、前瞻性、针对性、实效性、专业性"的高端智库。

研究院以智库自我定位发展，服务国家人权战略，深度参与国家人权事务，积极发挥咨政建言功能，在各级内参发表要报60余篇；共承担了3部国家人权文件起草，参与了10余部党和政府重要文件修订，参加涉藏、涉疆等人权宣传政策制定等工作20余次，为有关部委提供有关人权咨询建议30余次。

研究院搭建高端人权研究平台，连续承办三届国际会议"中欧人权研讨会"，促进中欧人权学术交流；编辑出版中文学术期刊《中国人权评论》，内参《西政智库专报》《人权与中国》；出版了"中国人权评论丛书"以及"中国人权评论译丛"两套学术丛书，现已陆续发行20余部。

研究院下设综合管理部、科研管理部、教育培训部、期刊编辑部4个部门和6个创新团队；设有"人权法学"二级学科、博士点。

西南政法大学校长付子堂教授兼任院长，张永和教授担任执行院长。

官网是 https://hri.swupl.edu.cn/index.htm。

十四　中国政法大学人权研究院

中国政法大学人权研究院成立于2011年12月，是直属学校的正处级教学科研单位，是教育部和中央对外宣传办公室在中国政法大学合作共建的国家人权教育与培训基地，我国首批建立的三个国家人权教育与培训基地之一。其前身是2002年6月成立的人权与人道主义法研究所。

研究院秉承宽容、平等、独立、负责、团结、协作、严谨、创新、奉献、进取等理念，致力于促进中国人权事业发展，努力促进国内人权理论的创新、人权教育的推广、人权知识的普及、人权意识的提高、人权制度的健全、人权文化的建立、人权状况的改善和人权事业的发展。

研究院拥有科学研究、人才培养、学科建设、社会服务和学术交流等项职能，主要任务是开展人权理论研究，推动大学人权教育，组织实施面向教师和实际工作者的人权培训，向公众传播普及人权知识，为政府部门和社会团体提供咨询服务，与国内外相关机构和个人进行学术交流与合作。

研究院设有学术委员会、研究所、教育与培训部、编辑部、办公室和资料室，有10个专职科研人员编制和3个行政人员编制。

通过5—10年的努力，把人权研究院建成国内人权理论研究中心、人权高级专业人才培养中心、人权立法和决策咨询服务中心、人权教育信息资料中心和人权学术交流与合作中心。

研究院院长由中国政法大学校长兼任，现任院长为马怀德教授。

常务副院长为张伟教授。

2017年入选国家高端智库建设培育单位。

官网是http://rqyjy.cupl.edu.cn/。

十五　中国人民大学重阳金融研究院

中国人民大学重阳金融研究院成立于2013年1月，是重阳投资董事长裘国根先生向母校人大捐赠并设立教育基金运营的主要资助项目。

作为中国特色新型智库，人大重阳聘请了全球数十位前政要、银行家、知名学者为高级研究员，旨在关注现实、建言国家、服务人民。目前，人大重阳下设7个部门、运营管理4个中心（生态金融研究中心、全球治理研究中心、中美人文交流研究中心、中俄人文交流研究中心等）。

人大重阳主要关注的核心领域主要包括：全球治理、"一带一路"、大国关系、绿色金融、宏观经济、智库建设等。

人大重阳成立以来，出版了《欧亚时代——丝绸之路经济带研究蓝皮书2014—2015》《"一带一路"大百科》《金融是杯下午茶》《重新发现中国优势》《中国是部金融史——天下之财》《货币主权》《数字中国》等著作。人大重阳有八种系列产品，包括宏观日报、研究动态、金融简报、研究报告、论坛集锦、宏观周报、出版物、调查报告。八种产品各自针对不同的服务对象，主要研究项目包括"丝绸之路经济带""G20研究""人民币国际化""互联网金融""大金融战略""生态金融"6项。

现任院长是王文。

官网是http://www.rdcy.org/。

十六　复旦大学国际问题研究院

复旦大学国际问题研究院于 2000 年在原有的美国研究中心、日本研究中心、韩国研究中心等研究机构的基础上成立。2013 年起，为加强复旦大学的国际问题研究、更好地服务于国家外交与战略需求，学校整合全校相关资源，把国际问题研究院打造成一个由强势学科支撑、积极服务国家外交战略、能够在国际舞台上发出复旦声音、具有国际学术和政治影响的学术重镇和一流智库。

研究院着重加强了多学科、跨领域的研究团队培育和国际关系研究大平台建设，进一步强化了与国家外交决策界的密切互动。目前，研究院已成为"外交部政策研究重点合作单位（2019—2021）"，美国研究中心是"教育部人文社会科学重点研究基地"和教育部"中美人文交流研究中心"，俄罗斯中亚研究中心是教育部"中俄人文交流研究中心"。上海市社会科学创新研究基地、上海高校智库"亚太区域合作与治理"研究中心也创设于国际问题研究院。

研究院共有专职研究人员 37 名，包括正高级职称者 25 名，副高级职称者 9 名，青年副研究员、助理研究员 3 名，下设 13 个校级研究中心（研究室），包括美国研究中心、日本研究中心、朝鲜韩国研究中心、俄罗斯中亚研究中心、上海合作组织研究中心、南亚研究中心、巴基斯坦研究中心、中欧关系研究中心、法国研究中心、中国与周边国家关系研究中心、联合国与国际组织研究中心、中国外交研究中心、上海高校智库复旦大学亚太区域合作与治理研究中心等。

研究院现任院长为吴心伯教授，我国著名外交官、前联合国副秘书长沙祖康担任研究院名誉院长、院发展委员会主任。

官网是 http：//www.iis.fudan.edu.cn/。

十七 浙江大学中国农村发展研究院

浙江大学农业现代化与农村发展研究中心（Center for Agricultural and Rural Development, Zhejiang University），成立于1999年，是教育部首批建设的国家人文社会科学重点研究基地，也是直属浙江大学的一个跨学科、开放性的教学科研和政策咨询机构。2005年，经请示时任浙江省委书记习近平同志并获重要指示后，在浙江大学农业现代化与农村发展研究中心的基础上成立了浙江大学中国农村发展研究院（China Academy for Rural Development，英文简称CARD，中文简称卡特），并列为国家"985"工程人文社会科学（A类）创新基地。

研究院在浙江大学农业经济学科的基础上建立和发展起来的。浙江大学农业经济学科可追溯到创建于1927年的国立第三中山大学农业社会学系。2017年12月，教育部公布第四轮全国一级学科评估结果，农经学科荣列A+，并被列入国家"双一流"建设学科。2018年，研究院被批准为浙江省重点新型智库。

研究院发展目标是：以习近平新时代中国特色社会主义思想为指引，以服务国家"三农"发展重大战略为导向，以平台建设为载体，以人才培养为根本，以科学研究为抓手，以体制机制为保障，以学科交叉融合为路径，立足浙江、服务全国、辐射全球，推动农林经济管理与相关学科的交叉融合，通过若干年努力，建设成为拥有世界一流学科、一流科研水平和一流社会服务能力的人文社科研究基地和高端专业智库。

研究院下设新农村建设与发展研究中心、农民合作组织研究中心、农村电商研究中心、农业与农村经济发展研究所、农业品牌研究中心、食物经济与农商管理研究所等机构。

现任院长是钱文荣教授。

官网是 http://www.card.zju.edu.cn/。

十八　北京大学国际战略研究院

北京大学国际战略研究院于 2013 年 10 月成立，其前身是成立于 2007 年的北京大学国际战略研究中心。研究院为北京大学国际关系学院内设的实体机构，聘请校内外资深学者、专家组成理事会，实行理事会领导下的院长负责制。

研究院旨在促进世界政治、国际安全、国家战略等领域的学术研究和政策研究。其重点是对当今中国所处的国际环境以及相关各国的国际战略进行分析，并在此基础上公开发表或向有关方面提交有政策含义的、面向未来的研究成果。研究院致力于为中国的国际战略决策提供智力支持，为相关学科的教学服务，并引导公众全面、准确、理性地认识国家安全与国际战略问题。

研究院鼓励跨学科、多重视角的研究课题，在关注现实问题的同时，力图实现理论和方法论的创新。

研究院为中央外办、外交部、中联部、解放军国防大学、军事科学院等机构提供定向研究、决策咨询服务，其成果质量得到充分肯定。

研究院拥有丰富的国际和国内学术资源，与全球及国内许多知名智库、高校及研究机构建立了稳固的合作关系。研究院每年围绕中国外交、大国战略、地区安全、全球治理等重大理论和政策问题，举办若干高层次的国际和国内研讨会。

研究院的研究成果包括不定期发表的《国际战略研究简报》、每年一期的《中国国际战略评论》（中英文版）、"北京大学国际战略研究丛书",以及政府部门、企事业单位的委托研究报告等。

名誉院长是原国务委员、外交部副部长戴秉国、现任院长是王缉思教授。

官网是http：//www.iiss.pku.edu.cn/。

十九 华中师范大学中国农村研究院

华中师范大学中国农村研究院最早源于20世纪80年代中期的华中师范大学科学社会主义研究所政治学研究室，研究室张厚安等人开始从事农村基层政权研究。1990年成立华中师范大学农村基层政权研究中心；1995年更名华中师范大学农村问题研究中心，1999年更名华中师范大学中国农村问题研究中心，2000年经评审被批准为教育部人文社会科学百所重点研究基地之一，2011年更名为华中师范大学中国农村研究院。

打造高起点、高水平的咨政服务支撑平台，具体包括中国农村社会调查系统、中国农村社会动态跟踪系统、中国农村村情观测系统、中国农村数据库、农村政策仿真预测系统等五大子系统。

研究院下设调查咨询中心、海外农村研究中心、农村林业改革研究中心、农村妇女研究中心、连片特困地区研究中心、农村和农民史研究中心、城乡基层法治研究中心、中欧农村比较研究中心、两岸农村比较研究中心等研究机构。

研究院向中央和地方政府有关部门提交政策咨询报告数百余篇，得到中组部、中宣部、中农办、教育部、民政部、水利部、文化部、交通部、公安部、人保部、国家林业局、国务院扶贫办、国家老龄委、湖北省委省政府等单位采纳；政策咨询报告有多份获总书记、总理、中央政治局常委、副总理等批示。

研究院陆续出版《中国农村研究》《中国农村调查》《中国农村咨政报告》《中国农民状况发展报告》《中国农村研究书系》《中国农村农民印象》《中国农村调查札记》《世界农村和农民学译丛》等有影响力的成果。

名誉院长徐勇教授，现任院长是邓大才教授。

官网是http://ccrs.ccnu.edu.cn/。

二十　清华大学中国科技政策研究中心

清华大学中国科技政策研究中心（CISTP）是2003年由国家科学技术部与清华大学联合成立的科技政策与发展战略研究机构。中心定位为"高起点、宽视野、前瞻性、国际化"，围绕科教兴国战略、可持续发展战略和国家长远发展目标，在国际科技发展趋势、国家科技发展战略及相关公共政策领域开展理论和应用研究，目标是逐步发展成为在科技发展战略和相关政策领域有影响的一流智库。

中心名誉理事长为原国家科委主任宋健同志，理事长为科技部党组书记、副部长王志刚同志。理事会由来自科技部、教育部、国家自然科学基金委、国防科工委、中国科学院、中国工程院、中国科协、清华大学等单位和部门的单位理事，以及国内科技政策领域的知名专家学者（个人理事）共同组成。

中心依托在清华大学公共管理学院，共有专职研究人员10余名，资深顾问研究员14名，各类兼职研究人员近30人。

中心成立以来参与或承担了包括国家中长期科技发展规划战略研究，国家中长期教育改革和发展规划战略研究，中国科学院知识创新工程试点评估，《科学技术进步法》修订研究，中国工程院"十一五"规划咨询研究，中国国家创新体系与创新政策研究（与OECD合作）在内的一系列重要研究工作。

中心与国内主要科技政策研究机构均有着密切交流与合作关系，在一些重大项目，如科技部与经合组织（OECD）合作"国家创新体系与创新政策研究"，中美创新对话联合研究等项目实施中，承担着领导与组织协调作用，并以此为平台，发挥着向国际学术界、各国政府、国际组织介绍中国科技政策和创新体系建设进展，促进该领域国际交流与政策合作的"窗口"与"桥梁"作用。中心目前在国际学术界和政策研究界已具有一定的声誉和影响力，被认为是国内有代表性的科技政策智库。

中心现任主任薛澜教授。

官网是 http：//cistp. sppm. tsinghua. edu. cn/。

二十一　南京大学中国南海研究协同创新中心

中国南海研究协同创新中心是国家认定的首批14家"2011协同创新中心"之一。中心成立于2012年7月，由南京大学牵头，外交部、海南省、国家海洋局三个政府部门支持，联合中国南海研究院、海军指挥学院、中国人民大学、四川大学、中国科学院、中国社会科学院等单位共同组建。

中心以国家重大战略需求为导向，以实现南海权益最大化为目标，以多学科协同创新为主体，以"文理—军地—校所—校校协同"为路径，以体制机制改革为保障，全面推动南海问题综合研究，服务国家南海战略决策。

中心围绕基础研究、动态监测、战略决策等三大方向，构建"南海史地与文化""南海资源环境与海疆权益""南海法律研究""南海航行自由与安全稳定""南海周边国家政治经济社会""南海舆情监测与传播管理""南海遥感动态监测与情势推演""南海问题政策与战略决策支持""南海国际关系研究"九大研究平台，启动南海维权证据链及基础数据仓库建设、南海问题话语权建设、南海预警及应急响应研究、南海战略决策支持、南海高端人才培养五大工程，打造集学术创新体、高端智库、人才培养基地、国际交流对话四大功能与目标于一身的中国特色新型智库。

中心实行理事会领导下的主任委员会负责制，管理委员会行政指导，学术委员会学术指导，（跨学科）平台及团队具体实施的管理框架。

中心理事长洪银兴教授，中心主任王颖院士，执行主任朱峰教授。

官网是 https://nanhai.nju.edu.cn/。

二十二　浙江师范大学非洲研究院

浙江师范大学非洲研究院（IASZNU）是在教育部、外交部支持下于2007年成立的中国高校首个综合性、实体性非洲研究院，经十多年发展，已成为有广泛影响力的中国非洲研究机构与国家对非事务智库，是教育部浙江省省部共建协同创新中心、教育部区域和国别研究基地、教育部中国南非人文交流研究中心、外交部"中非联合研究交流计划"指导委员会指导单位、"中非智库10+10合作伙伴计划"中方智库、教育部"中非高校20+20合作计划"执行单位、浙江省新型专业智库；拥有教育部备案的"非洲学""非洲教育与社会发展"交叉学科及其博士点、硕士点和"政治学"一级学科硕士点。

研究院下设非洲政治与国际关系、非洲经济、非洲教育、非洲历史文化4个研究所和8个学科、区域国别研究中心，科研管理与国际合作办公室，创办有"中非智库论坛"；建有国内高校首个非洲博物馆、非洲翻译馆、非洲图书资料中心与非洲特色数据库。研究院与20多个非洲国家高校和智库建有合作关系，并在南非建有分院。

非洲研究由校党委书记、校长担任学科建设领导小组组长，教育部长江学者特聘教授刘鸿武担任院长和学科带头人，拥有一支30多人的立志非洲研究事业的专职科研队伍与管理队伍，其中正高5人，副高11人，非洲籍6人，均有赴非洲国家访学考察经历。

研究院围绕国家发展大局与中非合作大势，以"当代非洲发展问题"与"新时期中非合作关系"为重点，深入开展基础理论与应用对策研究，主动服务"一带一路"等国家重大倡议。迄今已承担非洲领域国家社科基金项目26项，教育部、外交部等部委和国际合作课题100余项。已出版《非洲研究文库》各系列学术著作、译著和专题报告百余部（卷）；在国际上主办了"中非智库论坛""中非媒体智库研讨会"等系列重要学术会议；向国家各部委提交各类咨询报告60余篇，其中多篇获国家领导人批示或被《教育部高校智库专刊》录用。研究院各项工作多次获国家领导人、国家部委领导和省委省政府领导批示或赞誉。

官网是 https：//nanhai.nju.edu.cn/。

二十三　北京师范大学中国公益研究院

北京师范大学中国公益研究院是中国第一所公益研究院，由北京师范大学与壹基金于2010年6月合作成立，由老牛基金会、万达集团、泛海公益基金会、宁夏燕宝慈善基金会、华民慈善基金会等国内有影响力的基金会和企业共同支持。研究院以"慈善推动社会进步"为使命，倡导现代慈善理念，推动中国现代慈善体系的建设与发展，率先提出"善经济"时代来临，立足于公益慈善、儿童福利、养老服务、残疾人事业、社会应急救助等领域，以行业研究为基础，以教育培训、行业交流与倡导为平台，以公益咨询与服务为重点业务引擎，致力于打造聚合全球公益资源的社会政策领域高端智库。

研究院的使命是慈善推动社会进步，其愿景是通过公益研究、公益教育、公益慈善咨询服务暨公益交流与倡导，提升现代慈善建设。研究院在公益研究与应用、公益教育与培训、公益交流与倡导、公益咨询与服务四个领域开展工作。

研究院发布年度《中国社会政策进步指数》《中国儿童福利与保护政策报告》《中国家族慈善基金会发展报告》《中国残疾人政策进步指数报告》和《中国公益年报》等。

研究院设立了慈善研究中心、儿童社会工作发展中心、儿童福利与保护研究中心、养老研究中心、养老合作发展中心、残疾人事业研究中心、社会应急救助研究中心、社会发展研究中心等。

现任院长是王振耀教授。

官网是http://www.bnu1.org/。

二十四 浙江大学公共政策研究院

浙江省公共政策研究院暨浙江大学公共政策研究院遵循独立、科学、公正、实用的管理理念，着眼于推动科学发展，旨在加强我国、浙江省公共政策研究及应用，推动浙江大学公共政策的研究，立足浙江，面向全国，为国家、为省委省政府、各级地方政府及其他社会组织提供高效优质、全方位的公共政策咨询服务，大力培养公共政策研究人才，不断提升公共政策参谋水平，打造一流智库。

在浙江省委省政府和浙江大学的大力支持下，于2008年9月分别由浙江省民政厅和浙江大学批准成立浙江省公共政策研究院、浙江大学公共政策研究中心。2012年7月浙江大学公共政策研究中心更名为浙江大学公共政策研究院。浙江省公共政策研究院作为社会科研机构，由浙江省社会科学联合会管辖；浙江大学公共政策研究院隶属浙江大学，由浙江大学统一管理。两块牌子、合署办公、成果共享，发挥社会科研机构机制灵活优势的同时，整合浙江大学校内体制和资源，推进与外界联系、合作和对接，推动公共政策科研成果转化应用。

　　研究院目前已经形成了若干特色研究服务平台（民情调查中心、仿真实验室、战略规划部、国家环境保护燃煤大气污染控制技术中心、浙江省人才发展研究院、中国农村发展研究院、应用经济研究中心、万龄金融投资研究中心、欧洲研究中心、非传统安全与和平发展研究中心、劳动社会保障与社会政策研究中心、政府与企业研究所、中国政府管理创新研究中心、平安浙江研究中心等），推动科研成果的应用，初步发挥了公共政策研究机构为各级党委政府决策服务的"智库"作用。通过举办公共政策沙龙、报送公共政策内参，向省委省政府提供决策建议；通过公共政策研究，形成长期研究课题，深入调研，定期分享专题研究成果；通过创新案例评选，客观公正评选地方政府创新案例并总结先进经验；通过举办转型发展论坛，组织国内专家献计献策，助推政府转型升级步伐；通过举行社会管理论坛，探索政府社会管理职能；通过组织专家建言献策，缓解、消除经济与社会转型过程中出现的社会矛盾；通过开展高端学术讲座，大力推动高校公共管理人才的培育，寻求解决社会问题的方法与途径；通过出版公共政策评论，为所有有志于国内外公共政策研究的人士构建平等的高层次学术交流平台；通过公共政策评估，为政府政策的调整、修正和新政策的制定提供有力依据；通过梳理政府权力清单，提出咨询评审意见；通过开展民情民意调查，为各级政府制定出台新政策提供科学依据；通过发布评估指数，说明需要解决的问题，并为政府部门和企事业单位提出针对性的决策建议；通过与政府相关部门共建研究平台，加强与实际部门的对接与合作；通过出版公共政策研究丛书，系统展示公共政策研究成果。

现任院长姚先国教授，执行院长金雪军教授。

官网是 http：//www.ggzc.zju.edu.cn/。

二十五　华中科技大学国家治理研究院

华中科技大学国家治理研究院成立于 2014 年 2 月，是在党的十八届三中全会之后成立的中国特色新型高校智库。由华中科技大学原党委副书记、中国著名哲学家欧阳康教授担任院长。研究院下设国家治理理论与比较研究中心、国家治理体系与政策研究中心、国家治理调控与评价体系研究中心、治理信息采集与大数据处理中心、政府决策支持系统研究中心、湖北区域治理与中部发展战略研究中心等机构。现有专兼职人员 35 名，客座研究员 46 名，外籍客座研究员 18 名。

研究院自成立以来，承担了国家社科基金重大项目"大数据驱动地方治理现代化综合研究"、国家社科基金重大专项"十八大以来党中央治国理政新理念新思想新战略的哲学基础研究"、教育部哲学社会科学研究重大课题攻关项目"推进国家治理体系和治理能力现代化若干重大理论问题研究"、国家社科基金一般项目"国家治理哲学研究""中国特色社会主义语境下国家治理综合评估体系研究""灾害政治学的建构与前瞻""基于究竟正义的城市治理研究"等各级各类研究课题30多项；出版著作《国家治理"道"与"术"》《省级治理现代化》《中国绿色GDP绩效评估报告》等10余部；编印《国家治理参考》并为党中央、湖北省委省政府及其他决策部门提交了决策建议案200余篇。每年举办一次"国家治理体系和治理能力建设高峰论坛"（已举办六次），每年举办一次"全球治理东湖论坛"（已举办五次），在国内外产生了重大影响。

6年来，研究院实现了长足发展。2014年11月，被评为湖北省高等学校人文社会科学重点研究基地；2015年初被纳入湖北省"十大改革智库"；2016年初被纳入"湖北省十大新型智库"，命名为"湖北地方治理研究院"；2016年建成国家治理湖北省协同创新中心。

研究院以"聚焦重大问题，服务国家战略"为宗旨，立足中国现实，借鉴国际经验，按照"国家急需、世界一流、制度先进、贡献重大"的要求，致力于中国国家治理和中国未来发展的重大问题研究，探索中国和平崛起的科学发展道路，为完善中国特色社会主义制度，推进国家治理体系和治理能力现代化提供理论参考和决策咨询。研究院积极向世界宣传中国和平发展战略，积极参与全球问题探索和全球治理，以更加宽广的视野观察世界、思考中国，在深度参与国际对话中提升话语权，让世界更加全面、客观地了解中国，为世界和平发展和人类文明进步贡献中国智慧。

官网是http：//isg.hust.edu.cn/。

二十六　中国海洋大学海洋发展研究院

海洋发展研究院于2004年11月成为教育部人文社科重点研究基地，是全国唯一一所海洋人文社科综合研究基地。经过10多年发展，研究成果丰硕、国内外影响力扩大，为学校应用经济、法学、工商管理等学科建设提供有力支撑，同时在国家及地方海洋事业发展中发挥着重要决策咨询作用。2016年，海洋发展研究院被山东省委宣传部授予省重点智库试点单位。2019年受聘成为中央外办海权办19家咨询机构之一。

研究院开展全球海洋治理研究（海洋治理与中国、基地与深远海研究）、海洋生态文明研究、海洋经济发展研究（区域海洋经济发展规划与管理研究、海洋经济金融支持与海洋灾害管理研究、海洋资源经济研究）和海洋文明研究。

"十三五"以来研究院围绕国家海洋强国建设的重大需求，聚焦全球海洋治理、海洋经济发展、海洋文化等重点方向开展基础理论研究。承担9项海洋经济领域社科重大项目，出版《海洋经济概论》，初步构建了海洋经济的基本理论体系；围绕构建"海洋命运共同体"，长期致力于"全球海洋治理"理念内涵的解读；着力完成了"中国海洋文化基本理论体系研究"国家社科重大项目，初步构建了中国特色海洋文化基本理论体系。

学校"十三五"事业发展规划中明确将"蓝色智库"建设作为校人文社科重点建设工程，并于2018年3月启动海洋发展研究院综合改革，智库建设成效显著。"十三五"以来，研究院围绕区域海洋经济规划、海洋经济监测与预警、海洋经济金融支持、极地深远海问题、全球海洋治理与中国参与、海洋综合管理、海洋生态环境保护、海洋文化研究等方面，积极建言献策，40余项研究成果获得省部级以上领导批示或被有关部门采纳，其中《科学制定我国北极战略》等3项成果获习近平总书记重要批示，为海洋强国建设和地方经济社会发展做出了重要贡献。

研究院院长庞中英教授。

官网是 http://hyfzyjy.ouc.edu.cn/。

二十七　华东师范大学国际关系与地区发展研究院

华东师范大学国际关系与地区发展研究院（SAIAS）是以国际关系与区域问题为研究方向，承担国际关系领域硕士、博士研究生培养任务的实体性高级研究院。研究院的研究侧重点为俄罗斯研究、欧盟与欧洲国家研究、中亚研究、日本研究、两岸关系研究，以及与之相关的大国关系、跨大西洋关系、社会转型、国际关系理论与思想史研究等领域。

研究院设立的重要机构有："教育部国家人文社会科学重点研究基地"——俄罗斯研究中心、"上海高校智库"——周边合作与发展协同创新中心、上海市人民政府决策咨询研究基地余南平工作室、俄罗斯与欧亚研究院、欧洲研究中心、白俄罗斯研究中心、中东欧研究中心、两岸关系研究所、跨国公司研究中心、《俄罗斯研究》杂志社、莫斯科高等经济大学海外工作室、爱尔兰科克大学海外工作室、哈萨克斯坦 KIMEP 大学中国中心。

研究院现有教师 27 人，其中，教授 8 人，副教授 10 人，讲师 5 人，管理岗位 4 人。来自俄罗斯、美国及欧洲的外籍教授 3 人，博士学位 23 人，海外博士学位 11 人。

研究院以研究与教学工作的高层次、开放性与国际化为宗旨，承接研究与培训项目，提供咨询服务、引进优秀人才，推动国际合作与交流。拥有国际关系博士学位及硕士学位点，以及"当代中国研究"全英文硕士学位项目，面向全球招收国际留学生。

研究院实行院长负责制。现任院长由刘军教授担任。

官网是 https://saias.ecnu.edu.cn/。

二十八　中国人民大学人口与发展研究中心

中国人民大学人口与发展研究中心于2000年1月在原中国人民大学人口研究所的基础上重新组建而成；2000年9月，中心被教育部正式确定为全国人文社会科学百所重点研究基地之一——国内唯一的人口学重点研究基地。

中心是中国人民大学直属的科研实体，有独立的机构设置。中心现有专职研究人员11名，兼职研究人员7名，其中15人具有正高级专业技术职称，3人具有副高级技术职称，15人具有博士学位。

中心下设三个子研究机构：人口学与人口政策研究室、人口与可持续发展研究室、老龄研究室。主要研究：人口学理论与方法研究、中国人口问题与政策研究、老龄化与社会经济发展。

中心主任实行校长聘任制，第一任主任为翟振武教授，副主任为杜鹏教授和刘爽教授。中心研究人员实行主任聘任制和驻所研究制，以研究基地为平台，突出专业方向，构建合理的知识和年龄结构的团队，引进或培养高层次学术带头人，形成重大的标志性学术成果。基地主任根据研究工作的需要聘任专职研究人员和兼职研究人员。基地是一个全国性的、开放的科研平台，研究人员不定期流动，基地目前有9名研究人员完成研究任务流出基地。

"十五"期间该中心研究人员承担科研项目75项，向国务院及政府各部提交有重要影响的咨询报告28份，其建议被采纳或对政策制定产生了重要作用，组织召开11次大型学术研讨会，建立了比较完善的人口与老年调查数据库和人口迁移与流动数据库。中心通过各种途径参与国际合作研究，积极扩大基地的国际影响，是国家教育部各高校中唯一参与联合国第五周期合作项目的单位。

中心与联合国老龄研究所、香港岭南大学亚太老年学研究中心、日本农工大学农学部、美国乔治亚大学老年学研究所建立了长期合作关系。中心出版发行的《人口研究》杂志是全国中文核心期刊。

中心的长远目标是经过十年左右的时间，经过开拓、创新、进取把中心建设成在国内外有重要影响的一流的综合性科学研究平台，国内外人口学者交流与合作的窗口，以及培养高素质人才的孵化器，并努力成为政府在有关方面决策与实践的智库。

官网是 http：//pdsc.ruc.edu.cn/。

二十九　上海外国语大学中东研究所

上海外国语大学中东研究所（The Middle East Studies Institute of Shanghai International Studies University）于1980年9月成立，其前身为中东文化研究所，下设阿拉伯语言文化研究室和《阿拉伯世界》编辑部。1981年中国中东学会成立时，即为理事单位。1992年经国家教委批准，上外成立国际问题研究所，下设中东研究室。经多年努力，现已在国内外中东研究领域享有盛誉。

2000年12月研究所被教育部批准建立为教育部人文社会科学重点研究基地，现在也是上外唯一的重点基地。

"十五"期间，"9·11"事件、阿富汗战争和伊拉克战争相继发生，中东研究所每年为社会各界作报告五六十场，为媒体写时评、发表评论有近百篇。

研究所建设重要的一点是集思广益，形成整体策划，依靠团队作战，产出拳头产品。基于这样的认识，研究所逐步建立起具有优势和特色的研究队伍，把应用对策研究与基础研究有机地结合起来，把社会科学课题与人文科学课题结合起来，既与中央有关部委保持经常性联系、沟通，做好咨询服务工作，也推动了具有中国特色的阿拉伯学、伊斯兰学的整体构建。最近他们与美国方面合作，由研究所掌握终审权，在美国注册、征订、发行了《阿拉伯世界》英文版第一期；该研究所研究人员已完成《布哈里圣训实录》的全译本。

中东研究所借鉴其他基地的实践经验，加强了基地的全面建设，从"十五"期间的数量化标准向质量方面提升和转移，树立起了创新意识、创新目标和创新重点，形成了一定的创新能力、创新方法、创新机制，同时转变观念加强制度建设、队伍建设和学科建设。

官网是http：//mideast.shisu.edu.cn/。

三十　清华中国社会风险评估研究中心

清华大学中国社会风险评估研究中心（Center for Social Risk Assessment in China, Tsinghua University）是于2016年按照中央领导同志的批示精神，委托清华大学设立的校级智库型研究机构。中心依托清华大学公共管理学院和应急管理研究基地的研究基础，充分发挥清华大学高端人才集中的优势，建立了一支由有管理学、社会学、政治学、法学、经济学背景且具有风险治理专长的专家学者组成的研究队伍，同时吸收了一批长期从事政法、维稳、公安、信访、国安以及风险管理工作，既具有较强研究能力又富有研究成果的实务部门的同志组成了专家委员会，主要从事社会风险的发生、发展、评估、研判的研究和社会风险的防范与治理对策的探索。

中心发展使命是系统开展社会风险评估的有关基础理论与方法技术研究；积极承担国家和地方政府有关部门社会稳定风险评估任务；努力建成党政机关及社会各界社会风险评估培训基地；力争成为国内一流和国际知名的社会风险评估研究机构和智库。

中心主要研究领域包括重大决策社会稳定风险评估研究，重点地区或地方社会风险评估研究，重大社会风险、冲突与矛盾的预防和治理研究等。

中心成立以来，先后承担了国家自然基金的重大、应急管理和面上项目，国家社科重大，"马工程"重大项目，国家重点研发计划项目等纵向横向项目20多项；撰写完成30余篇高质量的政策建议报告，其中有20多篇得到了国家领导人和部委领导批示或采用。中心专家多次参加国家安全委员会、原中央维稳办、国务院应急办、国家网信办、中央及国务院其他有关部委相关座谈调研会，提供国家重大决策咨询服务，对决策有较强的影响力。同时，每年主办中国社会风险治理高层论坛，汇集本领域的理论与实践专家，搭设高端平台，促进不同学科在研究中的交叉融合，加强学界与实务界的交流与合作。在国际上，与哈佛大学等多家机构保持稳定的学术联系与交流，共同举办的风险相关会议，会集多个国家上百名专家学者，在国际上产生积极反响。

中心实行双主任制，分别由学校聘任前中央维稳办副主任夏诚华教授和清华大学公共管理学院党委书记彭宗超教授担任主任。

◇ 第二节　中国70家重要大学智库

70家重要大学智库各具特色和优势，或依托著名大学母体，如985、211高校和双一流高校，或省市重点智库，具体见表6-2。

表6-2　　　　　　　　　中国70家重要大学智库

序号	智库机构	官网
1	复旦大学复旦发展研究院	https://fddi.fudan.edu.cn/

续表

序号	智库机构	官网
2	中国政法大学法治政府研究院	http：//fzzfyjy.cupl.edu.cn/index.htm
3	厦门大学教育研究院	https：//ihe.xmu.edu.cn/
4	中国人民大学民商事法律科学研究中心	http：//old.civillaw.com.cn/mfjd/
5	清华大学生态文明研究中心	
6	西南财经大学中国家庭金融调查与研究中心	https：//chfs.swufe.edu.cn/
7	上海财经大学上海国际金融中心研究院	http：//siifc.shufe.edu.cn/
8	海南大学海南省南海政策与法律研究中心	https：//www.hainanu.edu.cn/nhlaw/
9	复旦大学社会主义市场中国经济研究中心	https：//cces.fudan.edu.cn/
10	南开大学经济与社会发展研究院	https：//esd.nankai.edu.cn/
11	武汉大学社会保障研究中心	http：//csss.whu.edu.cn/
12	北京大学文化产业研究院	https：//www.ici.pku.edu.cn/
13	西北大学丝绸之路研究院	https：//isrs.nwu.edu.cn/
14	中南财经政法大学知识产权研究中心	http：//www.iprcn.com/
15	浙江大学创新管理与持续竞争力研究中心	http：//niim.zju.edu.cn/index.php
16	西南财经大学中国金融研究中心	https：//icfs.swufe.edu.cn/
17	中山大学中国公共管理研究中心	http：//ccpar.sysu.edu.cn/
18	复旦大学世界经济研究所	http：//www.fdiwe.fudan.edu.cn/
19	武汉大学经济发展研究中心	http：//cedr.whu.edu.cn/
20	同济大学德国研究所	https：//dgyj.tongji.edu.cn/
21	陕西师范大学西北历史环境与经济社会发展研究院	http：//heshan.snnu.edu.cn/
22	南开大学中国APEC研究院	http：//apec.nankai.edu.cn/
23	北京师范大学中国收入分配研究院	http：//www.ciidbnu.org/
24	北京理工大学能源与环境政策研究中心	http：//ceep.bit.edu.cn/
25	吉林大学东北亚研究中心	http：//narc.jlu.edu.cn/
26	西北大学中国西部经济发展研究中心	https：//westjj.nwu.edu.cn/
27	武汉大学环境法研究所	http：//www.riel.whu.edu.cn/
28	兰州大学中亚研究所	http：//icas.lzu.edu.cn/

续表

序号	智库机构	官网
29	浙江大学民营经济研究中心	http://crpe.zju.edu.cn/
30	西北大学中东研究所	http://www.imes.nwu.edu.cn/
31	厦门大学东南亚研究中心	http://ny.xmu.edu.cn
32	华南理工大学公共政策研究院	http://www.ipp.org.cn/
33	华东师范大学俄罗斯研究中心	https://rus.ecnu.edu.cn/
34	浙江工业大学中国中小企业研究院	http://www.csme.zjut.edu.cn/
35	中国人民大学首都发展与战略研究院	http://bjads.ruc.edu.cn/
36	西南财经大学中国西部经济研究中心	https://xbzx.swufe.edu.cn/
37	北京大学国家治理研究院	https://www.isgs.pku.edu.cn/
38	同济大学可持续发展与新型城镇化智库	https://urbanization-think-tank.tongji.edu.cn/main.htm
39	清华大学能源互联网创新研究院	http://www.eiri.tsinghua.edu.cn/
40	华东师范大学中国现代城市研究中心	http://ccmc.ecnu.edu.cn/
41	南昌大学中国中部经济社会发展研究中心	http://ccced.ncu.edu.cn/index.htm
42	南京大学紫金传媒智库	http://www.zijinmtt.cn/
43	北京大学首都发展研究院	https://bjdi.pku.edu.cn/
44	对外经济贸易大学国际经济研究院	http://iie.uibe.edu.cn/
45	广西大学中国—东盟研究院	https://cari.gxu.edu.cn/index.htm
46	上海财经大学公共政策与治理研究院	http://ippg.shufe.edu.cn/main.psp
47	湖南大学廉政研究中心	http://www.hunanlz.com/
48	吉林大学中国国有经济研究中心	http://ccpser.jlu.edu.cn/
49	对外经济贸易大学中国世界贸易组织研究院	http://ciwto.uibe.edu.cn/
50	河海大学中国移民研究中心	http://www.chinaresettlement.com/index.asp
51	陕西师范大学中国西部边疆研究院	http://nec.snnu.edu.cn/
52	南京大学长江三角洲经济社会发展研究中心	https://cyd.nju.edu.cn/
53	山东大学犹太教与跨宗教研究中心	http://www.cjs.sdu.edu.cn/index.htm
54	北京理工大学科技评价与创新管理研究中心	http://kjpj.bit.edu.cn/index.htm

续表

序号	智库机构	官网
55	暨南大学资源环境与可持续发展研究所	https://iresd.jnu.edu.cn/
56	河南大学中原发展研究院	http://zyzk.henu.edu.cn/
57	四川大学社会发展与社会风险控制研究中心	http://www.scusdsr.com/index.php
58	中央财经大学绿色金融国际研究院	http://iigf.cufe.edu.cn/
59	中山大学国家治理研究院	http://isg.sysu.edu.cn/
60	西安交通大学"一带一路"自由贸易试验区研究院	http://skc-zm.xjtu.edu.cn/
61	上海交通大学中国城市治理研究院	http://ciug.sjtu.edu.cn/Web/Home
62	四川大学中西部边疆安全与发展协调创新中心	http://cwf.scu.edu.cn/index.htm
63	中央财经大学中国财政发展协同创新中心	http://icfd.cufe.edu.cn/
64	云南大学民族政治研究院	http://www.inpfg.ynu.edu.cn/index.htm
65	北京交通大学国家经济安全研究院	http://naes.bjtu.edu.cn/
66	中南大学知识产权研究院	http://law.csu.edu.cn/zscq/
67	南开大学滨海开发研究院	http://nkbinhai.nankai.edu.cn/
68	宁夏大学阿拉伯国家研究院	https://anri.nxu.edu.cn/index.htm
69	东北财经大学经济与社会发展研究院	http://iesd.dufe.edu.cn/
70	武汉理工大学科技创新与经济发展研究中心	http://stied.whut.edu.cn/

1. 复旦大学复旦发展研究院

复旦大学复旦发展研究院（fudan development institute），是改革开放以来国内最早成立的高校智库，也是"中国十大影响力智库""首批上海市重点智库"。筹建于1992年9月，于1993年2月正式成立。

研究院主要研究方向包括国家治理、社会治理、传播与治理、国际关系、宏观经济、金融保险、能源与环境气候、人口和老龄化、网络理政、智库研究等。

研究院聚焦"中国发展研究",是一家以"学科深度融合"为动力,以"统筹管理孵化"为延伸,以"高端学术运营"为特征的跨学科、综合性、国际化研究机构,同时也是全校智库的统筹管理机构。依托发展研究院实现智库集群的统筹管理,即由复旦发展研究院统筹管理3家专业性智库——中国研究院、"一带一路"及全球治理研究院、国际问题研究院这三大复旦核心智库平台,同时不断完善和孵化校内 N 家智库机构及具有决策咨询功能的研究机构,实现统筹规划、协同发展。

研究院充分发挥复旦大学文理医工学科综合优势和国内外的影响力,"开放办智库",聚人聚智,形成"复旦—上海—中国—世界"多维研究网络,孵化培育了19个研究中心,国内首创海外中国研究中心、国际智库中心、复旦—拉美大学联盟、金砖国家大学联盟,把"请进来"与"走出去"紧密结合,形成全方位、多渠道的国际合作网络,为国家发展、人类进步贡献复旦学养,提出中国方案,回应世界关切。

研究院发布的刊物有 *Fudan Monthly Briefing*《FDDI 简报》《FDDI 宣传册》等。

研究院现任名誉院长徐匡迪教授、院长许宁生教授。

网址:https://fddi.fudan.edu.cn/。

2. 中国政法大学法治政府研究院

中国政法大学法治政府研究院是依托中国政法大学建立的北京市哲学社会科学重点研究基地之一,同时是教育部青少年法制教育研究基地,是学校直属、与院(部)平行的实体性研究机构,于 2006 年正式成立。

研究院的发展目标是：保持学术研究水平居于全国一流地位，在宪法和行政法学科领域积极发挥组织和协调作用，成为在国内外有重要影响的宪法和行政法学的学术交流中心。通过学术研究与实践活动，为立法、司法、行政机关以及教学、研究机构提供以知识更新为主要内容的短期培训，不断培养和造就高素质的宪法和行政法杰出人才，充分发挥宪法和行政法学科人才库的作用。努力建设本学科领域全国种类齐全、设备先进的现代化图书资料库，建成全国宪法和行政法学研究的信息交流中心。

研究院分设中国政法大学国家监察与反腐败中心、教育法研究中心、应急法研究中心、中国政法大学互联网与法律规制研究中心、中国政法大学食品药品法治研究中心。

研究院出版的《行政法学研究》是我国首家部门法学术期刊，也是迄今为止行政法学领域唯一的专业期刊。研究院编辑出版的《法治政府丛书》已达20部，荟萃了法治政府理论和实践的最新成果和国内外学术动态。

研究院现设院长一名，由王敬波教授担任。研究院现设名誉院长一名，由中国政法大学终身教授应松年担任。

网址：http://fzzfyjy.cupl.edu.cn/index.htm。

3. 厦门大学教育研究院

厦门大学教育研究院（厦门大学高等教育科学研究所，institute of education, xiamen university）具有深厚的历史底蕴。1921年厦门大学建校之初便设有师范部，此后历经教育学部、教育学院、教育学系的变迁，1953年院系调整后保留教育学教研室至1965年。1978年5月，潘懋元先生领导创建了厦门大学高等学校教育研究室，1984年2月经教育部批准改为厦门大学高等教育科学研究所，2004年4月6日改为现名。

研究院是中国第一个以高等教育学为研究对象的专门研究机构，是中国第一个高等教育学硕士学位授权单位和第一个高等教育学博士学位授权单位，是全国第一个高等教育学国家重点学科所在单位，高等教育研究的国家"985工程"创新基地，依托本单位成立的厦门大学高等教育发展研究中心是全国唯一的专门研究高等教育的教育部人文社科重点研究基地。

研究院下设教育理论研究所、教育史研究所、教育经济与管理研究所、比较教育研究所、教育心理研究所等五个研究所。另挂靠有厦门大学考试研究中心、厦门大学高教质量与评估研究所、厦门大学中外合作办学研究中心等研究单位。

研究院名誉院长为潘懋元教授，院长别敦荣，党委书记郑冰冰。

研究院发行的刊物有《中国高等教育评论》半年刊和《国际高等教育》季刊。

网址：https://ihe.xmu.edu.cn/。

4. 中国人民大学民商事法律科学研究中心

中国人民大学民商事法律科学研究中心是根据国家教育部《普通高等学校人文社会科学重点研究基地建设计划》设立于2000年。以人大法学院为依托的，以民商事法律科学为主要研究对象的重要科研实体机构。

在此基础上，研究中心根据国家教育部的计划，在科研管理体制上进行了一系列的改革，使研究中心的整体研究水平在全国居于领先地位，并在国际相同研究领域中享有较高的学术声誉，成为名副其实的国家重点民商事法律科学研究中心。

民商事法律科学研究中心分设民商法、知识产权法、民事诉讼法和国际经济法四个研究室，共有专职研究人员教授12名，副教授10名、讲师2名，并且有一批来自学术界、司法界的知名人士、学者担任兼职研究人员，其中有教授10名，副教授2名。

中心的宗旨是通过理论研究为社会主义法治建设服务。主要的研究内容为：为我国的民事立法服务，积极为我国民法典的起草做出自己的努力；为我国的民事司法服务，利用现有资源为社会服务，使科研与实践工作紧密结合；为我国的民事法学服务，开展学术交流，培养民商事法律人才，保证研究工作逐步深入。

研究中心主任为杨立新教授。

研究中心主编刊物有《判解研究》与《侵权法评论》。

网址：http://old.civillaw.com.cn/mfjd/。

5. 清华大学生态文明研究中心

清华大学生态文明研究中心成立于2016年。中心是由清华大学环境学院、人文学院、低碳能源实验室等共同发起的交叉学科科研机构。充分利用综合学科交叉背景，从系统角度来全面剖析研究生态文明，为国家生态文明建设做好顶层设计，围绕关键问题开展深入研究，同时多向社会普及生态理念，倡导绿色、低碳、节约资源的社会风尚。

研究中心广泛联合工科、理科和文科的一批学者进行深度合作，建构完整的生态文明理论体系，探讨生态文明的建设途径，力争推动清华大学成为生态文明研究的高校智库，为国家生态文明建设的决策贡献力量。

研究中心主任由该校环境学院教授、中国工程院院士钱易担任，执行主任由人文学院教授卢风担任。

6. 西南财经大学中国家庭金融调查与研究中心

西南财经大学中国家庭金融调查与研究中心是西南财经大学于2010年成立的集数据采集与数据研究于一身的公益性学术调研机构，包含中国家庭、小微企业和城乡社区治理三大数据库。

目前，该数据库拥有具有全国及省级代表性的四万余户中国家庭数据，详尽记录中国家庭的资产与负债、收入与支出、保险与保障等方面微观信息，全面追踪家庭动态金融行为，填补了中国家庭金融微观数据的空白。基于该调查完成的关于中国家庭的资产配置、收入分配、家庭与小微企业的信贷可得性、房地产市场供需、城镇化等研究成果，引起了政府、学界和社会的广泛关注。

调查与研究中心主要下设六个部门，调查中心、反贫困政策实验室、住房调查与研究中心、家庭金融研究部、中国基层治理研究中心、后勤职能部门。

中心现任主任为甘犁。

调查与研究中心已出版《九万里风鹏正举》《政策性住房金融制度比较研究》《中国家庭金融调查研究2016》等刊物。

网址：https://chfs.swufe.edu.cn/。

7. 上海财经大学上海国际金融中心研究院

上海财经大学上海国际金融中心研究院（SIIFC），成立于2012年7月，是接受上海市教育委员会的指导与支持，由上海财经大学为主承担建设的高校智库。

理事会为研究院的最高决策机构，研究院日常管理和运行由院长领导下的管理团队负责，下设四个部门，金融科技与金融安全研究中心、现代金融研究中心、数据库、智库育人。

研究院以国家转型发展和上海经济社会发展中与金融相关的重大

战略、重要政策的制定与实施中亟需解决的关键问题为导向，汇聚来自国内外高校、研究机构、政府部门、金融监管部门、金融机构的专家、学者的智慧，为上海国际金融中心建设和发展中的关键、重大问题，以及自贸区建设，上海建设具有全球影响力的科创中心，"一带一路"倡议的实施，金融科技，绿色金融，金融风险监管，金融支持供给侧改革等国家重大战略的实施和联动机制建设提供决策咨询方案、理论依据和科学论证，为政府部门和金融机构提供决策咨询研究和高端培训。

研究院名誉院长为原上海市副市长、上海市人大常委会副主任、现上海市现代服务业联合会名誉会长周禹鹏，院长为赵晓菊教授。

网址：http://siifc.shufe.edu.cn/。

8. 海南大学海南省南海政策与法律研究中心

海南大学海南省南海政策与法律研究中心成立于2011年12月17日，是海南省社会科学界联合会和海南大学依托海南大学法学等学科力量组建的以南海法律问题为主要研究对象的研究机构。中心以"研究南海法律，服务国家战略"为指导思想，结合海南省具体省情与南海发展局势，研究南海当前的重大法律问题，培养高级海洋法律人才，充分发挥高校科研机构教学与科研互动的优势，力争逐步建设成为全国知名的南海法律研究平台、信息资料平台、学术交流平台和海洋法律人才培养平台。

中心由海南大学副校长、博士生导师王崇敏教授任主任，联合国海洋法庭法官、国家海洋局海洋发展战略研究所所长高之国教授任学术委员会主席，拥有专职研究人员17名，兼职研究人员15名。主要研究方向包括：（1）南海安全战略研究；（2）南海海洋争端解决机制研究；（3）南海问题的国际法理研究；（4）南海海上通道安全法律问题研究；(5) 南海资源开发法律问题研究；(6) 国家海上管辖权和海洋执法法律问题研究；(7) 南海海洋环境保护机制研究；(8) 南海区域合作制度研究；(9) 海洋经济法律制度研究等。

中心自成立以来，非常注重对外学术交流。与国家及省内相关部门、国内外高等院校、科研机构保持密切合作关系，注重理论与实践结合，打造"开放式"科研模式，追求学术整合效益。中心定期举办"南海法律论坛"，开展层次不同、规模各异的海洋法学术活动，将中心研究成果定期对外发布、加强交流，围绕南海热点法律问题，集中邀请国内外海洋法学者献计献策，为南海问题解决提供法律建议。

中心出版著作包括《海上侵权法律制度研究》《多边刑事条约的实施研究》《全球化时代的国际机制研究》《南海问题及其解决方案研究》等。

网址：https：//www.hainanu.edu.cn/nhlaw/。

9. 复旦大学中国社会主义市场经济研究中心

复旦大学中国社会主义市场经济研究中心（CCES）前身为复旦大学经济研究中心并于2000年2月重建，同年10月被批准为教育部人文社科百所重点研究基地之一。中心致力于当代中国经济、转型与发展经济学、区域经济学和产业经济学等领域的理论和实证研究，在国内外顶尖的学术期刊上发表了大量的有影响的论文，与海内外很多知名的大学和研究机构建立了广泛和深入的联系。

中心学术氛围活跃，每周的"现代经济学系列讲座""转型与经济发展"（TED）国际双年会以及大量不定期的讲座和各种专题研讨班都使得其生机勃勃。中心还承担了多项教育部、国家社会科学基金、国家自然科学基金资助的研究课题，另外还得到了其他政府部门、国际组织和实业界的研究资助。

中心已出版成果刊物包括《经济发展与产业升级》《经济战"疫"：新冠肺炎疫情对经济的影响与对策》《我的经济学思维课》等。

现任中心主任为张军教授。

网址：https://cces.fudan.edu.cn。

10. 南开大学经济与社会发展研究院

经济与社会发展研究院成立于1998年，是南开大学顺应经济和社会发展对高等教育的需求，积极谋求高等教育体制改革的重要成果。经过二十多年的快速发展，已建成国内领先的应用经济研究平台，颇具影响力的人才培养基地，是南开大学科研、教学、管理体制机制创新的试验区及高水平国际学术交流窗口。

经发院拥有区域经济学、产业经济学、物流与供应链管理等适应经济与社会发展需要的新兴应用与交叉学科。现有专职教授7人、副教授6人、讲师6人。

二十多年的改革探索，经发院形成了鲜明的发展特色，一是全力孵化培育新兴学科，在学科发展上，不追大而全，但求小而精，形成独特竞争优势。现代物流、产业效率、区域产业分析与政策评估等国内领先的学科方向奠定了经发院独特的学科优势。二是追踪学术前沿，集中攻关具有南开特色的标志性成果。如由现代物流研究中心编著出版的《中国现代物流发展报告》（蓝皮书）成为对国家有重大贡献和影响力的连续性研究成果，英文版《中国现代物流发展报告》的出版，更提升了中国物流发展的国际影响力。三是提高科研成果的社会转化能力，围绕经济和社会发展的热点问题发出南开声音。四是积极拓展学术交流领域，构建国际化、开放式的学术交流平台。

经发院现任院长为刘秉镰教授。

网址：https://esd.nankai.edu.cn/。

11. 武汉大学社会保障研究中心

武汉大学社会保障研究中心（英文：Center for Social Security Studies of Wuhan University，缩写 CSSS）成立于 1993 年，2000 年获批教育部人文社会科学重点研究基地。中心现拥有社会保障专业和公共经济管理专业两个博士点，拥有公共管理博士后科研流动站和全国唯一的社会保障国家级重点学科。同时，社会保障学科还被列入国家"十五""211 工程"建设项目。2004 年，中心又成为国家"985 工程"二期建设项目——社会保障研究创新基地，这是全国唯一的国家级社会保障研究创新平台。

中心研究方向主要包括：养老保险研究、医疗卫生与工伤保险研究、就业与失业保险研究、社会福利与救助研究、养老服务与医养融合研究、社会保障法研究、社会保障基金管理研究、公共经济与公共政策研究、健康大数据与保障研究、儿童发展与保障研究、贫困问题研究。

目前中心主任为向运华教授。

中心主办《社会保障研究》和《管理研究》（集刊）两本学术期刊。

网址：http://csss.whu.edu.cn/。

12. 北京大学文化产业研究院

北京大学文化产业研究院成立于 1999 年 10 月，是以研究文化产业理论和政策，提供文化产业高级经营管理培训，促进产、学、研一体化，推动我国文化产业发展为宗旨的跨学科校级研究机构。作为全国较早开展文化产业研究与教学的机构之一，2002 年 7 月成为北京大学与文化部共建的国家文化产业创新与发展研究基地。多年来，研究院紧密跟随北京大学"创建世界一流、服务国家战略"的发展目标，积极在文化产业领域促进理论创新、人才培养和项目推动，在国内外文化产业界享有较高的声誉。

研究院致力于文化产业理论和应用的研究，担当新时期国家文化建设的新智库，先后承担了国家社科基金重大攻关项目"我国文化产业发展战略研究"、教育部哲学社会科学研究报告重点资助"中国文化产业年度发展报告"等20余项纵向研究课题以及北京市文化创意产业专项扶持资金项目"文化创意产业价值评估服务平台"等横向课题50余项。并围绕文化产业理论和政策问题，出版学术专著30多部，发表论文200余篇。

研究院以"国家文化产业人才工程"为培训品牌，形成了多专题、跨区域的高级培训项目体系。

研究院现任院长为北京大学哲学社会学教授叶朗。

研究院出版刊物有《北大文化产业评论》与《北京大学艺术学文丛》。

网址：https://www.ici.pku.edu.cn/。

13. 西北大学丝绸之路研究院

西北大学丝绸之路研究院是西北大学积极响应国家建设"丝绸之路经济带"战略部署，利用西北大学学科建设的综合优势，开展协同创新研究，经陕西省人民政府批准，于2014年1月正式揭牌成立的实体研究机构。下设"丝绸之路战略研究中心""丝绸之路数字化研究中心"等虚体研究机构，"项目管理办公室""信息交流中心"等行政事务机构。

研究院是国内第一家实体丝绸之路研究机构（正处级）。研究院设立了丝绸之路战略研究中心、丝绸之路历史地理研究中心、丝绸之路文化遗产研究中心、丝绸之路社会经济发展研究中心、丝绸之路文明交往研究中心、丝绸之路艺术研究中心等研究机构。研究院在丝绸之路历史地理、民族宗教问题、文明交往等领域有深厚的研究传统和成果积累。研究院成立了西北大学哈萨克斯坦研究中心、巴基斯坦研究中心、尼泊尔研究中心。研究院拥有教育部区域和国别研究中心1个、陕西省"一带一路"软科学基地1个、陕西省国际合作基地1个。

研究院现任院长为卢山冰。

研究院成立了《丝路通讯》编辑部，每半年编辑一期。

网址：https://isrs.nwu.edu.cn/。

14. 中南财经政法大学知识产权研究中心

中南财经政法大学知识产权研究中心是国内最早从事知识产权教学与研究的机构之一，其前身系成立于1988年的中南政法学院知识产权教学与研究中心，2000年改为现名。2004年11月，中心跻身于教育部人文社会科学重点研究基地行列。2005年，由中心研究人员承担的《知识产权法学》课程被评为国家级精品课程。2006年5月，国家保护知识产权工作组决定依托本中心，成立国家保护知识产权工作研究基地，为国家提供知识产权保护的对策研究和咨询服务。2007年，武汉仲裁委员会知识产权仲裁院依托本中心成立。同年，知识产权所隶属的民商法学科被批准为国家重点学科。2008年9月，中心"知识产权教学团队"入选国家级教学团队。是年，知识产权司法鉴定所正式挂牌成立。

中心重点从事知识产权基础理论、知识产权国际保护、知识产权实务、知识产权比较等方面的研究，与此相对应地设立了知识产权基础理论研究室、中国知识产权战略研究室、WTO与知识产权国际保护研究室、知识产权贸易与管理研究室、德国与欧盟知识产权研究所等五个研究室（所）。

中心出版了《著作权合理使用制度研究》《无形财产权制度研究》《知识产权多维度解读》等著作。

中心实行主任负责制，由吴汉东教授担任中心主任。

网址：http：//www.iprcn.com/。

15. 浙江大学创新管理与持续竞争力研究中心

浙江大学创新管理与持续竞争力研究中心（国家哲学社会科学创新基地）前身是浙江大学管理科学研究所及后来的管理科学与发展战略研究中心、浙江大学创新与发展研究中心、浙江大学技术创新与科技产业发展研究中心等，是我国创新管理领域的重要研究基地。1979年，在国内最早成立了科技管理系，并于该年招收了改革开放后的首批管理类硕士研究生。

作为我国创新管理领域的重要研究基地，中心拥有管理科学与工程国家重点学科及企业管理、公共管理等省级重点学科。下设7大研究所，并与剑桥大学、利兹大学等国际一流高校，以及美的集团、海尔集团、中集集团等国内知名企业建立联合中心和联合实验室。同时，与华为保持密切联系，与华为前高管团队建立联合研究中心。

中心拥有一支以中国工程院院士许庆瑞教授为领军人物，以长江学者教授、长江学者青年教授、新世纪国家百千万人才工程国家级人才、教育部新世纪人才获得者等高层次人才为学术方向带头人的，老中青结合、具有国际竞争力的一流团队。中心围绕创新与持续竞争力理论研究，聚焦国家重大理论与现实需求，全力将基地建设成为开放型国际一流创新研究平台和智库。

现任中心主任为吴晓波教授。

网址：http://niim.zju.edu.cn/index.php。

16. 西南财经大学中国金融研究中心

西南财经大学中国金融研究中心是按照教育部《普通高等学校人文社会科学重点基地建设计划》组建，2000年9月被正式列为教育部人文社会科学百所重点研究基地之一。

作为教育部唯一的国家级金融研究基地，中心依托国内一流的金融学科实力和建设水平，与审计署、中国人民银行、银监会、中国人民大学、武汉大学合作成立"金融安全协同创新中心"，与柏林财经政法大学合作成立协同创新中心德国分中心；与中国社科院世界经济与政治研究所合作成立"国际政治与金融安全智库"，与澳大利亚迪肯大学合作成立"银行与金融稳定"研究中心，聘请美国波士顿大学苗建军教授组建"宏观金融研究中心"，与美国斯坦福大学金融风险与统计研究中心展开合作研究。通过广泛的学术合作，组建起一支一流的金融研究队伍，共同致力于推动金融学科发展以及对中国金融现实重大理论、实践问题的研究。

中心的建设目标是成为我国金融领域的一流科学研究基地、专门人才库和高层次人才培养培训基地、金融学术交流和资料信息库、知名智库和咨询服务基地。

中心以金融风险与金融安全、转型金融理论、金融学说等为研究特色，2000年成立以来，产出了一批有影响的重要成果。中心已出版刊物为《中国金融安全报告》（2014—2019）。

中心名誉主任为曾康霖教授、刘锡良教授，现任主任为王擎教授。

网址：https://icfs.swufe.edu.cn/。

17. 中山大学中国公共管理研究中心

中山大学中国公共管理研究中心（原中山大学行政管理研究中心）于2000年12月成立，是公共管理学科唯一的教育部人文社会科学重点研究基地。中心在科学研究、学术交流、社会服务等方面都取得了优异成就，成为国内公共管理学科研究的引领者、国际公共管理交流的发起者和积极参与者。

中心通过品牌学术会议、访学计划、合作研究等方式，建立了多元化的学术交流渠道。（1）创办《公共行政评论》（CSSCI）和《中国公共政策评论》（CSSCI集刊），成功为公管学人打造常态化的成果交流平台。（2）联合发起华人公共管理学术研讨会等品牌学术会议，推动了国内外公管学界的交流。（3）设立"夏书章公共管理优秀博士论文奖"，积极培育公管学界新生力量。（4）在全国多个地区建立工作站，一方面将学术研究扎根于中国大地，另一方面为地方发展提供服务。

在教育部组织的历次评估中，中心一直屡获佳绩。2016年，中心在教育部高校人文社会科学重点研究基地测评中荣获优秀奖，是中山大学唯一获"优秀"的基地。中心已逐步成为中国公共管理学科发展和决策咨询的旗舰机构。

中心主任为谭安奎教授。

网址：http://ccpar.sysu.edu.cn/。

18. 复旦大学世界经济研究所

复旦大学世界经济研究所（IWEFU）始建于1964年，2000年9月重组后成为国家教育部人文社会科学重点科研基地之一。世经所下设多个课题组，一个专业网站。考虑到世界经济是一个由纵与横两个方面组成的有机整体，除了对发生在世界经济中的各种综合性问题，如跨国公司、国际金融、国际贸易等进行研究之外，还必须对横向的区域经济进行研究。于是，进入 20 世纪 90 年代以后，复旦大学世界经济研究所在学校的支持下，相继成立了日本研究中心、欧洲研究中心和区域经济研究中心。

一直以来，复旦大学世界经济研究所秉承着"洋为中用、研究世界经济为我国社会主义现代化建设服务"的方针，重点研究世界经济中的重大理论与现实问题，主要包括世界经济理论、国际经济理论、国别与区域经济，以及世界经济中的贸易、金融、能源以及制度结构等问题。

研究领域涵盖了世界经济理论、国际金融、国际贸易、国际投资、区域与国别经济等多个方面。前所长为华民教授（现任院学术委员会主席）。

中心已出版著作包括：华民教授的《中国经济增长究竟对世界经济产生了怎样的影响》；尹翔硕教授的《国际贸易摩擦的类型、原因、效应及化解途径》《贸易战略的国际比较》等。

网址：http://www.fdiwe.fudan.edu.cn/。

19. 武汉大学经济发展研究中心

武汉大学经济发展研究中心（The Center for Economic Development Research，简称 CEDR）由我国著名经济学家谭崇台先生创立于 1990 年，是依托武汉大学经济学领域四个国家级重点学科（西方经济学、世界经济、人口资源与环境经济学和金融学），集聚校内外发展经济学领域优秀学者而构建的，是集理论研究、政策分析和教学于一体的学术机构和智库。

中心下设发展经济学研究所、人口资源环境研究所、贸易与发展研究所、金融发展研究所、宏观经济研究所、微观经济研究所、经济政策研究所。

自成立以来，中心始终把发展经济学作为主要研究领域，以发展经济学理论和方法研究中国经济实践，以中国经济发展的经验事实推动发展经济学的理论创新，取得了一系列丰硕成果，使武汉大学成为中国发展经济学研究重镇。中心是中国唯一的发展经济学学术团体——中华外国经济学说研究会发展经济学分会的常设秘书处。

现任联席主任为朱晓冬教授（University of Toronto）和叶初升教授（武汉大学）。

中心编辑出版学术期刊《经济评论》，以及《武汉大学经济发展研究中心学术丛书》《发展经济学研究》《珞珈智库·经济观察》和《中国发展经济学年度发展报告》等五个系列产品。

网址：http：//cedr.whu.edu.cn/。

20. 同济大学德国研究所

同济大学德意志联邦共和国问题研究所（简称德国研究所）/欧洲联盟研究所（简称欧盟研究所）是跨学科的国际问题研究机构。德国研究所成立于1985年11月，是当时中国成立的第一个专门研究联邦德国政治、经济、社会、文化问题的研究所。1999年，欧盟研究所依托德国问题研究所正式成立。研究所目前是中国欧洲学会德国研究分会副会长单位，中国欧洲学会、上海欧洲学会等学术团体集体会员，以及上海市欧美同学会留德分会秘书长单位。

作为对德研究的一个重要基地以及对德交流的一个"窗口"与"平台"，研究所主要承担以下任务。

研究工作：开展德国问题研究与欧盟问题研究，包括中德、中欧关系。

期刊出版：研究所出版有《德国快讯》半月刊、《德国研究》季刊（CSSCI 来源期刊）。目前正在编写《德国蓝皮书——德国发展报告》。

国际交流与合作：研究所与德国德意志学术交流中心、达姆施塔特工业大学、曼海姆大学、卡塞尔大学、汉诺威大学等保持着学术交流关系。

社会服务：研究所承接政府机关与经济界委托课题；提供各类有关德国问题的咨询；提供各类证书与材料的翻译服务；举办全日制德语培训班；举办德国学生短期培训班（暑期班）等。

研究所主任为董琦教授。

网址：https：//dgyj. tongji. edu. cn/。

21. 陕西师范大学西北历史环境与经济社会发展研究院

陕西师范大学西北历史环境与经济社会发展研究院始建于 2000 年 3 月。作为研究院前身的陕西师范大学历史地理研究所是我国高校中最早成立的两个直属教育部领导的专门研究历史地理学的实体性学术机构之一。其创建者为著名历史地理学家史念海教授。史念海先生于 20 世纪 60 年代初在陕西师范大学历史系成立了历史地理研究室，1986 年扩建为历史地理研究所。2000 年 3 月，陕西师范大学以历史地理研究所为核心，以历史地理学学者为骨干力量，联合校内外历史学、地理科学、环境科学、经济学、社会学等相关学科的学者建立了西北历史环境与经济社会发展研究中心，同年 9 月被教育部批准为普通高等学校人文社会科学重点研究基地。2011 年秋，经教育部批准，研究中心改建为西北历史环境与经济社会发展研究院。2018 年被陕西省教育厅认定为"陕西高校新型智库"。

研究院紧密围绕历史地理国家重点学科和教育部人文社会科学重点研究基地的建设任务开展工作。其主要学术发展方向，相对集中于中国历史地理学、西北地区历史与文化、西北地区经济社会发展和人口资源环境经济学等领域，并努力在国家特别是西北地区经济社会发展和文化建设中发挥重要作用。研究院下设史念海历史地理学研究中心、农村发展研究中心、黄河研究中心、秦岭研究中心、历史城镇复原与模拟重点实验室和学术期刊编辑部等，是陕西师范大学历史地理学国家重点学科的责任建设单位，同时也是历史地理学和人口资源环境经济学博士授权点主要建设单位之一。

研究院现任院长为王社教教授。

研究院主办的学术期刊为《中国历史地理论丛》。

网址：http://heshan.snnu.edu.cn/。

22. 南开大学中国APEC研究院

南开大学APEC研究中心是为落实"APEC领导人教育倡议"，由中国外交部、商务部、教育部和南开大学共建的国家级智库机构，于1995年正式成立。

自成立以来，中心依托各方资源，在多个领域积极开展工作，主要包括：组织本校和全国范围内的科研人员深入开展有关APEC问题的研究，为我国政府参与APEC合作提供决策咨询服务；为中国企业积极参与APEC活动提供咨询；为政府部门和企业培训博士、硕士等高层次的专门人才；加强与其他成员的APEC研究和国际学术交流，建立广泛而稳定的学术联系；不断充实和加强与APEC问题有关的信息资料建设等。研究中心的目标是要努力建成集学术研究、人才培养、咨询服务以及信息资料建设多重功能集于一身、运作机制高效、灵活的新型科研机构。

中心主任为张晨阳教授。

中心已发表著作包括《APEC研究——方式、运行、效果》

《APEC贸易投资制度框架与政策比较》《经济增长的内生技术分析》等。

网址：http://apec.nankai.edu.cn/。

23. 北京师范大学中国收入分配研究院

北京师范大学中国收入分配研究院（以下简称为研究院）成立于2011年11月，它是一所以收入分配、劳动经济学及发展经济学研究为主要特色的科研机构。由中国经济改革研究基金会理事长、前中国体制改革研究会会长、前国家发展和改革委员会党组成员、前国务院振兴东北办副主任宋晓梧担任院长，由中国社会科学院荣誉学部委员、中国社会科学院经济研究所前所长、中国收入分配研究的权威专家赵人伟教授担任院学术委员会主席，由北京师范大学"京师学者"特聘教授、长期从事居民收入分配研究的李实教授担任执行院长。

研究院致力于收入分配、贫困及劳动力劳动等相关领域的研究，动态追踪我国经济发展和经济转型过程中居民收入分配与贫困的变动特征，并深入探讨其内在的影响因素与作用机制。今后，研究院将更为广泛地涵盖收入分配研究的相关主题，更加密切地关注收入分配的政策效应分析，为国家收入分配体制改革和收入分配政策完善提供科学支持。

研究院下设五个机构为数据中心、政策模拟中心、工资与收入分配研究中心、贫困问题研究中心、财富研究中心。

网址：http://www.ciidbnu.org/。

24. 北京理工大学能源与环境政策研究中心

北京理工大学能源与环境政策研究中心面向国家能源与应对气候变化领域的重大战略需求，针对能源经济与气候政策中的关键科学问题开展系统研究，增进对能源、气候与经济社会发展关系的科学认识，为政府制定能源气候战略和政策提供科学参考，并建设与国际一流同行开展学术交流的平台，培养高水平专门人才。

中心起源于20世纪90年代魏一鸣在中国科学院的资源与环境复杂系统建模研究团队。早期该团队围绕国家油气等矿产资源和水电资源开发决策、应对极端气候事件等国家重大战略问题开展了系统研究。2000年以来，针对国家新的发展形势和战略需求，研究领域进一步扩展到能源经济系统和全球气候政策，研究视野和思路进一步拓展到交叉综合学科。2009年，应北京理工大学邀请，团队大部分成员调入北京理工大学，继续开展"能源经济与气候政策"研究；并经学校批准成立了北京理工大学能源与环境政策研究中心（CEEP）。团队研究力量得到了进一步扩充和发展，国际影响力持续增强。2015年，该团队获批成为国家自然科学基金创新研究群体。

中心研究领域包括：能源供需与效率、能源市场与碳市场、行业和企业绿色管理、气候变化和区域环境变化、能源—经济—气候系统集成建模、能源与低碳技术研究。

研究中心主任为魏一鸣教授。

中心已出版刊物有《中国能源经济数字图解2014—2018》等。

网址：http://ceep.bit.edu.cn/。

25. 吉林大学东北亚研究中心

为了进一步开展对东北亚地区政治、经济、历史等综合研究，推动东北亚地区合作，促进东北亚地区的和平、发展与繁荣，1999年10月，以东北亚研究院为依托，吉林大学聘任了校内外从事世界经济、国际政治、东北亚历史等方面的研究人员，成立了吉林大学东北亚研究中心。1999年12月，中心经国家教育部批准，成为首批十五家普通高等学校人文社会科学重点研究基地之一。

经过多年的发展，中心主要围绕东北亚地区重大理论问题和现实问题，充分发挥对东北亚区域经济、政治、历史与社会发展领域多学科综合研究的优势，服务于国家重大战略需求和社会经济发展需求，东北亚研究中心逐步成长为以国际问题研究为主、多学科交叉、在国内外有较大影响力的专职研究机构。

中心的主要研究方向包括东北亚区域经济、政治、历史与社会发展等，中心在巩固国别研究优势的同时，注重对东北亚地区基础理论和重大现实问题的综合研究，在东北亚区域经济合作、中日韩FTA、能源安全与合作、区域环境保护、地区安全机制、朝鲜半岛国际关系与朝核问题、图们江地区国际开发、东北老工业基地振兴、日本侵华史研究、中国人口老龄化研究等方面取得一系列重要的研究成果。

中心已出版刊物《东北亚研究丛书》系列等。主编刊物《东北亚研究中心通讯》。

现任中心院长为于潇教授。

网址：http://narc.jlu.edu.cn/。

26. 西北大学中国西部经济发展研究中心

西北大学中国西部经济发展研究中心是按照教育部《普通高等学校人文社会科学重点基地建设计划》和贯彻高校科研体制改革精神，于2000年1月组建成立的具有新型运行机制的研究机构，其前身为成立于1986年的西北大学经济研究所（著名经济学家何炼成教授为首任所长，著名学者魏杰、张维迎、张曙光、刘世锦、邹东涛等先后担任过所长或兼职研究员），2000年12月正式列为教育部人文社会科学百所重点研究基地之一，也是全国143所重点研究基地中唯一一所以研究中国西部经济发展问题为宗旨的研究基地。

二十年来，研究所在马克思主义经济理论、现代经济理论、经济发展理论及西部经济开发与发展等领域取得了一批有一定影响的科研成果，凝聚了一批科研力量，成为西北大学申报国家教育部人文社科重点研究基地的基础。为进一步适应西部大开发和高校体制改革，2000年1月，学校对研究所进行了重组和改制，后根据教育部考查意见，定名为西北大学中国西部经济发展研究中心。

中心形成多学科交叉与协作的优势，运用"机构开放、人员流动、内外联合、竞争创新"的机制，组建了五个研究室：经济发展理论研究室、西部大开发体制与战略研究室、西部社会人文与经济发展研究室、西部资源环境可持续发展研究室、西部企业发展研究室。形成经济发展理论与市场经济理论、西部大开发理论与实践、西部资源环境与可持续发展三个主要研究方向及五个相关子研究方向。

中心主编刊物为《西大经济评论》。

中心主任为任保平教授。

网址：https://westjj.nwu.edu.cn/。

27. 武汉大学环境法研究所

武汉大学环境法研究所（Research Institute of Environmental Law，RIEL）成立于1981年，是中国乃至亚太地区第一个专门从事环境与资源保护法学教学和研究的机构，由武汉大学与中国环境科学研究院、原国家环境保护总局共同创建。1999年，首批入选普通高等学校人文社会科学重点研究基地；2002年和2007年两次被教育部评审为环境资源法学科唯一的国家级重点学科。

研究所是中国法学会环境资源法学研究会的秘书处所在地，同时还是世界自然保护联盟环境法学院（IUCN-AEL）认证并授牌的首个"全球环境法教学与研究高级培训基地"。研究所是"国家司法文明协同创新中心"和"国家领土主权与海洋权益协同创新中心"的支撑单位。2015年11月，研究所被确定为最高人民法院环境资源司法理论研究基地。

研究所作为我国环境法治建设的重要智库，在国家环境法治建设中起到了极其重要的作用，先后承担了全国人大、国家发改委、环境保护部、国土资源部、水利部、教育部、司法部、国家林业局、国家海洋局、最高人民法院、中国法学会、亚洲开发银行等单位委托的科研项目近千项。

研究所经常性地向国家立法机关、行政部门和司法机关提出关于国外环境法的最新研究成果及相关信息，密切跟踪国际环境公约和谈判的动态，先后派员参与《联合国海洋法公约》《生物多样性公约》《国际汞公约》等国际条约相关议题的现场谈判和对案准备等工作，为中国的环境外交、环境保护国际合作和国际环境条约的谈判和履行提供法理支持，维护国家的环境权益。

研究所拥有全国最大的环境法学图书资料中心。研究所出版的全英文 *Chinese Journal of Environmental Law*（《中国环境法学刊》）是我国环境法学术界第一本期刊类出版物，另外还出版了 *Climate Law*（《气候法》）和《环境法评论》。

首任所长是中国环境法学的开拓者和奠基人韩德培先生，现任所长为秦天宝教授。

网址：http://www.riel.whu.edu.cn/。

28. 兰州大学中亚研究所

兰州大学中亚研究所成立于1994年3月，是国内较早建立的中亚问题研究机构。自建所之日起，研究所就以维护国家西北边疆安全、促进中国与中亚国家之间的友好关系为宗旨，以为党和国家相关部门提供决策建议和培养专门研究人才为主要目标。2011年，研究所被教育部批准为国别与区域发展培育研究基地，2017年所申报的"阿富汗研究中心"进入国别和区域研究中心备案名单。2015年以来，研究所还先后被"一带一路"智库合作联盟、新疆智库成员、金砖国家智库合作中方理事会、中俄战略协作高端合作智库吸纳为理事单位。

经过20多年的探索与努力，研究所逐渐形成了三大研究方向：中亚及上海合作组织研究、反分裂理论及新疆问题研究、反恐怖主义研究，研究工作兼顾基础理论与实际应用，已成为为国家重大需求建言献策的重点咨询单位，研究所的相关专家还被国家反恐办、中央新疆办等部门聘为政策咨询专家。

研究所的智库工作和政策咨询工作以国际政治学科为支撑，学科建设为智库发展提供了坚实的基础和保证。校国际政治学科起步较晚、基础较弱，但是研究所在学科建设方面一步一个脚印，使校的国际政治学科从无到有、从弱到强，在全国国际政治学科中占有一席之地。2012年国际政治专业被甘肃省确定为省级重点二级学科。

研究所所长为杨恕教授。

网址：http://icas.lzu.edu.cn/。

29. 浙江大学民营经济研究中心

浙江大学民营经济研究中心（英文名：Center for Research of Private Economy，Zhejiang University）是在国家教育部的支持下，于2002年由浙江大学批准建立的我国高校首家以民营经济问题为研究重点的学术与政策研究机构。2004年，CRPE成为国家教育部人文社会科学重点研究基地（民营经济方向唯一）和"中国民营经济研究"国家哲学社会科学创新基地（I类）。

中心秉承"扎根实践沃土，营造学术高峰"宗旨，以民营经济发达的浙江案例为研究起点，把学术视角扩展到全国范围的民营经济现象；致力于用现代经济学的规范方法和分析工具，剖析我国民营企业的成长规律和经营方略；致力于组织民营经济研究领域的国内和国际学术交流，提升中国民营经济问题的理论与实务研究水平；致力于发展与民营企业及政府部门的密切联系，通过对中国民营经济前沿性问题的高质量研究，为公众、企业界和政府部门提供最优质的研究成果和决策分析服务。

中心自成立以来，通过机制创新整合国内外一流的研究团队，开展了活跃的前沿理论研究和学术调查、交流活动，承担了国家"十五""211 工程"项目"民营经济与制度创新"、国家"985 工程"二期项目"中国民营经济研究"等一系列国家级重大项目和国际合作研究课题，形成了一系列高水准的研究成果和学术品牌。CRPE 已经成为中国第一流的民营经济研究和咨询机构。

研究中心下设五个机构，制度创新研究所、企业国际化战略研究所、金融与资本市场研究所、劳动关系与人力资本研究所、法制环境与政府治理研究所。

研究中心理事长为史晋川教授。中心主任为潘士远教授。

网址：http://crpe.zju.edu.cn/。

30. 西北大学中东研究所

西北大学中东研究所是 1964 年国务院在高校设立的首批国际问题研究机构之一，原名伊斯兰教研究所，1978 年更名至今，设有巴勒斯坦研究中心、伊朗研究中心、南亚研究中心等科研机构。研究所集科学研究、人才培养、咨政和社会服务等功能于一体，拥有国内高校中规模最大的中东研究团队，在中东研究高级人才培养方面处于国内前列。

中东研究所依托的西北大学世界史学科处于国内前列，拥有世界史一级学科博士点和博士后流动站，具有教育部国别和区域研究中心、国家民委国别和区域研究中心、陕西省哲学社会科学重点研究基地、陕西省新型智库、陕西省高校人文社会科学重点研究基地等省部级科研平台。

研究所的研究领域以"大中东"即西亚北非地区为重点，近年来着力向中亚和南亚研究领域适当拓展。多年来，形成了"研究现状与研究历史相结合，以研究当代中东问题为主，从历史角度审视当代问题"的方针。

研究所注重以"文明交往论"作为学术指导，进行学术研究，彰显学术研究特色。研究方向侧重于：中东历史、当代中东问题、文明交往理论、中东社会与文化、伊斯兰教史、中东国际关系、中国与中东关系等领域。

研究所拥有国内一流的中东研究文献中心。如今，中东研究所藏有中文、英文、俄文、德文、阿拉伯文、土耳其文、波斯文的文献近2万册，并已建立了数字化的文献检索系统。

研究所主办学术集刊《中东研究》《世界历史文摘》《中东形势与战略》《南亚学刊》。

研究所所长为韩志斌教授。

网址：https://imes.nwu.edu.cn/。

31. 厦门大学东南亚研究中心

厦门大学东南亚研究中心（Center for ASEAN Studies, Xiamen University）于2011年12月成立，后入选教育部区域和国别研究培育基地，并于2012年6月正式启动。目前，中心下设政治经济研究室、国际关系研究室、华侨华人研究室、历史宗教文化研究室、《南洋问题研究》和《南洋资料译丛》编辑部、图书馆、办公室。现有政治学理论、世界经济、专门史博士点，拥有1个国家"985工程"哲学社会科学创新基地、1个国家"211工程"建设子项目、1个教育部人文社会科学重点研究基地、1个省级重点学科。

长期以来，东盟区域研究是厦门大学的优势学科和特色学科。经过50多年的积累，已形成了以国际政治、世界经济、国际关系、中外关系史、宗教与民族等多学科和综合性的东盟区域研究体系。无论在学术研究水平、承担项目能力、政府决策咨询、资料信息建设等方面均处于国内领先水平，并在国内外享有较高的学术声誉。

研究中心院长为李一平教授。

研究中心已出版著作包括《东南亚地区经济形势及对区域经济合作的影响》，《亚太发展报告2011年》等。

网址：http://ny.xmu.edu.cn。

32. 华南理工大学公共政策研究院

华南理工大学公共政策研究院（IPP）成立于2012年1月，是一个独立、非营利性的知识创新与公共政策研究平台。研究院由华南理工大学校友莫道明先生捐资创建，由中国问题专家郑永年教授担任学术委员会主席兼首席专家，拥有一支高水平的专业研究团队及一批海内外知名专家学者助力。研究院以独立、客观、有效为宗旨，以国际视野、中国情怀为建设理念，扎根真实世界，回应中国问题，致力打造领先世界的中国一流智库。

下设知识创新与社会政策研究中心、科技政策研究中心、环境与能源政策研究中心、社会风险与应急研究中心，并与广东省委省政府合作建立了"广东省社会建设研究基地"。

作为独具特色的领导力塑造培训基地，研究院已初步形成以领导能力为核心培养目标，以问题为导向、案例为基础，多种教学形式相结合的参与式教学模式，致力于为政府和非政府组织培养具有较强分析能力、倡导能力和管理协调能力的高级决策人才。

研究院出版《IPP政策研究简报》和《IPP公共政策专题研究》，为了进一步推动中国公共政策理论研究与实践，规划出版《IPP文库》，包括聚焦中国的IPP公共政策丛书和放眼世界的IPP公共政策译丛。

执行院长为张锋教授。

网址：http：//www.ipp.org.cn/。

33. 华东师范大学俄罗斯研究中心

中心成立于1999年，其前身是1981年创办的上海苏联东欧问题研究所，2000年9月成为教育部人文社会科学重点研究基地。现有专职研究员13名，兼职研究员14名。2017年9月，中心入选教育部首批31家高校高端智库联盟成员。中心主任为冯绍雷教授，已连续16年受邀参加普京总统倡议、建立和参与的"瓦尔代"国际论坛，并担任该机构国际学术委员会唯一中方委员。他同时担任教育部综合社会科学研究学部委员、中国俄罗斯东欧中亚学会顾问委员，CSSCI期刊《俄罗斯研究》主编、俄罗斯知名学术期刊《自由思想》和《世界经济与国际关系》的国际编委。

中心依托具有更全方位专业面向的华东师大国际关系与地区发展研究院，携手华东师大"周边合作与发展协同创新中心"（2017年度上海市高校智库排名第一），以中国发展、改革、开放和参与国际秩序重构为立足点，以俄罗斯与欧亚地区为重点，以大国关系、周边研究为基础，以多学科、国际化为方向，以多学科协同建设新型的地区和国别研究模式为己任，以加强与对象国和欧美亚国家等多方学术合作为方式，努力将本机构建成在学科、资政、育人等方面都具有较大国际影响的前沿研究机构。

目前，中心在中俄关系、俄罗斯国家转型、俄国政治与外交、大国关系、欧亚地区与国别研究、国外俄苏研究、上海合作组织、"一带一路"、苏联史、俄苏文学史等方面形成了研究特色，取得了有影响力的研究成果。

中心面向国内外公开发行俄罗斯与欧亚研究领域的核心学术期刊《俄罗斯研究》（CSSCI），每年还定期发布《上海合作组织发展报告》。

网址：https://rus.ecnu.edu.cn/。

34. 浙江工业大学中国中小企业研究院

浙江省中小企业局与浙江工业大学共同发起组建中国中小企业研究院（中国中小企业学院），于2012年3月成立，是专门研究中小企业创业发展的专业机构，宗旨是：立足浙江，面向全国，走向世界，深入研究我国中小企业发展理论与实践，推动中小企业转型升级，为政府相关决策提供参考建议，为企业成长提供管理培训与咨询服务，成为国内中小企业领域"思想库"、"信息库"和"人才库"的高地。

研究院（学院）以专门研究中小企业为切入点，围绕中小企业在发展过程中的热点难点问题开展研究，已取得丰硕成果。多篇研究报告获得国家和省部级领导批示；定期开展中小企业景气指数研究，《中国中小企业景气指数研究报告（2012年）》发布后，新华社、中新社、《浙江日报》、浙江卫视、中国21世纪经济报道等五十多家国内外媒体报道并转载研究报告，《光明日报》撰写内参报送国家领导人；编著的《中国中小企业转型升级案例集》等"中小企业文库"系列专著，提出地方经济转型升级的具体政策建议，受到企业社会的广泛关注。研究院（学院）已经完成国家自然科学、社会科学基金项目30余项，省部级科研项目60余项，地方产业发展规划、中小企业发展规划、企业发展战略、市场调研等委托项目100余项。这些研究成果均产生了重要的社会影响和良好的社会效益。

研究院（学院）今后将利用浙江工业大学经济、管理、工科学科交叉优势，进一步拓宽为地方政府和企业服务领域，主要有：中小微企业发展转型升级、中小微企业景气指数案例研究、中小微企业人力资源（劳资关系）、中小微企业投融资与上市辅导、中小微企业创新创业辅导、中小微企业品牌设计与管理、中小微企业国际市场拓展、中小微企业产品工业设计、中小微企业信息化平台建设、中小微企业战略规划与管理服务咨询、中小企业高级管理人才和经营人才培训和中小微企业法律咨询等。

浙江省中小企业局局长高鹰忠博士为研究院名誉院长，执行院长池仁勇教授。

网址：http://www.csme.zjut.edu.cn/。

35. 中国人民大学首都发展与战略研究院

中国人民大学首都发展与战略研究院成立于2016年，是整合中国人民大学优质智库资源打造的、独立的非营利实体研究机构，于2017年入选北京市首批14家首都高端智库建设试点单位。人大首发院是根据新时代国家治理的总体思路，以及首都北京可持续发展的战略需求，以《北京市十三五规划纲要》《京津冀协同发展规划纲要》为指导，依据"创新、协调、绿色、开放、共享"的发展理念，把握首都城市"四个中心"的战略定位，坚持"世界眼光，中国特色，决策咨询、舆论引导"的战略目标，以"首都治理现代化"为特色研究领域，聚焦"强化首都功能研究"和"首都城市治理研究"两个研究方向，努力发展成为北京市政府和中央相关部门制定首都发展决策最有效的高端智库，建设成为国内领先、国际一流的大都市地区发展决策研究咨询机构。

人大首发院制定了三个目标。一是立足于打造首都发展决策最有效的高端智库。依托2大研究方向9个常设平台以及灵活的滚动研究平台，为北京市政府和中央有关部门提供最及时、全面、科学、客观的咨询决策服务。二是立足于构建国内领先、国际一流的大都市地区发展决策咨询机构。揭示大都市发展客观规律，面向全国及世界大都市广泛展开各类综合性和专业性的调查研究、比较研究，立足首都研究全国，立足中国研究世界。把世界经验带回中国，带到北京，促进首都北京的科学决策；同时把北京经验、中国经验带向世界，特别是发展中国家，为全国和世界大都市发展提供咨询服务，为世界城市治理提供中国经验和中国方法，把首发院建设成中国与世界大都市发展交流的高端平台。三是立足于建设引领中国人民大学加快建设成为世界一流大学和世界一流学科既定发展目标的重要载体平台。

由中国人民大学党委书记靳诺教授担任院长兼首席专家，校长刘伟教授担任理事长，副校长刘元春教授担任学术委员会主任。现有核心研究团队9个，专职研究人员24名，兼职研究人员75名。

首发院已发表《绿色之路——中国经济绿色发展报告2018》《京津冀地区雾霾治理政策评估报告》等刊物。

网址：http://bjads.ruc.edu.cn/。

36. 西南财经大学中国西部经济研究中心

中国西部经济研究中心是西南财经大学响应国家西部大开发战略，充分发挥综合性财经学科优势，为地方经济建设服务于2000年6

月组建成立的教学科研单位。设有人口研究所、农村改革与发展研究所、农业硕士教育与发展研究所三个教学科研机构。现有教职工35人，其中科研和教学人员27人，博士生导师7人，教授（研究员）9人，副教授（副研究员）13人，讲师5人。

中心现有人口学，人口、资源与环境经济学，农业经济学3个二级学科博士学位授权点。

中心积极承担重大科研任务，广泛开展学术交流，为国家部委、四川省委、省政府和成都市委、市政府的经济决策提供咨询和调研服务，承担了一大批国家级和省部级课题以及地方政府和企事业单位委托的研究项目，取得了一批高质量的科研成果和有价值的研究咨询报告。

中心紧密围绕立德树人根本任务，以服务地方经济建设和社会发展为主题，以世界一流学科建设为导向，以农业农村经济发展和人口资源环境协调发展为研究重点，以师资队伍建设为保障，秉承"经世济民、孜孜以求"的西财精神，不断推出高质量、高水平的科研精品，服务地方经济社会发展。

中心主任是张智勇教授。

网址：https://xbzx.swufe.edu.cn/。

37. 北京大学国家治理研究院

北京大学国家治理研究院（Institute of State Governance Studies, Peking University）前身为北京大学政治发展与政府管理研究所，2000年12月被批准为教育部人文社会科学百所重点研究基地——政治学研究基地。2013年12月，作为国家治理协同创新中心（http://cicsg.pku.edu.cn）的牵头单位，与吉林大学、复旦大学、中山大学和中国财政科学研究院相关机构协同运行。2016年，更名为"北京大学国家治理研究院"。

研究院以国家治理现代化为研究主题,为中国特色社会主义国家治理现代化和哲学社会科学发展,不断创新思想理论,推进学科发展,提供咨政支持,展开人才培养。

2014年至2018年,研究院出版专著27部,翻译和编译著作7本,组织策划出版《国家治理研究丛书》10本,内容涵盖社会民主、社会资本与国家治理、纯公共物品供给模式、户籍制度改革、政府跨部门协同治理、政府购买公共服务等。

研究院院长为王浦劬教授。

网址:https://www.isgs.pku.edu.cn/。

38. 同济大学可持续发展与新型城镇化智库

同济大学可持续发展与新型城镇化智库是同济大学直属、独立设置的实体性研究机构,成立于2014年12月。智库发挥同济大学可持续发展、城市规划、经济与管理、环境科学等学科的优势,针对我国和全球范围内可持续发展与城镇化领域面临的重大科学问题、政策问题和管理问题,广泛开展学术研究、提供决策咨询、传播思想理念。依托单位包括同济大学可持续发展与管理研究所、智能城镇化协同创新中心、新农村发展研究院、联合国环境规划署—同济大学环境与可持续发展学院、经济与管理学院、建筑与城市规划学院等机构。

理事长由同济大学党委书记杨贤金教授担任,主任由可持续发展与管理研究所所长诸大建教授担任。

智库是发表和产出可持续发展与新型城镇化成果的开放式平台,以服务政府决策、引领公共讨论、推动学术研究、讲述中国故事为目标,重点关注可持续发展、新型城镇化、创新城市与智能城市、城市与区域治理、可持续性大学五大领域,针对重大和热点问题提供专家观点、最新资讯，同时出版杂志、期刊、著作、皮书等研究成果，并建有可持续发展与新型城镇化专题数据库。智库已出版《中国城市可持续发展绿皮书》《中国产业园区持续发展蓝皮书》《绿色经济：联合国视野中的理论、方法与案例》等系列研究成果，与联合国环境署等国际组织建立了长期稳定的合作关系，并面向全球开展可持续发展和城镇化研究领域青年科学家访问项目，促进领域内青年研究人才的培养和交流。

网址：https：//urbanization-think-tank.tongji.edu.cn/main.htm。

39. 清华大学能源互联网创新研究院

为响应国家"能源革命"和"互联网+"行动号召，全方位推进能源互联网战略、模式、技术、装备和标准的前沿研究和产业与人才培育，清华大学战略部署了清华大学能源互联网创新研究院和清华四川能源互联网研究院。在国家能源局的大力支持下，清华大学能源互联网创新研究院于2015年4月在北京正式挂牌成立，成为国内首家能源互联网专业研究机构。

研究院致力于发挥清华大学多学科交叉的综合优势、成熟高效的产业化机制、强大的行业影响力与资源整合能力，聚焦于能源互联网的政策战略研究、创新规划设计、关键技术研发、科技成果转化、产业生态构建、人才培养聚集等领域，努力成为中国乃至国际上深具影响力的新一代能源网络的战略决策智库。

研究院重点从事能源战略与能源政策分析、能源创新规划与设计等方面的研究咨询工作，同时提供能源互联网技术工程应用解决方案。研究院依托清华大学电气工程等多个能源及信息学科的优势科研力量，陆续成立了10个研究中心、3个研究室和1个联合研究中心，覆盖能源互联网学术研究和新技术研发的主要方向和领域。此外，研究院参与建立国家能源互联网产业及技术创新联盟,并作为联盟的秘书处单位,在解读国家相关政策、聚集能源互联网技术创新力量、推动能源互联网产业健康发展等方面发挥了积极的促进作用。

自成立以来,研究院已承担了多项国家级"互联网+"智慧能源的科研课题,参与了多项国家倡导发展能源互联网技术及产业的政策制定,研发成功了多个能源互联网新技术成果。

研究院院长为康重庆教授。

网址:http://www.eiri.tsinghua.edu.cn/。

40. 华东师范大学中国现代城市研究中心

华东师范大学中国现代城市研究中心成立于2003年3月,于2004年11月成为我国普通高等学校人文社会科学重点研究基地,现任中心主任为经济地理学者曾刚教授。

中心依托学校人文地理学国家重点学科以及社会学、经济学等主要学科,开展城市地理、城市社会等方面的研究。目前设有城市地理与城市规划、城市社会与城乡人口、城市经济与历史、城市管理与社区四个研究室。中心成员承担了包括国家社科重大项目、重点项目、国家科技专项、国家自然科学基金重点项目、国际合作项目、教育部哲学社会科学重大攻关项目等重要研究项目,取得了一批具有重要影响力的标志性成果。

中心将充分利用国家实施新型城镇化发展战略、校内城市协同创新研究平台建设、跨界合作研究日趋活跃的有利时机,加强与国内外、校内外社会各界的精诚合作,以城市地理学、城市社会学、城市经济学为依归,在城市生态安全、智慧高效、协同管治的科学研究和决策咨询方面取得新的进步。

中心主任为宁越敏教授。

中心主编的《长江经济带城市协同发展能力指数（2019）研究报告》在中国社会科学出版社正式出版发行。

网址：http://ccmc.ecnu.edu.cn/。

41. 南昌大学中国中部经济社会发展研究中心

南昌大学中国中部经济社会发展研究中心前身是"中国中部经济发展研究中心"，成立于2000年6月，旨在构建理论与实际相结合的研究中部发展问题的平台。2003年4月通过江西省教育厅评审，成为江西省普通高等学校人文社会科学重点研究基地。2006年6月，经教育部批准为教育部人文社会科学重点研究基地。根据中心自身发展需要，2012年2月经教育部批准更名为"中国中部经济社会发展研究中心"。

中心依托于南昌大学经济与管理学院，涵盖了管理科学与工程一级学科博士点；区域经济学、产业经济学、数量经济学和政治经济学等四个经济学类硕士点以及企业管理、旅游管理、工商管理和管理科学与工程等四个管理类硕士点，数量经济学和产业经济学两个省级重点学科。

遵循党中央提出的关于"有效发挥中部地区综合优势，促进中部地区崛起"的指导方针，中心确立了"区域经济""产业经济""生态经济""劳动经济""金融""社会学"六个研究方向。

近几年来，中部中心以校内研究人员为主共出版著作50余部，其中专门研究中部发展问题的《中国中部发展论丛》9部、《中部发展报告》6部、《中部发展蓝皮书》3本、《中部竞争力蓝皮书》2本、《中部发展研究丛书》3本、《中国中部发展研究丛书》3本、《中部崛起论》3部、《中部生态经济与资源开发》8部、《中部人力资源开发与科技创新》3部、《中部社会发展》3部。

网址：http：//ccced.ncu.edu.cn/index.htm。

42. 南京大学紫金传媒智库

南京大学紫金传媒智库成立于2015年10月。智库采用法人治理机制，实施理事会领导下的主任负责制。智库主任由南京大学社会学院院长、教育部长江学者周晓虹教授担任。

智库下设舆论与社会心态研究中心、大数据与社会计算研究中心、互联网与传媒发展中心、信访与社会矛盾研究中心、风险与公共危机研究中心。

智库借助五大学院的研究资源，将最新研究成果及时上报，积极为政府建言献策；发挥各研究中心在社会舆论和舆情研究领域的优势，针对社会重大事件进行舆情分析，提出应对建议；在重大会议召开期间，针对重要议题组织智库专家召开研讨会、撰写文章，进行舆论引导。

智库已推出《2015中国股市风潮调查报告》《中国民众的经济信心指数系列报告》《中国A股上市公司创新指数系列报告》《江苏省职业年金制度认识度调查报告》等近20份研究报告，拥有"中国A股上市公司创新指数""南京江北新区创新活力指数""紫金乡愁访谈"等多项核心产品。智库先后举办国家治理与信访改革论坛、社会矛盾与社会治理论坛、2017特色小镇研讨会、江苏发展大会传媒论坛等，通过媒体报道扩大社会影响力。智库借助省委宣传部《智库专报》平台，积极为政府建言献策；发挥各研究中心在社会舆论和舆情研究领域的优势。

网址：http：//www.zijinmtt.cn/。

43. 北京大学首都发展研究院

北京大学首都发展研究院成立于1999年3月，是北京市委、市政府与北京大学共建的服务于首都发展的研究咨询机构，是北京市与北京大学全方位合作的重要平台。首发院的宗旨是协调与整合北京大学资源、发挥智囊团和思想库的作用，为国家以及首都发展提供决策咨询服务，具有学术研究、决策咨询、人才培养、国际交流四大职能。

首发院成立以来，在城市与区域科学研究、京津冀协同发展研究、首都发展战略研究、空间大数据与政策模拟研究4大方向持续开展研究咨询工作，先后完成了300余项研究咨询课题。其中涉及京津冀及首都发展的研究咨询项目约200余项，发表相关研究论文数百篇，出版著作20余部。首发院在首都与京津冀研究与决策咨询领域的影响力逐步增大，成为享有盛名的首都研究咨询机构，并被聘为北京市"十一五"规划、"十二五"规划指定的全球八家规划支撑机构之一。首发院多项研究成果被北京市及国家相关决策所采纳，对首都发展和京津冀区域发展政策的制定产生了重要的影响。

首发院的组织模式为"小核心，大网络"，即以首发院专家团队为小核心，以北京大学其他相关院系、京津冀协同发展联合创新中心、中国区域科学协会以及北京市相关机构为主要支撑，并与学界、政界和企业界形成研究合作网络。京津冀协同发展联合创新中心、中国区域科学协会挂靠在首发院。

2017年10月，北京大学首都发展研究院入选北京市14家首都高端智库试点单位，首发院院长李国平教授为首席专家。

研究院主编刊物为《北大首都智库》。

网址：https://www.bjdi.pku.edu.cn。

44. 对外经济贸易大学国际经济研究院

1982年10月，为顺应中国改革开放发展的需要，对外经济贸易大学成立国际贸易问题研究所。2003年11月，经校党委批准，国际贸易问题研究所正式更名为国际经济研究院。

研究院现设有五个研究室（世界经济研究室、中国对外经济贸易研究室、国际投资研究室、国际经济合作研究室、国家社科基金决策咨询点）、九个研究中心（亚洲经济研究中心、台港澳经济研究中心、欧洲经济研究中心、中国—俄罗斯独联体研究中心、中国东盟经济研究中心、加工贸易研究中心、国际发展与创新研究中心、中国资本运营研究中心、国际新能源战略研究中心）以及办公室、培训部、杂志编辑部、信息资料部等部门。

研究院始终以科研为立院之本，重点在基础理论研究、国家政策研究、商业咨询服务三个层面开展研究工作，主要涉及世界经济和中国对外经济贸易等诸多领域。建院三十年来，以深厚的科研基础和丰富的科研经验，完成了诸多国家社会科学基金和自然科学基金课题，商务部、农业部、科技部等部委课题，省、市地方政府课题，以及国际组织、行业协会、企业等委托课题，许多观点被商务部、国务院研究室、国家标准化管理委员会、农业部、北京市市委市政府等部门采纳。在国内外顶级刊物上发表了诸多高层次论文，出版了大量专著、编著、译著，取得了丰硕的、具有相当价值的科研成果。每年组织出版《中国外商投资报告》《中国出口产业国际竞争力报告》受到学界、政府、社会的普遍认同和广泛好评。多项成果获得国家、省市级奖励，部分成果得到党和国家领导人的批示。

网址：http://iie.uibe.edu.cn/。

45. 广西大学中国—东盟研究院

2005年，自治区党委、自治区人民政府批准广西大学联合广西国际博览事务局，在原广西大学东南亚研究中心（1995年成立）的基础上，成立中国—东盟研究院，主要研究中国—东盟关系及东南亚国家的经济、法律、文化及民族等方面的问题。

为适应中国—东盟关系的发展变化，2012年，中国—东盟研究院进一步细化研究领域，强化研究深度，将机构增设并调整至现在的10个国别研究机构（越南、缅甸、老挝、泰国、文莱、新加坡、马来西亚、印度尼西亚、菲律宾、柬埔寨10个国别研究所）和10个专业研究机构（海上丝绸之路研究中心、澜沧江—湄公河经济带研究中心、中国—东盟产业发展与生态环境研究中心、中马产业园发展研究所、中国—东盟战略研究所、中国—东盟财政金融政策研究中心、国际关系研究所、民族与文化研究所/骆越文化研究中心、法律关系研究所、中越经济研究院），组建《中国—东盟研究》编辑部，牵头建设中国—东盟大学智库联盟，强化科研基础设施建设。

研究院国内刊物有《中国—东盟研究》（季刊）、《中国—东盟合作年度发展报告》《中国—东盟国别发展年度报告》及不定期研究报告。

研究院院长为范祚军教授，执行院长为王玉主教授。获批建立教育部战略研究基地，作为主体承载建设的中国—东盟区域发展协同创新中心被认定为教育部省部共建协同创新中心。

研究院将本着跨学科、跨区域、跨国家的开放式研究平台建设思维，整合国内外该领域研究力量，依托中国—东盟区域发展协同创新中心这一重要平台，建设教育部战略研究基地和国别与区域研究中心，创新科研团队形成机制，融合国际关系学、政治学、历史学、经济学、法学、民族学、环境学等多学科，研究中国—东盟关系问题，中国—东盟经贸合作与区域经济一体化问题，中国—东盟产业合作及资源利用与生态保护问题。

网址：https://cari.gxu.edu.cn/index.htm。

46. 上海财经大学公共政策与治理研究院

上海财经大学公共政策与治理研究院成立于 2013 年，作为上海市教委重点支持的上海市十大高校智库之一，公共政策与治理研究院依托上海财经大学的科研团队，吸收和组织校内经济学、管理学、社会学、政治学以及法学等不同学科研究人员，联合国内其他公共政策与治理研究机构，与政府管理部门紧密合作，形成人才培养、决策咨询和学术研究的"三位一体"，在研究者与决策者之间、在知识与决策权之间架起桥梁，把优秀的思想与最紧迫的现实问题对接起来，以中国面临的各类重大社会经济政治问题为研究导向，服务政府决策，在公共理性的引领下，破解发展难题。

通过研究院来凝聚院内外、校内外、国内外学者，建立多学科融合、协同研究、机制创新的科研平台，聚焦国家现代化建设中的重大战略性、前瞻性问题，以国家急需解决的重大问题为导向，提出具有战略性、综合性、科学性的理论支撑和政策建议的高质量决策咨询报告。

研究院理事会会长为上海金融学院原校长储敏伟教授，名誉院长为魏礼群教授，院长为胡怡建教授。

研究院主编刊物为《世界税收动态》。

网址：http://ippg.shufe.edu.cn/main.psp。

47. 湖南大学廉政研究中心

湖南大学廉政研究中心成立于 2002 年 12 月，湖南省廉政研究基地成立于 2003 年 3 月。前者是一个隶属于湖南大学的跨院系的机构，后者隶属于中共湖南省纪委、监察厅，目前挂靠湖南大学政治与公共管理学院。

湖南省廉政研究基地是一个学科创新平台。目前，基地已初步建立由校内外专家学者组成的数十人的专职和兼职廉政教研队伍。基地成员近些年来已承担并完成《新世纪贪污腐败对策研究》等约10项国家社科规划项目和中纪委研究室项目，其中不少成果被决策部门采纳，产生了很好的社会效益。

湖南大学廉政研究中心也是一个人才培养基地。基地与中心在湖大公共管理硕士（MPA）中开设了"廉政建设与行政监察"方向；政治学理论、行政管理、刑法学等硕士点分别开设了廉政思想与制度、政府内部监控与社会监控、职务犯罪等培养方向；政治学与行政学本科中也开设了廉政方向。

网址：http://www.hunanlz.com/。

48. 吉林大学中国国有经济研究中心

吉林大学中国国有经济研究中心于1999年依托吉林大学经济管理等学科，重组原吉林大学经济研究所、国有企业改革研究所而成立。2000年被教育部批准为普通高等学校人文社会科学重点研究基地，是唯一以"国有经济"命名并作为主要研究领域的重点研究基地。

在20多年发展历程中，中心锐意进取、不断取得突破性进展。2010年被批准为吉林大学"985工程"中国国有经济改革与发展研究哲学社会科学创新基地。中心在政治经济学、产业经济学、国民经济学等学科建设以及在科学研究、资政、咨询服务等方面取得显著成果。

中心建设宗旨是发展中国特色社会主义政治经济学及其他相关学科，构建国有资本和民营资本相互促进、融合发展的中国特色国有经济理论体系，服务于国家和区域战略，为国资国企改革和国有经济发展提供理论指导与智力支持，为相关政府部门和企业提供咨询服务，促进我国经济高质量发展。中心发展目标是搭建高端平台，荟聚和培养一批优秀拔尖人才，力争打造国内一流、国际领先的专业科研机构和中国特色社会主义新型智库。

中心根据主要研究方向设置了九个研究部门：国有经济基础理论研究室、国有经济史研究室、国有（金融）企业改革与发展研究室、国有经济战略调整研究室、国有资本运营与监管研究室、国有经济与民营经济协同发展研究室、外国国有经济研究室、国土资源可持续开发利用研究室、东北全面振兴研究室。

中心主任为李政教授。

中心主办的《国有经济研究》（原《国有经济评论》）为唯一聚焦于国有经济专业领域的学术期刊。《中国国有经济发展报告》《国有经济研究前沿报告》《中央企业自主创新报告》《中央企业品牌建设报告》《国有经济论丛》《中国国有经济研究中心博士文库（丛书）》等系列报告和丛书。

网址：http://ccpser.jlu.edu.cn/。

49. 对外经济贸易大学中国世界贸易组织研究院

对外经济贸易大学是我国最早开展关贸总协定和多边贸易体制研究的学术机构之一。1991年5月，关贸总协定研究会创建；1995年1月，关贸总协定研究会更名为世界贸易组织研究会；2000年1月，在世界贸易组织研究会的基础上经改制，世界贸易组织研究中心正式成立，成为以科学研究和培养高级专门人才为主要职能的学校直属实体性研究机构。2000年8月，世界贸易组织研究中心被教育部评选为"普通高等学校人文社会科学重点研究基地"，是全国唯一以世界贸易组织为研究主题的重点研究基地。2002年7月，经教育部批准，世界贸易组织研究中心更名为中国世界贸易组织研究院。

研究院以WTO的规则体系和运行机制为研究重心和出发点，将研究视野投射到经济全球化和中国改革开放的广阔领域；致力于应用经济学、政治学、法学等多学科的研究方法和范式，探索多边贸易体制的发展路径及其对世界政治经济体系的影响，追踪全球化条件下中国开放经济的内在演进规律及其与外部世界的互动关系；致力于重大现实问题的研究和解决，为国家和企业决策提供高质量的咨询服务；致力于创建开放的、共享的研究与交流空间，促进国内外WTO研究领域的智力和资源的融通。

研究院自创建以来，通过机制创新整合国内外一流的研究团队，开展了活跃的前沿理论研究和学术交流活动，承担了众多国家级、省部级重大课题和政府、企事业单位咨询项目，形成了一系列高水准的研究成果和学术品牌。研究院已经成为中国WTO研究领域最重要的学术创新基地和交流平台。

现任院长为屠新泉教授。

网址：http://ciwto.uibe.edu.cn/。

50. 河海大学中国移民研究中心

河海大学中国移民研究中心（水利部）水库移民经济研究中心，National Research Center for Resettlement（NRCR），1992年9月成立，1993年2月由水利部移办〔1993〕2号文批准正式挂牌开始运行。移民中心设在河海大学内，为正处级专职科研机构，由水利部移民局业务指导，河海大学负责行政管理，是工程移民领域第一个也是目前唯一的全国性专门研究机构，同时也是世界上第一个专门研究非自愿移民的研究机构。

在国际上，中心已被认为研究非自愿移民问题最好的设立在大学中的研究机构之一。移民中心已成为世界银行（World Bank）、亚洲开发银行（Asian Development Bank）、欧洲投资银行（Europe Investment Bank）等国际机构和英国海外开发署（DFID）、澳大利亚国际开发署（AusAID）、德国技术公司（GTz）、瑞士进出口银行（OeKB）等双边国际机构在中国的主要合作伙伴之一，成为这些机构推荐的援助项目移民与社会发展业务主要咨询机构，是移民与社会发展业务培训方面在中国的主要合作机构。

在国内，中心已经成为国家发展与改革委员会、国土资源部、水利部、国务院三峡工程建设委员会办公室、国务院南水北调工程建设委员会办公室、铁道部、建设部、农业部、国家环境保护总局等国家有关部委有关移民和社会评价政策法规与管理重要咨询机构，中国三峡工程开发总公司、小浪底建设管理局等重大工程建设项目移民实施管理的重要咨询服务机构，国内最重要的移民理论、方法与应用研究基地，国内唯一的移民科学与管理博士点和博士、硕士研究生层次的高级人才培养基地，不同行业各级移民领域人才的培训基地，中国与国际社会移民领域合作与交流的桥梁和主要组织者。

中心下设办公室、规划计划部、评估监测部、政策研究部、社会评价部、培训部。

中心主任为施国庆教授。

网址：http://www.chinaresettlement.com/index.asp。

51. 陕西师范大学中国西部边疆研究院

陕西师范大学中国西部边疆研究院是校2013年3月在原西北民族研究中心（2001年9月建立）基础上组建的独立研究机构，为陕西省哲学社会科学重点研究基地，处级建制。研究院院长为王欣教授。

研究院继承了半个世纪以来由我国老一代民族学家马长寿先生开

创的中国少数民族史的研究传统，有关西北民族的历史与文化研究一直是本中心传统的优势所在，理论与实证、历史与现实、田野调查与文献研究并重，是本学科的主要特色。在保持传统学科优势的基础上，紧密结合西部边疆的现实情况以及国家妥善处理边疆问题的战略决策方面的需要，确定研究院的研究方向为：西部边疆历史与文化、西部边疆跨国民族研究、西部边疆宗教文化研究、西部边疆经济社会与生态环境研究等。

研究院成立以来，已经举办十七届"马长寿民族学讲座"，编辑出版了20辑《西北民族论丛》（CSSCI来源集刊），主编出版了"西北民族研究丛书"18种，出版学术著作50余部；承担国家社科基金项目20余项，省部级项目近30项。

研究院的建设目标是：围绕国家和西部边疆社会经济发展战略中具有重大影响和学科前沿性的理论与实践问题，组织高水平的科研项目，产出创新性的成果；建立知识创新机制，使科学研究的整体水平位居国内外领先地位；重点提高解决重大实践问题的综合研究能力和参与重大实践问题的决策能力，成为全国在国家安全战略、西部边疆社会经济发展、民族与宗教问题等领域知名的思想库和咨询服务基地。

网址：http：//nec.snnu.edu.cn/。

52. 南京大学长江三角洲经济社会发展研究中心

南京大学长江三角洲经济社会发展研究中心是2001年经教育部批准的国家级人文社会科学重点（经济学）研究基地，是南京大学的实体性科研机构。

研究中心由教育部和南京大学共建，依托南京大学经济学科的雄厚实力，以机构开放、人员流动、内外联合、竞争创新、"产学研"

一体化的运行机制，吸引校内外本领域高水平研究人才，开展教学、科研、社会服务工作。现主要的研究领域是我国（重点是长江三角洲地区）经济运行、经济发展和有关的社会问题。基地现含四个研究所：江苏发展研究院、苏南经济发展研究所、城市科学研究所、区域与产业发展研究所。

作为国家级重点科研机构，研究中心目标是建立科研创新机制，瞄准国内同业领先水平，出一流科研成果，成为名副其实的国家级科研基地；通过广泛的高层次学术活动，成为本学科的全国学术交流和资料信息基地；面向各级政府及社会各界，通过广泛的纵横向科研活动，创出品牌，成为全国知名的思想库和咨询服务基地。

研究中心名誉主任洪银兴教授，主任范从来教授。

研究中心主编刊物为《南大商学评论》。

网址：https://cyd.nju.edu.cn/。

53. 山东大学犹太教与跨宗教研究中心

山东大学犹太教与跨宗教研究中心成立于2003年，其前身是1994年11月成立的山东大学犹太文化研究所，2004年通过教育部评审成为中国高校人文社会科学重点研究基地。"长江学者"特聘教授、山东大学讲席教授傅有德任主任，北京大学赵敦华教授为名誉主任。

中心以犹太学为研究重点，犹太宗教与哲学研究为优势和特色，同时兼及世界各大宗教和比较宗教研究。近年来，中心持续加强与国内外学术界的交流合作，不断拓宽研究视野，以东亚、以色列为代表的区域国别研究成长为新的研究领域。中心还积极不断加强社会服务和智库建设方面的工作。目前，中心已经成为在国内享有较高知名度并且具有一定国际影响力的宗教学学术研究重镇。

中心下设犹太教与以色列研究、宗教与社会问题研究、基督宗教与民族关系研究、佛教与东亚文化研究、《圣经》诠释与经典研究、宗教学理论研究等领域，另设有饶宗颐宗教与中国文化研究所等相对独立的研究机构，并与以色列特拉维夫大学共建山东大学—特拉维夫大学犹太与以色列联合研究所。

中心研究人员先后主持数十多项国家及省部级研究课题，包括国家社科基金重大项目1项、教育部人文社科重大项目1项、国家社科基金项目5项、教育部人文社科基地重大项目19项，以及其他各层次科研项目和横向研究项目。在此基础上，相继产出了一系列代表性成果，多部代表性论著出版后在学术界均产生了良好反响。

中心刊物《犹太研究》，创办于2002年。

网址：http://www.cjs.sdu.edu.cn/index.htm。

54. 北京理工大学科技评价与创新管理研究中心

北京理工大学是2014年获批的教育部"985二期"国家哲学社会科学创新研究基地"国防科技管理与国防动员研究中心"，通过"985二期""211二期"支持，重点建设科技评价与创新管理、科技战略与科技政策、国际科技合作资源监测、军民高技术监测、战略性新兴产业创新管理等研究方向。

刘云教授是创新基地的学术带头人，2004年创建并负责科技评价与创新管理研究中心。自2004年以来，专项经费对科技评价与创新管理研究中心以及国际联合实验室的投入累计达1200万元，建成具有国内一流、国际水平、面向国家军民科技战略和创新管理的研究与决策支持平台。2012年，在科技部、发改委、教育部、联合国教科文组织（UNESCO）支持下，刘云教授组织申请获批并担任UNESCO"应对气候变化南南科技合作"教席主持人，拓展气候变化领域南南科技合作与技术转移研究领域，建立"应对气候变化南南科技合作信息平台"，为联合国、中国政府推进南南科技合作提供战略、管理与政策支持。

研究中心主任为汪涛教授。

研究中心已出版《创新型人才培养与成长研究报告》。

网址：http://kjpj.bit.edu.cn/index.htm。

55. 暨南大学资源环境与可持续发展研究所

暨南大学资源环境与可持续发展研究所（IRESD）成立于2011年4月，2011年底成为广东省普通高校人文社会科学重点研究基地。

研究所主要学科支撑平台是暨南大学经济学院，暨大经济学院已形成应用经济学与理论经济学交叉融合的高层次学科群系，拥有应用经济学一级学科博士点，下设10个二级学科博士点，其中产业经济学和金融学为国家重点学科。

经过多年的建设，研究所初步形成了气候变化与低碳发展、区域生态文明与可持续发展、资源可持续利用与循环经济三个相对稳定的研究方向，在为地方经济建设和政府决策提供智力支持、坚持走国际化道路方面取得了较突出的成就，承担了若干社会科学和自然科学基金项目、政府决策咨询项目和国际项目，与相关政府部门和国外学术机构建立了密切的合作关系，是广东省最重要的环境经济学智库，对广东经济的转型升级和生态文明建设提供了强大的智力支撑。

研究所的主要特色和优势如下。（1）文理交叉的跨学科优势。（2）国际化优势。平台已承担了中澳理事会、英国外交部中国繁荣战略基金（SPF）、美国能源基金会（EF）等国际合作项目4项。研究所与英国廷德尔中心（Tyndall Center）、美国气候变化战略研究所（CCS）、加拿大环保部、加拿大舍布鲁克大学和萨斯卡川大学、日本兵库县立大学环境经济研究所、澳大利亚科廷科技大学等国外研究机构建立了长期合作关系。(3) 服务地方经济社会发展需要的优势。2012年10月暨南大学与广东民进省委合作,以研究所为基础,共同创建了广东低碳与可持续发展研究院,主要为广东的低碳发展提供决策咨询服务,为广东省的低碳转型和生态文明建设做出了积极贡献。

现任研究所所长傅京燕。

网址:https://iresd.jnu.edu.cn/。

56. 河南大学中原发展研究院

中原发展研究院成立于2015年,是由河南省人民政府研究室、河南省发展和改革委员会与河南大学共建的省内首家高端智库型研究机构;也是"新型城镇化与中原经济区建设河南省协同创新中心"的依托机构。

研究院的宗旨是以"研究问题,服务社会"为基本理念,搭建平台,疏通渠道,将高校密集的学术资源引导到服务社会的轨道上来。锁定"中原",针对其经济社会发展所涉及的重大战略性问题展开研究,给出解决方案并提供政策建议。以"中原"为基点,全面透视中国社会现代化转型所涉及的各个侧面,探索路径,分析问题,指明方向。

研究院是河南大学直属(与院、处平行)实体性科研机构,同时实行理事会领导下的院长负责制。河南省人大常委会副主任、中国国际交流中心秘书长张大卫兼任理事长。著名经济学家耿明斋为院长。

研究院以河南大学经济学科为支撑,以应用经济学、统计学等一级学科博士点和博士后流动站为载体,形成了包括著名学者、特聘教授、博士生导师、博士后、博士在内的50人核心团队,打造一个人才培养、学术研究和服务社会三位一体、开放合作的有机整体。

研究院启动了《中原经济区竞争力报告》《中原经济区金融竞争

力报告》《中原经济区发展指数报告》《中原经济区财政发展报告》《中原经济区农业现代化发展报告》《中原经济区社会发展报告》等系列年度出版物的编撰出版工作。开设了"宇通·中原发展论坛"，并将其成果纳入年度出版物结集出版《中原争鸣集》。

研究院的目标是与各方携手，建成资料最全、数据最精、涵盖最宽、分析最透、针对性最强、报告最及时、观点最前沿、开放度最高、中原研究最权威、中国研究有影响的高端智库。

网址：http://zyzk.henu.edu.cn/。

57. 四川大学社会发展与社会风险控制研究中心

四川大学社会发展与社会风险控制研究中心是四川省社科联、四川省教育厅共同批准的四川省哲学社会科学重点研究基地，于2011年11月挂牌成立。中心主要依托于四川大学公共管理学院、四川大学文学与新闻学院和政治学、公共管理学、社会学、新闻学、法学、心理学等学科，是一个专门以经济社会发展进程中的社会风险、社会稳定、公共安全等问题为研究议题的学术研究和决策咨询机构。姜晓萍教授担任中心主任，中共中央编译局副局长俞可平教授担任学术委员会主任委员，姜晓萍教授、蒋晓丽教授担任首席专家。

中心主要设有四个研究方向，即城乡协调发展与社会管理创新、社会舆情与政府应对、公共危机与信息资源管理、西部民族地区社会发展与社会稳定。

中心的发展目标是：集聚国内外相关研究力量，不断产出有深度、有影响、高质量的理论和应用性研究成果，成为社会发展与社会风险控制相关研究领域的重要研究平台，服务国家和地方经济与社会的可持续发展。

网址：http://www.scusdsr.com/index.php。

58. 中央财经大学绿色金融国际研究院

中央财经大学绿色金融国际研究院是国内首家以推动绿色金融发展为目标的开放型、国际化的研究院，2016年9月由天风证券股份有限公司捐赠设立。绿金院前身为中央财经大学气候与能源金融研究中心，成立于2011年9月，是中国金融学会绿色金融专业委员会的常务理事单位，并与财政部建立了部委共建学术伙伴关系。绿金院以营造富有绿色金融精神的经济环境和社会氛围为己任，致力于打造国内一流、世界领先的具有中国特色的专业化金融智库。

绿金院依循"绿色共赢、协同创新、服务社会"的宗旨，秉承"高质量成果、独立性研究、广泛影响力和公益性教育"的信念，通过管理机制创新，交叉创新方向培育，绿色金融学科建设，富有责任感的绿色金融人才培养，以及与国内外战略机构合作，建成具有鲜明创新学科特色的专业智库。致力于在更高层次上实现创新，从而更好地服务于中国未来金融体系与社会发展的道路探索、理论研究与制度建设。

绿金院实行理事会与学术委员会指导下的院长负责制，院长为王遥教授，下设研究中心、实验室、传播中心、院办公室、绿色金融青年国际研究会。其中，研究中心下设气候与能源金融研究中心、绿色金融研究中心以及养老金融研究中心。实验室下设PPP实验室、绿色金融产品创新实验室、碳金融实验室、绿色债券实验室、企业社会责任实验室、绿色贸易融资实验室。

中心已发表《2018中国气候融资报告》《中国绿色债券市场发展报告（2019）》等。

网址：http://iigf.cufe.edu.cn/。

59. 中山大学国家治理研究院

为响应党中央、教育部关于新型高校智库建设的号召，以及十八届三中全会关于"完善和发展中国特色社会主义制度，推进国家治理体系和治理能力现代化"的要求，2014年2月中山大学组建了国家治理研究院。现作为学校重点布局和建设的三大智库之一。

研究院围绕国家治理体系现代化、依法治国、经济转型升级与创新驱动、社会发展与社会治理四大方面开展战略研究和对策研究，大力提高中山大学在国家治理思想理论、战略与政策研究等方面的能力水平，并进一步增强学术成果对中央战略方针、政府决策及媒体公众的影响力。

研究院围绕国家治理的三个层面——理念、制度和政策，扎根中国治理经验，汲取全人类的治理智慧，提炼中国特色的国家治理理念或哲学，提出完善国家治理制度的建议，在经济、社会发展方面提出政策建议，为中国的国家治理体系现代化和国家治理能力提高做出贡献。同时，开展比较治理研究，开展实质性的国际合作研究，参与国际对话，输出中国治理经验为人类治理思想的发展做出贡献。

核心使命将研究院建成具有政策影响、学术影响、社会影响和国际影响的国家治理智库。建设目标如下。(1) 建设数据平台和调查中心，为战略分析与决策分析提供的数据支撑。(2) 针对重大问题与前瞻性问题开展扎实研究，提交和发布独立的研究报告以及系列指数。(3) 建立研究院的全球学术委员会，开拓与官方、国际和媒体等机构的合作关系，以研究院内各机构的科研人员为基础，吸纳相关学科的科研人员，形成结构合理、多元创新的智库研究队伍。

研究院院长为马骏教授。

研究院已出版著作《2015年度广东廉情评估蓝皮书》《网络空间

法制化——互联网与国家治理年度报告（2015》等。

网址：http：//isg.sysu.edu.cn/。

60. 西安交通大学"一带一路"自由贸易试验区研究院

为贯彻落实党中央、国务院决定，对接中国（陕西）自由贸易试验区的重大战略定位，在陕西省委省政府的支持下，西安交通大学和中国（陕西）自由贸易试验区工作办公室、西安市自由贸易试验区工作办公室等理事单位共同成立了西安交通大学"一带一路"自由贸易试验区研究院。研究院于2017年3月3日正式揭牌成立。

西交大自贸区研究院聚焦服务贸易，自贸区政府治理模式创新，以及自贸区建设、发展与运行的法律问题等领域，开展持续、深入研究，为自贸区建设提供智力支持；对自贸区政策实施效果开展第三方评估；建设自贸区发展论坛；发布中国自贸区年度发展指数报告；开展多边文化合作与国际交流，培养自贸区管理的相关人才。

研究院将输出自贸区发展相关问题的政策建议报告、自贸区发展指数年度报告、自贸区年度发展蓝皮书、自贸区发展数据库，拥有主办自贸区发展论坛、开展学位及非学位培训、培养自贸区人才等研究成果。为陕西自贸区建设贡献力量、智慧、方案和对策，为全国自贸区建设探索成功路径和模板。

研究院主任为冯宗宪教授。

网址：http：//skc-zm.xjtu.edu.cn/。

61. 上海交通大学中国城市治理研究院

2016年10月在上海市人民政府支持下，由上海交通大学和上海市人民政府发展研究中心合作建设成立了中国城市治理研究院，旨在建成国际知名、具有中国特色的新型智库、优秀人才汇聚培养基地和高端国际交流合作平台。研究院采取院务委员会领导下的院长负责制,由上海交通大学中国城市治理研究院院长姜斯宪,上海市政府秘书长陈靖共同担任院务委员会主任,市政府发展研究中心主任王德忠担任第一副院长。院务委员会下设学术委员会,由加拿大多伦多大学校长格特勒(Meric Gertler)教授担任主任。

研究院自成立以来,依托上海交通大学文理医工农多学科优势,聚焦以上海为主的特大城市治理面临的突出难题,坚持创新、协调、绿色、开放、共享的新发展理念,瞄准全面推进"五位一体"的国家总体布局,围绕城市创新与高质量发展、城乡融合与区域协同、城市生态与环境治理、城市形象与网络传播、城市安全与社会治理五大研究领域进行了持续研究,产出了系列成果。

研究院以科学研究为依托,致力于打造学术影响力。自建"嘉华大数据中心"为研究院的智库决策提供大数据和必要的数据辅助。

研究院以会议论坛为着力点,打造国际国内影响力。自2016年起固定承办"世界城市日"主题活动之全球城市论坛。全球城市论坛由世界银行、联合国人居署、上海市政府发展研究中心、上海市住建委以及上海交通大学共同主办,每年由中国城市治理研究院作为主要承办单位;构建了与政府、高校、国际知名城市治理研究机构的沟通与交流机制。利用这些平台,一方面,积极引进并总结国际城市治理的先进经验,为破解中国城市发展难题提供他山之石;另一方面,对外传播中国城市发展道路、理念和实践,唱响中国声音,提升中国城市治理国际话语权,塑造中国城市治理的话语体系。

出版物为《城市治理研究》。

网址:http://ciug.sjtu.edu.cn/Web/Home。

62. 四川大学中西部边疆安全与发展协调创新中心

2000年始,四川大学与西部若干高校合作开展西部开发研究,牵头组建了有中国西部主要大学与美国哥伦比亚大学、密西根大学等12个国外机构参加的"西部开发研究联合体"。2012年，四川大学与云南大学、西藏大学、新疆大学、国家民委民族理论政策研究室、国务院发展研究中心民族发展研究所等单位联合组建了中国西部边疆安全与发展协同创新中心。

中心至今已孵化3个省级协同创新中心，建立了涉藏问题研究、新疆研究、西部周边研究、"一带一路"重大问题研究、西部边疆史地研究、边疆理论与治理战略研究等平台。

中心建设得到国际山地综合发展中心、剑桥大学蒙古与内亚研究所、中国社科院边疆研究所、新疆师范大学、武警警官学院等单位的支持。

中心以新时期国家安全与发展的重大战略需求为导向，以实现国家整体利益最大化为目标，以"校校、校地、军地"协同为路径，以科学研究、决策咨询、人才培养、学科建设机制体制改革为保障，汇聚西部边疆研究力量，培养西部边疆急需人才，研究西部边疆治理战略，探索西部边疆安全与发展新路，为兴边富民、强国睦邻和国家长治久安提供智力支持。

中国西部边疆安全与发展协同创新中心作为机制体制改革特区，实行理事会领导下的主任负责制。理事会领导并负责重大决策；管理委员会决定重要事项；咨询委员会负责学术指导；监事会负责对重要工作进行监督；平台开展协同创新的具体工作。

中心主任为罗中枢教授。理事会秘书处设在四川大学，处理日常事务。

中心下设七个创新研究平台，主要从事涉藏研究、新疆研究、西部周边国家关系与区域合作研究、西部边疆治理体系与治理能力现代化研究、西部边疆生态安全与经济可持续发展研究、西部边疆民生保障与社会建设研究、西部边疆民族宗教与国家认同研究。

网址：http://cwf.scu.edu.cn/index.htm。

63. 中央财经大学中国财政发展协同创新中心

为了响应国家"高等学校创新能力提升计划"，在财政部的直接领导下，中央财经大学协同上海财经大学、中南财经政法大学、东北财经大学、江西财经大学和山东财经大学等5所财经类院校，联合北京、上海、厦门三地的国家会计学院，连同财政部、国家税务总局、社科院等所属科研机构，以及国际著名财税科研机构于2012年9月成立中国财政发展协同创新中心。自2013年起，中心作为校重点研究基地，依据财政部、教育部、北京市三方共同建设中央财经大学工作安排，成为校内省部共建的执行单位。2018年，通过积极筹备，中心与财政部直属的全国预算与会计研究会合作建立"全国政府预算与会计研究智库"。

中心自成立之初就以承担财政学科基础理论创新为重大使命，试图通过跨学科的视角与方法，凭借国际化的工作机制，建立起能够科学解释和预测财政活动和财政现象，揭示财政规律，具有完备知识框架结构和方法论的科学的财政学科体系。中心聚焦财政学科领域的跨学科研究，极具特色地整合校内学术资源，目前已形成财政基础理论与政策、政府预算与绩效管理、财政管理与国际税收为核心的教学科研团队。

中心已发表著作《中国财政可持续发展研究：中国财税研究报告（2016）》《财局与政局——中国的政治经济关系》等。

中心现任主任为白彦锋教授。

网址：http://icfd.cufe.edu.cn/。

64. 云南大学民族政治研究院

云南大学民族政治研究院为云南大学直属研究机构，其前身为云南大学民族政治与边疆治理研究院，于2013年12月正式成立。研究院目标旨在成为国内外专门从事民族政治和国家发展研究的学术高地，成为能够为党和政府提供决策参考的高端智库，成为我国民族政治学人才培养的重要基地。2017年7月，研究院被遴选为学校一流学科建设的主体承载单位之一，成为云南大学"边疆治理与地缘政治"世界一流学科群建设的关键性支撑平台。

研究院自成立以来，积极开展多方面的实质性科研工作，主要包括：民族政治学基本理论的深化和拓展研究、中国民族问题的政治学研究、中外民族政治比较研究、中华民族理论研究、中国民族国家构建、现代国家能力建设、国家发展与国家安全等。与此同时，研究院还将在协同创新、咨政服务、联合培养、国家重点学科建设等方面作出努力。

研究院依托云南大学政治学的深厚底蕴，有效地汇聚整合校内外优质研究资源，不断产出优秀学术成果。其中，民族政治学是云南大学的学术优势和特色所在，经过多年发展，已在全国具有领先的实力。

网址：http://www.inpfg.ynu.edu.cn/index.htm。

65. 北京交通大学国家经济安全研究院

北京交通大学国家经济安全研究院（英文名称为 National Academy of Economic Security，英文简称"NAES"），是以维护国家经济安全为总体目标的非营利性研究机构，逐渐发展成为新型国家高端智库。国家经济安全研究院是以习近平总书记提出的"总体国家安全观"为指导思想，以维护国家经济安全为总体目标，在中国产业安全研究中心十年丰厚成果积淀的基础上成立的以综合性社会科学研究为主的非营利性研究机构，研究院成立于2018年。

研究院秉承交大"严谨治学，严格要求"的优良传统，以服务国家安全最高战略，打造新型国家高端智库为使命，全面系统地研究国家经济安全面临的重大问题，提出前瞻性、可行性建议，以服务于教学科研，服务于产业实践，服务于国家安全决策。

研究院实行共建制，依托交大，联合20余家高校科研院所和企业集团参与共同建设，最大限度地整合各方优势学科资源，协同创新和共同打造国家经济安全领域高端智库。

研究院拥有省部级平台"北京市哲学社会科学北京产业安全与发展研究基地"。

在继续有序开展中国产业安全研究中心各项科研工作的基础上，力争再打造"信用评级研究中心""中国上市公司发展研究中心""大数据与云计算研究中心""区域经济研究中心""经济安全仿真研究中心""环境科学与水安全研究中心""碳资本与新能源安全研究中心"等7个科研中心。

研究院聚焦国家经济安全，创新研究经济安全理论体系构建、经济安全监测、经济安全预测、经济安全仿真、经济安全预警与防范、经济安全对策及解决方案等领域，引领理论，服务决策，逐步发展成国家安全思想库，打造成新型国家高端智库。

研究院院长为李孟刚教授。

网址：http://naes.bjtu.edu.cn/。

66. 中南大学知识产权研究院

湖南省知识产权研究院、中南大学知识产权研究院成立于2011年4月。研究院是中南大学直属的科研机构和研究生培养单位，也是中南大学和湖南省知识产权局合作共建的知识产权研究、人才培养和社会服务基地。湖南省知识产权研究院依托中南大学知识产权研究院开展工作。2012年1月，知识产权研究院被确定为中南大学"十二五"人文社科研究首批重点培育基地；2012年2月，依托法学一级学科博士点，知识产权研究院自主设置了知识产权法二级学科博士点；2013年6月，知识产权研究院进入全国专利保护重点联系机制单位。2012年5月，知识产权研究院获批"湖南省普通高等学校哲学社会科学重点研究基地"。

研究院紧跟时代前沿，服务社会现实需求。近年来共承担省部级以上的科研课题70余项，承担了《湖南省专利条例》等多项地方性的立法研究项目。研究院的成果，推进湖南省在全国率先启动了专利纠纷行政调解协议司法确认试点工作。中南大学和岳麓区法院联合开展的《〈专利法〉第四次修改关于专利纠纷调解救济机制的研究》被确定为最高人民法院2015年度司法调研重大课题，直接为我国专利法的修改提供智力支持。

研究院开拓进取，辐射范围不断扩大。2011年4月，研究院发起成立了湖南省首家高校知识产权保护志愿者联盟。到2013年4月，这一组织已发展成湖南省知识产权保护志愿者联盟，吸纳了政府机关、高校、企事业单位和中介机构在内的知识产权工作者，成为湖南省最具广泛代表性的知识产权志愿者团体。2014年，湖南省知识产权协会理事长单位和秘书处单位落户研究院，2017年10月，研究院发起成立湖南省知识产权纠纷人民调解委员会，在助推知识产权强省建设方面发挥了重要作用。

研究院执行院长为蒋建湘教授。

网址：http://law.csu.edu.cn/zscq/。

67. 南开大学滨海开发研究院

南开大学滨海开发研究院成立于 2008 年，是从事国家和区域经济社会发展的重大战略、政策和理论问题研究的实体性学术研究机构，是南开大学服务滨海新区开发和区域发展的学术智库。

研究院坚持高起点、高水平、开放式，按照"小机构、大网络"的原则组织跨学科综合研究。研究院以经济学、法学、政治学、管理学、环境科学与工程等优势科学为依托，整合南开大学优势学科师资及社会智力资源对接和服务于政府、企业、社会。

全国政协常委、外事委员会主任赵启正任院长，周立群教授任常务副院长。研究院设有研究部、国际合作部、培训部及高科技产业、滨海金融、生态环境、房地产法律、文化创意产业等五个研究中心，并设有国资委职业经理人考培中心。研究院有一支跨学科研究队伍，现在专职研究人员 12 人，在站博士后 10 人，兼职研究人员 18 人。

研究院主办《滨海要报》《成果专报》《新农村研究》三个内参刊物，以系列咨询报告形式向国家及省市政府报送。有 50 多份报告或建议获省部级领导批示或在中央政策研究室、新华社、《人民日报》及各省市政府"内参"上刊登。

研究院院长为刘刚教授，名誉院长为周立群教授。

网址：http://nkbinhai.nankai.edu.cn/。

68. 宁夏大学阿拉伯国家研究院

2010 年以来，宁夏大学围绕国家向西开放战略和"一带一路"倡议，在国家教育部及相关部委和自治区党委、政府的大力支持下，加强特色学科建设，先后成立了阿拉伯学院、中国阿拉伯国家研究院，服务于国家和自治区对外开放战略。

2012 年 3 月 26 日，宁夏大学以阿拉伯学院为基础，申报并获批教育部国别与区域研究培养基地——宁夏大学阿拉伯研究中心，时任宁夏大学党委书记齐岳任基地主任；原外交部副部长杨福昌任基地名誉主任。2012年9月11日以宁夏大学为主导，联合中国社科院西亚非洲所、中国现代国际关系研究院、兰州大学、上海外国语学院、苏丹爱资哈尔大学成立"阿拉伯世界与中国内陆向西开放协同创新中心"（自治区级）。在阿拉伯学院、协同创新中心的基础上，2014年12月成立校级"中国阿拉伯研究院"，聘任原中国现代国际关系研究院副院长李绍先研究员为研究院、阿拉伯学院院长；聘任中央民族大学杨圣敏教授为研究院学术委员会主任；2014年11月张前进任中国阿拉伯研究院常务副院长。2016年5月5日在自治区党委、政府的高度重视和支持下成立"宁夏大学中国阿拉伯国家研究院"（自治区级），李绍先任院长，自治区副主席姚爱兴、原外交部副部长杨福昌、原中联部副部长于洪君任名誉院长。

2010年以来，研究院先后获批国家社科基金项目10项；获批教育部、外交部、中联部、国家外专局等省部级项目22项，承担自治区横向课题25项。出版著作、译著18部，发表论文120余篇；出版《世界阿拉伯研究动态》（内刊）共23期，策划出版《阿拉伯研究文库》《重大现实问题研究文库》《博士论文文库》。撰写内部专报和咨政报告41份，其中16份研究专报、咨政报告，得到教育部、外交部、中联部、国家民委、自治区党委、政府采纳采用。

2015年4月中联部将中国阿拉伯研究院纳入全国"一带一路"智库合作联盟理事单位；2015年入选全国社科联先进智库行列。

网址：https://anri.nxu.edu.cn/index.htm。

69. 东北财经大学经济与社会发展研究院

东北财经大学经济与社会发展研究院，组建于2003年，是东北财经大学下设的独立科研机构，其前身是成立于 1975 年的东北财经大学经济研究所和 2002 年的东北财经大学公共政策研究中心。

2003 年 11 月，在前两者基础之上，东北财经大学正式组建经济与社会发展研究院。经过十余年的不断探索与实践，学院确立了政策性、对策性研究的科研发展方向，在理论研究、政策研究、团队建设、对外交流等方面取得了长足的进步和令人瞩目的成绩。

研究院主要职能包括科学研究、服务教学、合作与交流、服务与培训四方面。

研究院建院以来，遵从"博学济世"的校训，秉承"发展科研、服务教学、回馈社会"的发展理念，以政策性研究与对策性研究为特色，取得了一系列突出的科研成果，产生了广泛的学术影响和社会影响。

网址：http://iesd.dufe.edu.cn/。

70. 武汉理工大学科技创新与经济发展研究中心

湖北省科技创新与经济发展研究中心（STIED）是在原武汉工业大学科技经济与社会发展研究所（1992 年）、武汉工业大学软科学研究中心（1993 年）的基础上，经三校合并后重新组建的武汉理工大学经济学院整合吸收管理学院、高等教育研究所和理学院等单位相关研究力量，于 2006 年 12 月经学校批准成立的科研基地。2008 年 12 月，中心经湖北省教育厅评审批准为"湖北省人文社会科学重点研究基地"。中心依托产业经济学湖北省重点学科和应用经济学一级学科博士点积极开展科学研究、人才培养和社会服务工作。

中心现有专职、兼职研究人员 23 名，设有科技创新与产业经济研究所、创新与竞争战略研究所、金融科技与风险管理研究所和科技创新绩效与数据分析研究所等四个研究团队。中心建设的主要目标是：在科教兴国战略实施和国家创新体系建设的大背景下，围绕湖北省、中部地区、长江经济带科教资源、区位优势转化和新型工业化道路等理论和重大现实问题展开研究；积极参与地方政府和行业科技创新与经济发展战略、政策和发展规划的研究和咨询；重点拓展科技发展战略、创新与竞争战略、全球价值链、高技术产业化政策、新兴产业发展与产业升级策略等研究领域，努力成为湖北省乃至国内重要的决策研究基地之一。经过十多年的建设与发展，湖北省科技创新与经济发展研究中心不断发展壮大，学科和社会影响力逐年提升。

中心已出版著作《高技术产业关联理论与实证》《低碳能源技术研发网络的生成、演化和效应研究》等。

中心现任主任为魏龙教授。

网址：http://stied.whut.edu.cn/。

第 七 章

中国大学智库的主要特征

大学智库的学科依托、研究能力和社会价值是其咨政能力的价值所在，这三者相互融合，即大学智库的学科依托代表其智库功能的广度，研究能力代表了其智库功能的深度，社会价值代表了其智库功能的信用度，大学智库的主要特征与其在公共决策中扮演的角色、起到的作用息息相关。总的说来，我们可以从地域分布特征、研究领域特征等多元视角描述我国大学智库发展的基本概况，并究其特征形成原因。

◇◇第一节 中国大学智库的地域分布特征

经过近5年的迅猛发展，大学智库成为了我国所有智库中数量最多的智库类型，基本形成了覆盖多种学科类型、层次齐全的智库体系。在大学智库的区域分布上，形成了"东南沿海+京津冀+两湖+甘川"为主干的大学智库区域网络，非均衡性是其显著的特征。但由于大学智库系统本身的复杂性以及我国区域经济、社会发展的多样性，大学智库区域分布的非均衡性也具有多方面的特点。

本研究团队综合国内具有权威的三份智库名单，分别为由浙江工业大学于2017年推出的首份高校智库排行榜，由南京大学中国智库研究与评价中心与《光明日报》智库研究与发展中心联合推出的中国智库索引（CTTI），以及由四川省社会科学院、中国科学院成都文献情报中心联合组建的中华智库研究中心"智库影响力排行榜"课题组推出的智库影响力排行榜，再综合各省重点高校智库名单，对国内大学智库进行研究统计。最终共计全国746家大学智库，其中北京地区大学智库数量排名第一，共计105家；排名第二的是上海地区大学智库，共计75家；福建、浙江并列排名第三，有45家大学智库；天津、江苏分别排名第五、六名，分别有42家与39家大学智库；而内蒙古、海南、山西、河南、西藏、青海、新疆的大学智库数量较少，均在5家以下（见表7-1）。

表7-1 中国大学智库省域（市）分布

地区	数量	排名	地区	数量	排名
北京	105	1	安徽	16	18
上海	75	2	河北	15	19
福建	45	3	重庆	14	20
浙江	45	3	广西	12	21
天津	42	5	江西	12	21
江苏	39	6	贵州	11	23
湖北	38	7	宁夏	10	24
湖南	36	8	内蒙古	4	25
甘肃	34	9	海南	3	26
广东	32	10	山西	3	26
四川	31	11	河南	2	28
辽宁	25	12	西藏	2	28
云南	21	13	青海	1	30
陕西	20	14	新疆	0	31
山东	19	15	香港	无数据	0

续表

地区	数量	排名	地区	数量	排名
黑龙江	17	16	澳门	无数据	0
吉林	17	16	台湾	无数据	0

从地理分布上来说，大学智库呈现"东南沿海+京津冀+两湖+甘川"的分布态势。在京津冀地区拥有最高的大学智库密度，共包含了162家大学智库机构，其次是上海、江苏、浙江区域，聚集了159家大学智库。除此之外，福建、广东地区聚集了77家大学智库机构，两湖地区聚集了74家大学智库机构，甘川地区聚集了65家大学智库机构，也属于大学智库的聚集区域。相较而言，中原地区（山西、河南）、西北地区（新疆、西藏、青海）大学智库数量较少。

大学智库是建立在大学社会性的发展上的，所以优质的大学资源对于大学智库的建设会有很大的作用，大学与社会的融合性与价值实现上的竞争性体现在大学智库的区域分布上，受不同价值取向的影响，就会有不同的行为选择。作为个体的人或群体的社会对大学的价值取向不同，就会以不同的方式审视大学智库的社会功能，在大学智库发展上也导致不同的方向选择和具体的行动差异，尤其在对大学智库的社会资源分配上，体现出明显的倾向性。

一般来说，大学的价值主要体现在对知识的探究、传承和更新上，这是大学最基本的特征，大学的其他任何价值都是由其知识价值衍生而来。随着知识价值的演进、社会的进步，高等教育所具有的知识价值使其自身由社会边缘走向社会的中心，其功能也由教学、科研进而直接为社会服务，在对接政府科学决策的需求上，大学智库承接了这一使命，可以说受到了所在大学资源外溢的强烈影响。由于大学资源在国内范围内的分布不均，直接导致了大学智库在国内各省域的分布状况。

一 北京市

北京是全国教育最发达的地区之一，是全国高等院校的中心，聚集了全国数量最多的重点大学。截至2019年，北京市共有普通高等院校93所，其中有8所一流大学，为全国最多的省市，且该8所大学全为985大学，具体包括北京大学、清华大学、中国人民大学、北京航空航天大学、北京师范大学、中国农业大学、北京理工大学与中央民族大学等全国著名的学府。

北京也是中华人民共和国首都、4个直辖市之一、国家中心城市、超大城市，全国政治中心、文化中心、国际交往中心、科技创新中心，是世界著名古都和现代化国际城市，是中国共产党中央委员会、中华人民共和国中央人民政府和全国人民代表大会常务委员会的办公所在地。因此，借于地利之便，北京的大学智库自然而然地站在北京这一世界中心城市进行现实问题的思考，面向众多国家发展重大议题的科学决策提供智力支持。北京高端智库集聚，是第一批国家高端智库中的中国人民大学国家发展与战略研究院、北京大学国家发展研究院、清华大学国情研究院与国家高端智库培育单位北京师范大学中国教育与社会发展研究院（2020年3月入选国家高端智库试点建设单位）、中国政法大学人权研究院的所在地。

在105所北京地区大学智库中，属于一流高校的大学智库有50所，分布在北京大学、清华大学、中国人民大学、北京师范大学、北京理工大学、中国农业大学与北京航空航天大学等七所高校之中，平均每所高校有7所智库，其中最多的是清华大学有13所，其次是北京师范大学,有大学智库 11 所;属于非一流高校的大学智库有 55 所,分布在 19 所大学之中,平均每所高校有 2.9 所大学智库,其中最多的是北京外国语大学,有大学智库 8 所,其次是中央财经大学,有大学智库 5 所。

二 上海市

上海是全国高等教育最发达的地区之一,截至 2019 年,上海市共有普通高等院校 64 所,其中,4 所一流大学,分别为复旦大学、上海交通大学、同济大学与华东师范大学,10 所一流学科建设高校、25 所普通本科、25 所专科院校。根据教育部第四轮学科评估结果,上海高校总体 26 个学科获评 A+,累计 A 类学科 91 个,B 类 159 个,C 类 98 个,上榜学科总数 348 个。全市共有 49 家机构培养研究生,全年招收全日制研究生 5.27 万人,在校全日制研究生 15.85 万人,毕业全日制研究生 4.31 万人。

上海市是中国 4 个直辖市之一,是中国经济、金融、贸易、航运、科技创新中心。上海被 GaWC 发布的 2018 年世界城市体系排名评为"世界一线城市"。上海在科尔尼发布的 2019 年全球城市综合排名中排世界第 19 位,中国第 3 位。在 2019 年全球城市营商环境指数暨百强城市排行榜中,上海排名世界第 48 位,中国第 4 位。因此,作为中国的超级城市,在经济社会的发展走在全国前列,需要大量的智库对政府的决策进行支撑。上海是第一批国家高端智库试点建设单位复旦大学中国研究院的所在地。

在 75 所上海地区大学智库中,属于一流高校的大学智库有 43 所,分布在复旦大学、华东师范大学、上海交通大学、同济大学等 4 所高校之中,平均每所高校有 10.5 所智库,其中最多的是上海交通大学，在统计中有大学智库 14 所；属于非一流高校的大学智库有 32 所，分布在 8 所大学之中，平均每所高校有 4 所大学智库，其中最多的是上海大学，有大学智库 8 所，其次是上海财经大学与上海外国语大学，分别有大学智库 5 所。

三 浙江省

浙江省拥有良好的教育资源，全省共有普通高校 109 所（含独立学院及筹建院校），其中一流高校 1 所，为浙江大学。研究生（含非全日制）、本科、专科招生比例为 1∶5.5∶4.9；高等教育毛入学率为 60.1%。全年研究生（含非全日制）招生 29760 人，其中，博士生 3339 人，硕士生 26421 人。浙江省一直以来重视智库建设，出台《关于加强浙江新型智库建设的实施意见》《浙江省新型智库建设管理办法（试行）》等政策，为智库发展保驾护航，拥有高端智库试点建设单位浙江大学区域协调发展研究中心，国内知名的浙江师范大学非洲研究院，浙江工业大学中小企业研究院等大学智库。

在 45 所浙江地区大学智库中，属于一流高校的大学智库有 15 所，集中在浙江大学中；属于非一流高校的大学智库有 30 所，分布在 16 所大学之中，平均每所高校有 1.9 所大学智库，其中最多的是浙江工业大学，有大学智库 4 所，其次是浙江师范大学、浙江农林大学与浙江财经大学，分别有大学智库 3 所。

四 福建省

福建省教育资源在国内各省市处于中游水平，全省共有普通高校 71 所，其中双一流高校 1 所，为厦门大学。2018 年全年研究生教育招生 1.88 万人，在校生 5.31 万人，毕业生 1.22 万人。普通高等教育招生23.86万人,在校生77.24万人,毕业生20.43万人。福建省重视高校智库建设,专门发布《关于做好2018年高校特色新型智库立项建设工作的通知》,以期形成具有福建特色和在国内外有影响力的重要思想库、智囊团和创新源,在中国特色新型智库建设中发出"福建声音"、展示"福建愿景"、塑造"福建形象"。福建省是国家高端智库培育单位厦门大学台湾研究院的所在地。

在45所福建地区大学智库中,属于一流高校的大学智库有10所,集中在厦门大学中;属于非一流高校的大学智库有35所,分布在17所大学之中,平均每所高校有2所大学智库,其中最多的是福建师范大学,有大学智库6所,其次是福建农林大学的5所,第三的是华侨大学与福州大学,分别有大学智库4所。

五 天津市

天津市拥有良好的教育资源,是国家首批"三全育人"综合改革试点市。全市共有普通高校56所,其中一流高校2所,分别为天津大学与南开大学,普通高校招生15.27万人,在校生52.33万人,毕业生13.88万人。研究生招生2.48万人,在校生6.81万人,毕业生1.72万人。

天津是中国4个直辖市之一,也是中国北方最大的开放城市和工商业城市。天津一直以来重视智库工作的开展,针对大学智库的建设出台了《天津市高校智库建设实施方案》和《天津市高校智库项目和专项资金管理办法》等政策文件。以南开大学和天津大学为代表的教育部直属院校较一般市属地方院校更为重视智库建设,在高校智库建设上起步较早,合作范围更广,与各级政府、各类企业和国内其他高校合作的力度更大,投入资金也更多,取得的社会反响也更大。

在42所天津地区大学智库中，属于一流高校的大学智库有17所，分布在天津大学、南开大学等2所高校之中，平均每所高校有8.5所智库，其中南开大学9所、天津大学8所；属于非一流高校的大学智库有25所，分布在10所大学之中，平均每所高校有2.5所大学智库，其中最多的是天津财经大学，有大学智库6所，其次是天津师范大学，有大学智库4所。

六 江苏省

江苏是教育资源大省，全省共有普通高校142所，其中，2所双一流大学，分别为南京大学与东南大学，14所一流学科建设高校。据教育部第四轮学科评估结果，江苏31所高校的466个一级学科入围，入围学科总数居全国第二；江苏高校中，进入A+档的学科有23个，占全国总数的10.95%，位列全国第三。普通高等教育招生62.74万人，在校生200.09万人，毕业生53.87万人；研究生教育招生6.91万人，在校生19.46万人，毕业生4.74万人。

江苏地处长江经济带，下辖13个设区市，全部进入百强，是唯一所有地级市都跻身百强的省份。江苏人均GDP、综合竞争力、地区发展与民生指数（DLI）均居中国各省第一，成为中国综合发展水平最高的省份，已步入"中上等"发达国家水平。江苏省域经济综合竞争力居全国第一，是中国经济最活跃的省份之一，与上海、浙江、安徽共同构成的长江三角洲城市群成为国际6大世界级城市群之一。江苏一直以来重视智库建设，出台《关于加强江苏新型智库建设的实施意见》《关于江苏社会智库健康发展的实施意见》等政策，为智库发展保驾护航，诞生了南京大学中国智库研究与评价中心等在智库评价方面走在全国前列的大学智库。同时，江苏省也是国家高端智库建设培育单位南京大学长江产经研究院的所在省份。

在39所江苏省大学智库中,属于一流高校的大学智库有13所,分布在南京大学与东南大学等2所高校之中,平均每所高校有7.5所智库,其中南京大学6所、东南大学7所;属于非一流高校的大学智库有26所,分布在19所大学之中,平均每所高校有1.37所大学智库,其中最多的是苏州大学,有大学智库3所,其余高校分别有大学智库1—2所。

七 湖北省

湖北省是高等教育大省,全省共有普通高校128所,其中一流高校2所,分别为武汉大学与华中科技大学,2018年,湖北省普通高等教育本专科招生42.7万人,在校生143.8万人,毕业生37.5万人;研究生招生5.3万人,在校研究生14.8万人,毕业生3.7万人。湖北省是高端智库大省,是第一批国家高端智库试点建设单位武汉大学国际法研究所与国家高端智库建设培育单位武汉大学中国边界与海洋研究院的所在省份。

在38所湖北省大学智库中,属于一流高校的大学智库有19所,分布在武汉大学与华中科技大学等2所高校之中,平均每所高校有9.5所智库,其中武汉大学13所、华中科技大学6所;属于非一流高校的大学智库有19所,分布在5所大学之中,平均每所高校有3.8所大学智库,其中最多的是中南财经政法大学,有大学智库6所,其次是武汉理工大学,有大学智库3所,其余高校分别有大学智库1、2所。

八 湖南省

湖南省是高等教育大省，全省共有普通高等学校109所，其中双一流高校3所，分别为国防科技大学、中南大学、湖南大学。2018年普通高等教育研究生毕业生2.0万人，本专科毕业生34.8万人。湖南省重视新型智库建设，颁布《关于加强湖南新型智库建设的实施意见》，并由省参事室、省社会科学院、省委党校（湖南行政学院）、中南大学、湖南大学、湖南师范大学、长沙理工大学、湖南农业大学、中南林业科技大学9家单位共同发起成立湖南智库联盟。

在36所湖南省大学智库中，属于一流高校的大学智库有19所，分布在国防科技大学、中南大学、湖南大学等3所高校之中，平均每所高校有6.3所智库，其中中南大学11所、湖南大学7所、国防科技大学1所；属于非一流高校的大学智库有17所，分布在9所大学之中，平均每所高校有1.9所大学智库，其中湘潭大学5所、湖南师范大学4所。

九 广东省

广东省的教育传统拥有悠久的历史，早在19世纪末20世纪初，辛亥革命元老、中国现代教育奠基人何子渊、丘逢甲等排除顽固守旧势力的干扰，成功引入西学。在广东省创办新式学校，将平民教育纳入满清朝廷的视野，清政府迫于形势压力，不得不对教育革新网开一面。于1905年末颁布新学制，废除科举制，并在全国范围内推广新式学堂，西学逐渐成为学校教育的主要形式。广东省高等教育水平位居中国前列，广东省有普通高等学校147所，数量位居全国第二，其中公办本科院校37所、民办本科院校7所、中外合作院校2所、独立学院16所、公办高职院校57所、民办高职院校28所。2018年1月发布的基本科学指标数据库ESI,广东13所高校60个学科进入全球前1%,学校数占全国219所的5.9%,学科数占全国6.72%。

自1989年起,广东省国内生产总值连续居全国第一位,成为中国第一经济大省,经济总量占全国的1/8,已达到中上等收入国家水平、中等发达国家水平。广东省域经济综合竞争力居全国第一。2016年,广东高新技术企业数量达到19857家,总量居全国第一;PCT国际专利申请量连续15年领跑全国。广东珠三角9市将联手港澳打造粤港澳大湾区,成为与纽约湾区、旧金山湾区、东京湾区并肩的世界四大湾区之一。广东省一直以来关注大学智库的发展,提出了《广东省特色新型高校智库建设实施方案》等文件支持新型高校智库的发展。同时,广东省也是第一批国家高端智库试点建设单位中山大学粤港澳发展研究院的所在省份。

在32所广东省大学智库中,属于一流高校的大学智库有13所,分布在中山大学与华南理工大学等2所高校之中,其中华南理工大学7所,中山大学6所;属于非一流高校的大学智库有19所,分布在9所大学之中,平均每所高校有2.1所大学智库,其中暨南大学最多,有5所大学智库。

十 四川省

四川省是高等教育大省,共有普通高校119所,其中双一流高校2所,为四川大学与电子科技大学。全年普通本(专)科招生48.4万人;在校生156.5万人;毕业生39.4万人。研究生培养单位36个,招收研究生3.9万人,在校生12.8万人,毕业生2.7万人。四川省对新型智库的建设非常重视,印发《关于加强四川新型智库建设的意见》等政策文件支持新型智库的建设。同时，四川省也是国家高端智库建设培育单位四川大学南亚研究中心的所在省份。

在31所四川省大学智库中，属于一流高校的大学智库有9所，集中在四川大学；属于非一流高校的大学智库有22所，分布在9所大学之中，平均每所高校有2.4所大学智库，其中西南交通大学最多，有9所大学智库。

第二节 中国大学智库的研究领域特征

大学智库的发展不但在研究深度上有了新进展，在研究领域上也呈现出多元化的趋势。根据对三大榜单的研究，大学智库的研究领域主要分为以下10个方向，分别为国家治理、国别研究、安全、行业、民族、文化、教育、区域发展、能源环境、"一带一路"。

研究方向聚焦于国家治理的大学智库有227个、行业研究的有120个、区域发展研究的有149个、国别研究的有55个、文化研究的有51个，能源环境研究的有39个、"一带一路"研究的有25个、安全问题研究的有32个、教育研究的有29个、民族研究的有11个（见图7-1）。其中，一流高校中，研究方向聚焦于国家治理的大学智库有126个、行业研究的有21个、区域发展研究的有36个、国别研究的有18个、文化研究的有17个，能源环境研究的有12个、"一带一路"研究的有7个、安全问题研究的有12个、教育研究的有16个、民族研究的有1个；非一流高校中，研究方向聚焦于国家治理的大学智库有101个、行业研究的有99个、区域发展研究的有113个、国别研究的有37个、文化研究的有34个，能源环境研究的有27个、

第七章 中国大学智库的主要特征

"一带一路"研究的有 18 个、安全问题研究的有 20 个、教育研究的有 13 个、民族研究的有 10 个。

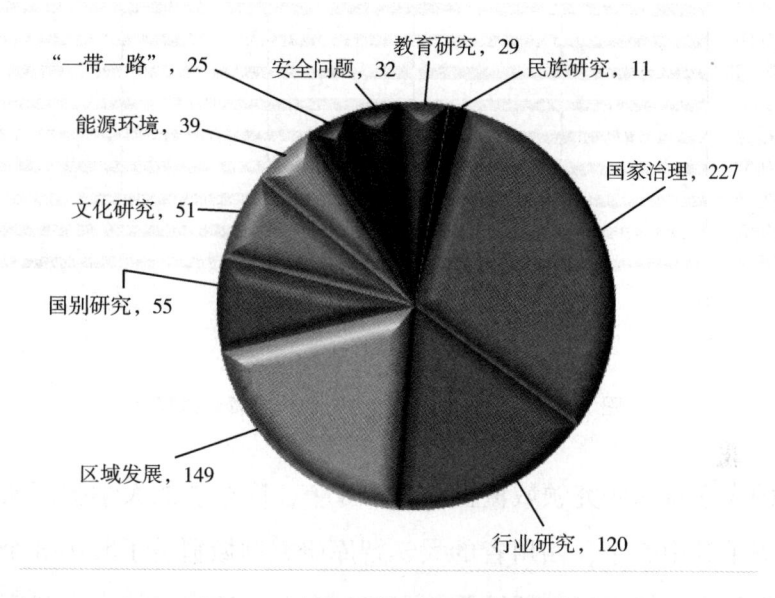

图 7-1 中国大学智库研究领域分布

饼图数据：
- "一带一路"，25
- 安全问题，32
- 教育研究，29
- 民族研究，11
- 国家治理，227
- 行业研究，120
- 区域发展，149
- 国别研究，55
- 文化研究，51
- 能源环境，39

将大学智库所在高校是否为双一流进行比较，我们可以发现，双一流高校的大学智库在国家治理与教育研究两项上占据数量优势，在这两个研究领域中，分别有 56%与 55%的大学智库来自双一流高校；在其他 8 个领域非双一流高校智库均占据优势，在行业研究与民族研究两个领域分别有 83%与 91%的大学智库来自非双一流高校。

在大学智库的 10 个主要研究领域上，北京市的大学智库研究领域覆盖了其中 8 个，上海市的大学智库研究领域覆盖了其中 9 个，浙江省的大学智库研究领域覆盖了其中 9 个，福建省的大学智库研究领域覆盖了其中 9 个，天津市的大学智库研究领域覆盖了其中 9 个，江苏省的大学智库研究领域覆盖了其中 9 个，湖北省的大学智库研究领域覆盖了其中 6 个，湖南省的大学智库研究领域覆盖了其中 8 个，甘

主要研究领域两类高校大学智库比较

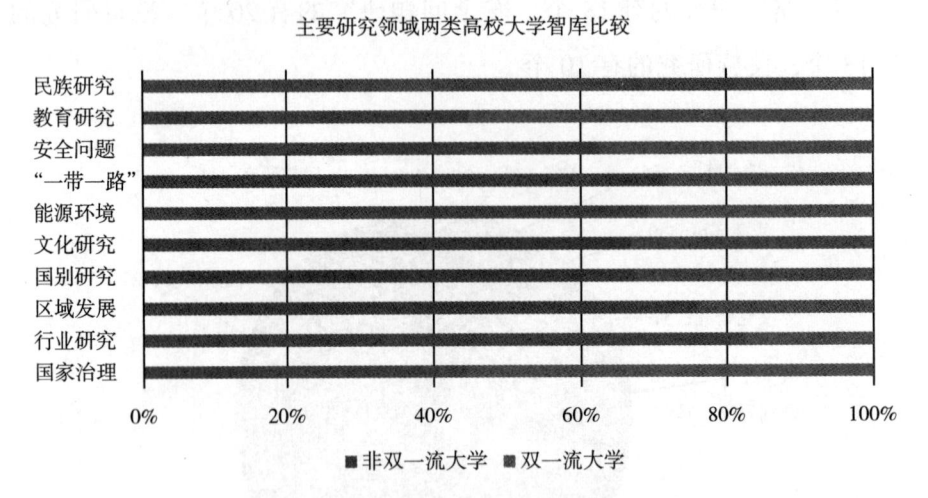

[图表：横条形图，纵轴类目从上到下为：民族研究、教育研究、安全问题、"一带一路"、能源环境、文化研究、国别研究、区域发展、行业研究、国家治理；横轴为0%-100%；图例：非双一流大学、双一流大学]

图7-2 双一流大学与非双一流大学智库比较

肃省的大学智库研究领域覆盖了其中8个，广东省的大学智库研究领域覆盖了其中5个，四川省的大学智库研究领域覆盖了其中8个，黑龙江省的大学智库研究领域覆盖了其中8个，辽宁省的大学智库研究领域覆盖了其中7个，安徽省的大学智库研究领域覆盖了其中6个，吉林省的大学智库研究领域覆盖了其中6个，陕西省的大学智库研究领域覆盖了其中9个，山东省的大学智库研究领域覆盖了其中7个，重庆市的大学智库研究领域覆盖了其中7个，云南省的大学智库研究领域覆盖了其中8个，河北省的大学智库研究领域覆盖了其中6个，广西壮族自治区的大学智库研究领域覆盖了其中5个，贵州省的大学智库研究领域覆盖了其中7个，海南省的大学智库研究领域覆盖了其中3个，河南省的大学智库研究领域覆盖了其中1个，江西省的大学智库研究领域覆盖了其中3个，内蒙古自治区的大学智库研究领域覆盖了其中4个，宁夏回族自治区的大学智库研究领域覆盖了其中7个，青海省的大学智库研究领域覆盖了其中1个，山西省的大学智库研究领域覆盖了其中3个，西藏自治区的大学智库研究领域覆盖了其中2个。其中覆盖领域最为广泛的分别为上海市、福建省、浙江省、天津市、江苏省、陕西省。

一 聚焦国家治理研究的大学智库

当前，中国已经进入并将长期处于转型期，经济市场化、政治民主化以及文化多元化的趋势日益明显，社会在价值观念、组织构成和利益格局等方面也发生了显著变化，所有这些都对国家治理模式提出了新要求。在这种形势下，党的十八届三中全会提出了国家治理现代化的战略目标——实现国家治理体系和治理能力的现代化。该目标的达成离不开多个治理主体的共同努力。一方面，面对治理环境和治理条件的改变，政府已经无法再成为唯一的治理者；另一方面，鉴于我国现代化所处的阶段以及中国的国情，政府仍是国家治理过程中一个不可或缺的主体。正因如此，越来越多的智库对国家治理的现代化开始了探讨，并对国家治理具体专题的科学决策提供智力支持。

1. 北京与上海大学智库占据一半以上

从研究的数据可见，国家治理是大学智库最为关注的研究领域，总共有超过三分之一的主要研究领域是国家治理，24个省份地区具有国家治理研究领域内的大学智库。其中，北京与上海的大学智库研究国家治理问题的居多，分别为43个与38个，上海超过了一半，而北京也接近一半。北京作为国家的首都，也是全国的政治与经济中心，且拥有全国最为顶尖的大学与学者，关注国家的发展与治理理所应当；上海是我国重要的经济、交通、科技、工业、金融、会展和航运中心，也是世界上规模和面积最大的都会区之一，上海高校智库对国家的治理充满兴趣也并不意外。

2. 一流大学占据优势

在大学智库所在高校的性质上看，主要研究领域在国家治理的大学智库来自一流大学的比例超过了55%，来自非一流大学的比例不足45%，国家治理的问题研究大部分是需要厚重的学术积累与长时间的耕作，双一流大学高校智库均拥有长时间深耕于一个领域的传统特征，大部分大学智库也是从有较好学术基础的学科、研究单位转变而来，因此可以解释双一流高校的大学智库在国家治理研究领域的数量优势。

聚焦国家治理研究的典型大学智库有华中科技大学国家治理研究院、北京大学国家治理研究院和中山大学国家治理研究院。这3个大学智库均以"国家治理"作为机构名称关键词，致力研究和推进国家治理体系和治理能力现代化。

二 聚焦行业研究的大学智库

行业的发展由来已久，对于行业的研究也具有悠久的历史，随着世界200多年的工业化历程，现代化为世界人民带来了富足，深刻的改变了行业的构成与发展模式，行业包容了生产力的微观主体，关系到人民如何生产与生活。特别是近年来，行业发展带来的新问题让政府的治理遇到困难，一方面是行业发展带来的负外部性，比如资源与环境等问题；另一方面，行业发展的内部的效率与效能问题也是政府所关心的问题。包括中国在内的发展中国家对如何实现现代化这一目标，提出了可持续发展的先进对策。我国更是推出了包括节能环保、新一代信息技术、生物、高端装备制造、新能源、新材料和新能源汽车等七个新兴产业作为未来行业的发展聚焦点，也使得大学智库进入相关行业领域进行研究，为政府面对行业发展的问题时提供科学决策方案。

1. 行业研究智库对接行业众多

根据国民经济行业分类，我国主要行业分为A农、林、牧、渔业，B采矿业，C制造业，D电力、燃气及水的生产和供应业，E建筑业，F交通运输、仓储和邮政业，G信息传输、计算机服务和软件业，H批发和零售业，I住宿和餐饮业，J金融业，K房地产业，L租赁和商务服务业，M科学研究、技术服务和地质勘查业，N水利、环境和公共设施管理业，O居民服务和其他服务业等15个行业。我们根据统计的数据，79所大学行业研究智库对接了国民经济行业中的一半以上，其中也包括了大数据、数字经济等新出现不久的行业，说明行业研究智库紧跟行业前沿，根据社会的需要填补行业研究出现的空白。

2. 非一流大学占据优势

在大学智库所在高校的性质上看，主要研究领域在行业的大学智库来自非一流大学的比例超过了80%，来自一流大学的比例不足20%，悬殊较大。主要原因在于，非一流大学包括了很多原来的211大学，很多虽不是一流大学，但拥有一流学科。很多大学在设立之初针对的就是国家部分的产业与行业，因此拥有较好的行业积累与基础，部分行业领域大学智库与该行业有长期的合作历史和良好的合作关系。另外，一些新兴行业的诞生也让很多非一流高校寻找到了开辟新战场的机会，对新行业的研究能够快速占据制高点，奠定基础。因此，在行业研究领域，非一流大学占据巨大优势。

依托北京服装学院设立的"首都服饰文化与服装产业研究基地"是典型的以行业领域作为研究焦点的大学智库，它成立于2004年9月，是北京市哲学社会科学规划办公室和北京市教育委员会联合建立的首批北京市哲学社会科学研究基地之一。

　　研究基地自成立以来，本着"开放、流动、联合、竞争"的原则，建立了良好的科研环境和研究条件。研究基地承担了数百项国家级、省部级及其他各层级研究项目，取得了一大批优秀的研究成果。形成了一个结构合理、团结协作、富有创新精神的研究队伍。此外，研究基地以首都社会与经济发展为己任，作为连接政府和企业的载体，汇集和充分挖掘各方优质资源，以北京服装学院为依托，以政府和行业协会为支撑，建立开放、高效的协作机制，为行业、北京市政府相关部门和企业提供智力支持。智库致力于建设成为我国服饰文化与服装产业的大型科研基地。以培养高级专门人才和开展服饰文化与服装产业的理论与应用研究及服务首都社会与经济发展为目标，开展服装设计、服饰文化、艺术设计、服装市场营销、服装国际贸易、服装企业管理、服装品牌策略、北京国际时装之都建设等方面的理论研究和应用研究。智库对服装产业的研究主要包括：北京服装产业定位与发展规划研究，北京服装产业发展环境研究，服装产业链、产业集群和综合竞争力研究，服装企业文化研究，服装服饰品牌策划、服装设计与工艺的理论与应用研究，服装消费心理、消费行为与偏好的理论与应用研究，北京服装商贸环境与可持续发展研究等。

三　聚焦区域发展研究的大学智库

　　人类社会最基本的活动是经济活动，经济活动又总是在一定的地理区域内进行的，区域经济的发展对人类社会是非常重要的。我国经济区域发展不均，如何让区域实现"高质量发展"是每个地方政府工作的重中之重。推动所在区域的社会发展是大学智库责无旁贷的使命。我们可以发现，以区域发展作为研究领域的大学智库是10个研究领域中省份拥有比例第二高的一类大学智库，覆盖了80%的省份，而且分布较为平均，可见地方政府对这一类大学智库的重视，也期望借由大学智库的发展解决地方区域经济发展的实际问题。

1. 区域发展研究智库具有强烈的地方特色

区域发展研究智库在命名时就具有强烈的地方特色，少数智库存在跨区域研究，有以所在省份的区域发展作为研究领域的智库，就以省份命名，如广西大学广西创新发展研究院、海南大学海南省南海政策与法律研究中心、黑龙江大学黑龙江振兴发展研究中心、北京大学首都发展研究院、中国人民大学首都发展与战略研究院、西藏大学西藏可持续发展研究所、山东大学山东发展研究院等；也有将研究区域扩大作为研究领域的，如东北大学中国东北振兴研究院、陕西师范大学中国西部边疆研究院、西北大学中国西部经济发展研究中心、苏州大学苏南发展研究院、河北工业大学京津冀发展研究中心、河南大学中原研究院等；还有研究毗邻区域的，如宁波大学东海研究院、厦门大学台湾研究院等。通过智库的名称，我们可以很容易辨别此类智库的服务对象。

2. 非一流大学占据优势

在大学智库所在高校的性质上看，主要研究领域在区域发展的大学智库来自非一流大学的比例超过了70%，来自一流大学的比例不足30%，悬殊较大。主要原因在于，非一流大学智库讲究与双一流大学错位发展，更关注为地方政府服务，当地的大学智库也更能够了解区域的发展情况，在区域发展领域的研究更具有优势与实践性。因此，在区域发展研究领域，非双一流大学占据巨大优势。

广西创新发展研究院是区域发展领域高校智库的典型代表，广西大学于2016年11月成立了广西创新发展研究院（简称"创发院"）。

创发院的创建，旨在从国家与广西经济社会发展的战略需求出发，整合校内外各类资源，瞄准国家和广西经济社会发展中的重大问题展开研究，创造高水平智库成果，打造高校新型高端智库，为党委政府决策服务、为社会培养输送人才。创发院以广西大学为依托，立足广西经济社会发展需求，充分整合政府、高校、企业和社会资源，汇聚学者、官员、企业家和社会人士等各方智慧和优势力量，围绕国家和广西经济社会发展中的重大问题进行基础性、实践性和对策性跟踪研究及应急研究，发挥影响政治决策、引导舆论、教育公众、储存和输送人才等功能，为党委政府科学、民主、开门决策提供智力支持。创发院战略定位为：党委政府的战略咨询平台、创新发展的交流平台与社会各界的服务平台。

四 聚焦国别和区域研究的大学智库

区域国别研究在美国的兴盛发生于第二次世界大战后，与美国崛起为世界超级大国直接相关。在这一发展驱动下，对地区研究的需求极为巨大，加以资金充沛，学界积极投入，地区研究取得了极为丰硕的成果。经过二三十年的发展和沉淀，地区研究制度化为美国各大学内的体制性架构。21世纪头20年的中国同样出现了崛起为全球性大国的发展，其情形与战后美国有可资比较之处，在中国也出现了区域国别研究大发展的机遇，对区域国别专门知识和专才的需求十分巨大。像战后美国联邦政府一样，中国政府也给予了区域国别研究以极大的重视和支持。不同的是，中国的区域国别研究尚缺乏来自私立基金会的重大支持，正如美国的福特基金会之于美国的地区研究那样。这说明中国的民营部门尚不发达，对区域国别研究尚难产生重大推动作用。

由相关方面的情形可以推知，中国的区域国别研究已经进入了一个新阶段，其繁盛将会在 21 世纪持续相当长一段时间。所存在的问题是区域国别研究在很大程度上是与社会科学学科性研究相脱离的，这需要很好地加以解决。在中国各大学中，区域国别中心大多置于国际关系/外交事务学院内，侧重政治外交而欠缺其他社会科学视角，这可能不利于区域国别研究的推进。未来若能把区域国别研究与社会科学学科性、理论性问题有机地、建设性地进行结合，将会使区域国别研究在中国展现出新的前景。

1. 语言、师范类高校的大学智库具有优势

在国别研究领域的大学智库中，有近三分之一来自语言、师范类高校，其中包括了北京师范大学、北京外国语大学、大连外国语大学、东北师范大学、华东师范大学、上海外国语大学、浙江师范大学等高校；超过一半以上的国别研究大学智库是依托高校的外语学院或者以外语学院为主设立的，主要原因在于语言类大学在小语种上具有独特的优势，能够获取除了英文世界外的地方信息，而一些优秀的师范类大学往往将对外汉语的驻点设立在当地国家，能够近距离获取当地国家信息，具有进行国别研究的优势。

2. 非一流大学占据优势

在大学智库所在高校的性质上看，主要研究领域在国别研究的大学智库来自非一流大学的比例接近 70%，来自一流大学的比例略超过 30%。主要原因在于，非一流大学智库讲究与一流大学错位发展，特别是语言类、师范类大学往往只有一流专业而非一流大学，因此具有开展国别研究的语言、资源优势，还有一部分非一流大学与研究标的距离接近，如延边大学朝鲜半岛研究院、云南财经大学印度洋地区研究中心等，遵循研究的属地原则，具有国别研究的属地优势，两方面原因共同让非双一流大学智库在国别研究领域占据优势。

浙江师范大学非洲研究院是国别研究的典型大学智库，研究院是在教育部、外交部支持下于 2007 年成立的中国高校首个综合性、实体性非洲研究院。经 10 多年发展，非洲研究院已成为有广泛影响力的中国非洲研究机构与国家对非事务智库，成为国内首个拥有非洲研究"长江学者"特聘教授的学术机构，是教育部首批"黄大年式教师团队"、教育部区域和国别研究基地、教育部浙江师范大学中国南非人文交流研究中心、外交部"中非联合研究交流计划指导委员会指导单位"和"中非智库 10+10 合作伙伴计划"中方智库、教育部"中非高校 20+20 合作计划"单位、浙江省 2011 协同创新中心、浙江省新型专业智库、浙江省哲学社会科学重点研究基地。现拥有"非洲教育与社会发展"交叉学科博士点、"非洲学"交叉学科硕士点、"政治学"一级学科硕士点和"非洲教育""非洲历史"二级学科硕士点。非洲研究院下设非洲政治与国际关系、非洲经济、非洲教育、非洲历史文化 4 个研究所及院行政办公室、科研与国际合作办公室，创办有"中非智库论坛"，建有国内高校首个非洲博物馆、非洲翻译馆、非洲图书资料中心与非洲特色数据库，还设有《非洲研究文库》《非洲地区发展报告》《非洲研究》编辑室，及院学术委员会、院务委员会等机构，与 10 余个非洲国家的大学建有合作关系，并在喀麦隆、莫桑比克、坦桑尼亚建有孔子学院和海外研究基地。连续两年入选目前最权威、最具影响力的美国宾夕法尼亚大学《全球智库报告》"最佳区域研究中心（大学附属）"。

非洲研究院围绕国家发展大局与中非合作大势，以"当代非洲发展问题"与"新时期中非合作关系"为重点研究领域，深入开展基础理论与应用对策研究，迄今已累计出版各类《非洲研究文库》学术著作、译著和专题报告75部（卷）；在国内外刊物上发表论文300多篇；在国际上主办了"中非智库论坛""中非媒体智库研讨会"等一系列影响广泛的重要学术会议；向国家各部委提交各类咨询报告40余篇，多篇报告获国家领导人批示或被《教育部高校智库专刊》录用；编撰出版的教育部哲学社会科学年度报告《非洲地区发展报告》及研究院专业期刊《非洲研究》已成为中国非洲研究重要品牌。

五　聚焦文化研究的大学智库

文化是一种社会现象，它是由人类长期创造形成的产物，同时又是一种历史现象，是人类社会与历史的积淀物。确切地说，文化是凝结在物质之中又游离于物质之外的，能够被传承的国家或民族的历史、地理、风土人情、传统习俗、生活方式、文学艺术、行为规范、思维方式、价值观念等，它是人类相互之间进行交流的普遍认可的一种能够传承的意识形态，是对客观世界感性上的认识与经验的升华。

习近平总书记强调"文明特别是思想文化是一个国家、一个民族的灵魂。无论哪一个国家、哪一个民族，如果不珍惜自己的思想文化，丢掉了思想文化这个灵魂，这个国家、这个民族是立不起来的"；因为中国优秀传统文化"可以为治国理政提供有益启示，也可以为道德建设提供有益启发"，"我国今天的国家治理体系，是在我国历史传承、文化传统、经济社会发展的基础上长期发展、渐进改进、内生性演化的结果"；更因为"只有坚持从历史走向未来，从延续民族文化血脉中开拓前进，我们才能做好今天的事业"，"没有文明的继承和发展，没有文化的弘扬和繁荣，就没有中国梦的实现"。因为对于文化的研究是支撑我国文化自信的重要基础，所以，大学智库积极开展了文化方面的研究。

在大学智库所在高校的性质上看，主要研究领域在文化研究的大学智库来自双一流大学占三分之一，来自非双一流大学占三分之二。但两者研究的层面上略有不同，双一流高校的大学智库在文化研究上，更多的是倾向于国家整体的文化内容，如湖南大学岳麓书院国学研究与传播智库、山东大学犹太教与跨宗教研究中心、上海交通大学人文艺术研究院等；非双一流高校的大学智库研究更注重地方文化的差异化与特色化发展。主要原因在于，非双一流大学智库讲究与双一流大学错位发展，如内蒙古大学蒙古学研究中心、大理大学云南宗教治理与民族团结进步智库等。由此使得双一流大学与非双一流大学在文化大学智库上数量接近。

聚焦文化研究的典型大学智库是西藏文化传承发展协同创新中心。西藏文化传承发展协同创新中心是以西藏民族大学为依托单位，由西藏民族大学、中国人民大学、中山大学、中国藏学研究中心、西藏自治区社会科学院等高等院校、科研机构协同组建的改革创新实体。

西藏文化传承发展协同创新中心聘请中国文联副主席丹增为专家咨询组顾问，聘请中国藏学研究中心副总干事郑堆为首席科学家，聘请中国人民大学郑保卫、中国藏学研究中心周炜为首席专家。中心下设西藏宗教与社会文化发展、西藏文化对外传播、西藏文化产业发展等三个研究平台。

西藏文化传承发展协同创新中心以"国家急需、世界一流、制度先进、贡献突出"为根本出发点，积极开展西藏文化产业发展、数字化文化产品研发和数字化文化遗产保护技术的研究和推广，推动西藏文化产业形成西藏国民经济的支柱产业；研究传统宗教文化与当代社会相适应问题，针对西藏传统宗教文化的传承保护和西藏文化现代化发展的要求，探索与西藏社会发展相适应的文化发展战略；研究西藏文化对外传播的有效机制，扩大社会主义西藏文化影响力，推动西藏高等学校机制体制改革，将西藏文化传承发展协同创新中心建设成产、学、研一体的创新实体。

西藏文化历史悠久，独具特色，是中华文明的重要组成部分。对西藏优秀传统文化的传承、发展和创新是建设社会主义新西藏，保持西藏社会稳定，加强民族团结，促进西藏经济社会跨越式发展和长治久安必须面对的重大课题。西藏文化传承发展协同创新中心将以促进西藏区域经济、社会、文化发展为己任，竭诚为国家和西藏自治区提供智力支持和咨询服务。

六 聚焦能源环境研究的大学智库

中国 40 年的经济快速增长主要依靠的是大量的要素投入和环境破坏来实现的，而不是全要素生产率（TFP）的大幅提升，生产过程能源消耗较高，环境污染严重。随着中国低劳动力成本优势的流失、资本边际报酬的递减、能源产品价格的不断上涨和能源供应紧张，这种粗放式的增长方式显然是不可持续的，并且它还会日益加剧中国的环境—能源—经济系统的矛盾。

中国近些年出台的规划和报告也体现了中央对能源环境问题的重视。虽然，中国政府近些年加大了资源节约、环境保护力度，单位能耗和碳排放的标准也提高了。但是，未来中国经济发展面临的能源供给和需求问题以及环境的污染问题将会更加严重，因为随着中国未来经济的快速增长，资源（包括能源）消费量以及废气、废水、固体废弃物等环境污染物的排放量每年都将增加，这些都会制约和阻碍中国经济的可持续发展。所以，如何科学衡量经济增长、能源消耗与环境污染三者之间的关系，提高能源利用效率，减少污染排放，是保持中国经济可持续发展亟需解决的现实问题。大学智库也在这一重大领域参与了政府决策过程，为政府的能源环境政策提出建议。

1. 能源环境研究大学智库关注"可持续发展"

以能源环境为研究领域的大学智库，大部分注重可持续发展，从名称中即可以发现，如北京理工大学北京经济社会可持续发展研究基地、重庆大学可持续发展研究院、天津大学亚太经合组织可持续能源中心、暨南大学资源环境与可持续发展研究所等，大学智库在研究能源环境相关问题时，首要考虑的是国家与地方的发展问题，而并不仅仅停留在理论的研究，把能源环境与由此衍生出的研究领域结合，以系统的方式研究问题，这与政府部门的期望相吻合。

2. 非一流大学占据优势

在大学智库所在高校的性质上看，主要研究领域在国别研究的大学智库来自非一流大学的比例接近70%，来自一流大学的比例略超过30%。但从研究的层面、问题上看，来自两者的大学智库均非常相似，可见，环境对所有的个体与组织都是一视同仁的。

北京理工大学能源与环境政策研究中心面向国家能源与应对气候变化领域的重大战略需求，针对能源经济与气候政策中的关键科学问题开展系统研究，增进对能源、气候与经济社会发展关系的科学认识，为政府制定能源气候战略和政策提供科学参考，并建设与国际一流同行开展学术交流的平台，培养高水平专门人才。

中心起源于20世纪90年代魏一鸣在中国科学院的资源与环境复杂系统建模研究团队。早期该团队围绕国家油气等矿产资源和水电资源开发决策、应对极端气候事件等国家重大战略问题开展了系统研究。2000年以来，针对国家新的发展形势和战略需求，研究领域进一步扩展到能源经济系统和全球气候政策，研究视野和思路进一步拓展到交叉综合学科。2009年，应北京理工大学邀请，团队大部分成员调入北京理工大学，继续开展"能源经济与气候政策"研究；并经学校批准成立了北京理工大学能源与环境政策研究中心（CEEP）。团队研究力量得到了进一步扩充和发展，国际影响力持续增强。2015年，该团队获批成为国家自然科学基金创新研究群体。

中心在国内外的学术影响力日益增强。据2019年4月全球著名的经济学文献库RePEc/IDEAS的数据，该团队所在的能源与环境政策研究中心在能源经济领域全球排名第12，在环境经济领域的全球排名第11。中心是国际能源研究机构联盟（ERIN）的中方成员机构，还是国际著名的气候经济综合评估建模联盟（IAMC）成员机构。

七 聚焦"一带一路"问题研究的大学智库

"一带一路"（The Belt and Road，缩写B&R）是"丝绸之路经济带"和"21世纪海上丝绸之路"的简称。2013年9月和10月由中国国家主席习近平分别提出建设"新丝绸之路经济带"和"21世纪海上丝绸之路"的合作倡议。依靠中国与有关国家既有的双多边机制，借助既有的、行之有效的区域合作平台，"一带一路"旨在借用古代丝绸之路的历史符号，高举和平发展的旗帜，积极发展与沿线国家的经济合作伙伴关系，共同打造政治互信、经济融合、文化包容的利益共同体、命运共同体和责任共同体。2017年，以"一带一路"国际合作高峰论坛和"一带一路"被写入《中国共产党章程》为标志，"一带一路"建设取得了突破性进展。"一带一路"倡议正在成为世界上越来越多国家和政治领袖们的一种共识，一个探索全球经济治理新模式的平台。可以说，"一带一路"经历了从中国倡议到国际共识、从理念到全面行动的巨大转变。伴随"一带一路"倡议获得越来越多的关注及其所取得的建设成就，学术界对"一带一路"的研究也迅速升温。当前，"一带一路"这个主题已经深入到除了基础科学领域外的几乎所有学科，而且得到了媒体几乎不间断的报道。但是，由于"一带一路"倡议发展迅速，相关研究还跟不上其前进的步伐，尚没有形成坚实的理论来支撑新鲜的理念和实践。正如习近平总书记在中央推进"一带一路"建设工作座谈会上重要讲话中指出的，"一带一路"建设的实践工作超前于理论总结和学术研究。因此，及时总结"一带一路"研究进展，有利于进一步推动该领域的学术研究，以更好地支撑"一带一路"建设，是大学智库的历史使命。

1. 大部分"一带一路"大学智库属于"一带一路"倡议覆盖省份

"一带一路"倡议中丝绸之路经济带圈定为新疆、重庆、陕西、甘肃、宁夏、青海、内蒙古、黑龙江、吉林、辽宁、广西、云南、西藏13省区市。21世纪海上丝绸之路圈定为上海、福建、广东、浙江、海南5省市。"一带一路"大学智库中的75%在"一带一路"倡议覆盖省区市，拥有较强的属地效应，其中陕西省有5个"一带一路"大学智库。

2. 非双一流大学占据优势

在大学智库所在高校的性质上看，主要研究领域在"一带一路"的大学智库来自非一流大学的比例超过70%，来自一流大学的比例略低于30%。主要原因在于，"一带一路"倡议有强烈的属地原则，所以北京、江苏、湖北、四川、广东、湖南、天津等双一流大学数量大省（市）没有在"一带一路"倡议的圈定范围之内，因此缺乏对这一专题的研究动机，没有专门成立相关大学智库参与研究，让非双一流大学智库在"一带一路"研究领域中占据优势。

兰州大学"一带一路"研究中心是研究"一带一路"问题的典型大学智库。兰州大学是"一带一路"智库合作联盟"中国—中亚—西亚"分网络牵头单位，也是"一带一路"高校联盟秘书长单位。2017年兰州大学将"兰州大学丝绸之路经济带研究中心"（成立于2014年）拓展为"兰州大学一带一路研究中心"。

研究中心以服务"一带一路"国家倡议为根本宗旨，聚焦我国西部地区和"丝绸之路经济带"沿线地区的政治、经济、外交、安全和社会发展，以及自然资源开发与利用、环境保护、教育培训、医疗卫生、国际交往等热点领域问题，充分发挥该校学科门类齐全、科研力量雄厚的学术优势和学校地处"丝绸之路经济带"黄金段的区位优势，整合校内校外、国内国外特别是"一带一路"联盟高校的资源，在开展学术研究的基础上重点进行政策研究，为国家和区域发展提供科学决策咨询和智力支撑。

研究中心组织开展与"一带一路"倡议密切相关的基础性、应用性和综合性课题研究；为国家提供"一带一路"沿线核心节点国家一流的政策与决策咨询服务；为甘肃省融入和推进"一带一路"建设提供智力支持；为企业海外投资和"一带一路"沿线核心节点国家青年创新创业提供相关的决策咨询服务；为国家和"一带一路"沿线有关国家培养、培训与"一带一路"相关的高层次人才；提供"一带一路"国际合作和政、产、学、研凝聚共识的高端对话平台；促进兰州大学人文社会科学和相关学科优势研究成果向智库成果转化。

研究中心根据"一带一路"国家和区域重大现实需求，结合学校的综合基础和特色优势，整合校内外优势研究力量和研究资源，以中国—中亚—西亚经济走廊、中巴经济走廊及沿线节点国家为主要研究对象，适度辐射其他节点国家。在以上国家和区域研究对象前提下，围绕如何实现政策沟通、设施联通、贸易畅通、资金融通、民心相通等"五通"开展综合研究，重点围绕国别和区域研究、国家安全与对外战略、区域经济联动发展与企业创新、敦煌丝路文明与跨国民族社会、农业发展与生态安全政策、公共卫生与医药产业发展政策等六个方面开展研究。

八 聚焦安全问题研究的大学智库

国家安全是国家的基本利益，是一个国家处于没有危险的客观状态，也就是国家没有外部的威胁和侵害也没有内部的混乱和疾患的客观状态。当代国家安全包括11个方面的基本内容，即国民安全、领土安全、主权安全、政治安全、军事安全、经济安全、文化安全、科技安全、生态安全、信息安全和核安全。

强化国家安全是维护国家主权和领土完整的根本要求，也是推进国民经济持续健康发展和实现社会和谐稳定的重要根基。中共十八大报告强调要"完善国家安全战略和工作机制，高度警惕和坚决防范敌对势力的分裂、渗透、颠覆活动，确保国家安全"。中共十八届三中全会提出"设立国家安全委员会，完善国家安全体制和国家安全战略，确保国家安全"。习近平总书记指出："当前我国国家安全内涵和外延比历史上任何时候都要丰富，时空领域比历史上任何时候都要宽广，内外因素比历史上任何时候都要复杂"，"我们党要巩固执政地位，要团结带领人民坚持和发展中国特色社会主义，保证国家安全是头等大事"。"总体国家安全观"扩展和完善了国家安全的范围和边界，为构建我国的国家安全模式提供了全方位的框架体系，指明了今后我国国家安全战略进一步发展和完善的方向。要推进国家治理体系和治理能力现代化，维护社会和谐与稳定，就必须高度重视国家安全问题的总结和分析，不断提升国家安全问题研究的科学化水平。因此，以国家安全问题为研究方向的大学智库应运而生。

1. 依托理工科院校设立的安全大学智库较多

安全问题涉及具体的技术规制，往往需要理工科技术的支持，因此我们可以发现，此类大学智库依托理工科院校设立居多，如清华大学中国应急管理研究基地、清华大学中国社会风险评估研究中心、武汉理工大学中国应急管理研究中心、天津科技大学食品安全战略与管理研究中心；还有一个明显特征，有两所公安类大学存在智库，分别为中国人民公安大学首都社会安全研究基地与江苏警官学院江苏省公共安全研究院，这与其学校性质相对应。

2. 非一流大学占据优势

在大学智库所在高校的性质上看，主要研究领域在安全领域的大学智库来自非一流大学的比例超过70%，来自一流大学的比例略低于30%，但从研究的层面、问题来看均非常相似，可见，国家安全对所有的个体与组织都是一视同仁的。

中国人民公安大学首都社会安全研究基地是典型的以安全为研究方向的大学智库。首都社会安全研究基地是北京哲学社会科学重点研究基地，是北京市哲学社会科学规划办与北京市教育委员会共建基地。基地成立于2004年，依托于中国人民公安大学，现由治安学院全面负责建设，副校长汪勇教授担任学术委员会主任，宫志刚教授担任基地主任，台运启教授担任基地首席专家。

首都社会安全研究基地致力于打造社会安全高端新型智库平台，保持学术水平在全国社会安全研究领域居于领先地位，成为国内外有重要影响的社会安全学术交流中心和高素质人才培养中心，建设社会安全信息资料与数据中心，为维护首都社会安全稳定提供决策咨询和智力支持。

首都社会安全研究基地自成立以来，紧密围绕社会安全这条主线积极开展学术研究，经过多年的积累和探索，基地主要研究领域涵盖平安建设、社会治安防控体系建设、首都安全、反恐防暴、校园安全、城市安全、基础设施安全、社区治安治理、地铁安全防护、低空安全防护、地下空间安全等领域。

首都社会安全研究基地以公安大学治安学院教师为主体研究人员，充分吸纳校内其他学院相关专业的研究人员参加，并聘用清华大学、北京大学、政法大学、人民大学、北京社会科学院、北京市公安局等理论与实务部门的校外专家学者作为基地研究人员，形成了较为稳定的老中青相结合的科研团队。

基地注重理论研究的应用性，积极参与社会安全实践，与不同层级的政法机关，特别是公安机关形成了密切的合作关系，多次为合作单位提供社会安全领域的规划和咨询服务。

九　聚焦教育研究的大学智库

党的十八大以来，以习近平同志为核心的党中央高度重视教育问题，习近平总书记在不同场合多次强调发展教育的重要意义，为教育强国的建设指明了方向。

2018年5月，习近平在北京大学师生座谈会上强调：教育兴则国家兴，教育强则国家强。高等教育是一个国家发展水平和发展潜力的重要标志。今天，党和国家事业发展对高等教育的需要，对科学知识和优秀人才的需要，比以往任何时候都更为迫切。党的十九大报告中提出要"加快一流大学和一流学科建设，实现高等教育内涵式发展"。当前，我国高等教育办学规模和年毕业人数已居世界首位，但规模扩张并不意味着质量和效益增长，走内涵式发展道路是我国高等教育发展的必由之路。因此，作为站在教育领域第一线的大学对于国家如何发展教育事业的研究责无旁贷，教育类大学智库则据此而生。

1. 师范大学得天独厚

教育是师范大学的本命，所以教育类大学智库中，师范类院校的大学智库占据了一半比重，研究关于教育类问题的方方面面，如北京师范大学首都教育经济研究院主要研究的是教育经济，北京师范大学中国教育与社会发展研究院主要研究教育政策与社会治理，东北师范大学中国农村教育发展研究院则注重农村的教育事业，华东师范大学国家教育宏观政策研究院在教育的国家政策，厦门大学教育研究院的高等教育等方面具有建树等。

2. 一流大学占据优势

在大学智库所在高校的性质上看，主要研究领域是教育的大学智库来自一流大学的比例达50%，来自非一流大学的比例为45%，教育是优秀大学的立身之本，在一流大学中有厚重的学术积累与实践经验，对于教育问题的探究也由来已久，因此可以解释双一流高校的大学智库在教育研究领域的数量优势。

教育类大学智库的典型代表为华东师范大学国家教育宏观政策院。华东师范大学国家教育宏观政策院（National Institutes of Educational Policy Research）成立于2013年12月。2015年12月，教育部与上海市人民政府协议共建教育经济宏观政策研究院（National institutes on Education and the Economy），由华东师范大学与上海市教育科学研究院联合建立。国家教育宏观政策研究院暨教育经济宏观政策研究院，简称"宏观院"。

宏观院站在国家宏观战略的高度，以国家重大需要为导向，针对经济产业布局、社会发展与制度创新等重大问题，从经济、产业、区域、社会等多角度全方位地对教育问题开展综合研究。目的在于：全面对接国家和经济社会对教育发展的需求，为国家宏观和全局教育决策提供支持，为国家教育决策科学化和治理现代化提供专业支撑。

宏观院以促进国家现代化进程，完善中国特色社会主义现代化教育体系，促进教育公平，提高教育质量，办好人民满意的教育和建设人力资源强国为价值追求。以国家宏观政策和教育发展战略研究为重点，结合国家改革与发展中的重大理论及现实问题，以教育整体规划与综合改革为突破口，为破解重大问题提供思路和理论依据。落实国家关于新型智库建设的要求，服务国家社会的发展，聚焦国家急需，着眼社会未来长远需要，努力贡献既有前瞻性、战略性，又有针对性、操作性的研究成果，着力打造服务国家宏观决策的思想高地，一流的国家教育智库和有世界影响力的中国智库品牌。

十 聚焦民族研究的大学智库

我国是一个统一的多民族国家，共有55个少数民族、155个民族自治地方，少数民族人口占全国总人口的8.5%，民族自治地方面积占全国国土总面积的64%。"十三五"时期，把加快少数民族和民族地区发展摆到更加突出的战略位置，对于补齐少数民族和民族地区发展短板，保障少数民族合法权益，提升各族人民福祉，增进民族团结进步，促进各民族交流交往交融，维护社会和谐稳定，确保国家长治久安，实现全面建成小康社会和中华民族伟大复兴中国梦，具有重要意义。由于历史、自然和地理等原因，少数民族和民族地区发展仍面临一些突出问题和特殊困难。经济社会发展总体滞后，供给侧结构性改革任务艰巨，产业发展层次水平偏低，新旧动能转换难度较大。城乡区域发展不平衡，基本公共服务供给不足，基础设施建设欠账多，资源环境约束大，创新发展能力弱，对内对外开放水平不高。少数民族和民族地区人口整体素质有待提高，少数民族传统文化传承发展亟待加强，贫困问题依然严峻，维护社会和谐稳定任务繁重，缩小与全国发展差距仍然任重道远。破解多重问题和困难，必须加快少数民族和民族地区发展。因此，旨在解决相关问题的民族问题大学智库产生，为国家的民族问题出谋划策。

1. 民族问题研究智库主要分布在周边地区

中国各民族分布的特点是：大散居、小聚居、交错杂居。汉族地区有少数民族聚居，少数民族地区有汉族居住。这种分布格局是长期历史发展过程中各民族间相互交往、流动而形成的。就具体居住地点来说，主要分布在西北、西南、东北部地区。民族问题研究的大学智库也主要集中在少数民族较多的甘肃、宁夏、陕西与云南四省区，具有较强的属地特征。

2. 非一流大学占据优势

在大学智库所在高校的性质上看，主要研究民族问题的大学智库来自非一流大学的比例超过90%，来自一流大学的比例不足10%，悬殊较大。主要原因在于，主要研究民族问题的大学智库遵循属地原则。因此，在民族问题研究领域，非一流大学占据巨大优势。

民族研究类大学智库的典型代表为宁夏大学回族研究院。宁夏大学回族研究院前身是始建于1986年的宁夏大学回族文学研究所，1998年更名为宁夏大学回族文化研究所，2004年更名为宁夏大学回族研究中心，2008年定名为宁夏大学回族研究院，2009年被国务院授予"全国民族团结模范集体"荣誉称号。宁夏大学回族研究院于2004年成为首家自治区人文社科重点研究基地，2009年获批为宁夏民族宗教理论与政策研究基地，2011年获批为自治区回族学人才高地，2014年获批为自治区社科普及基地。建有全国规模最大的回族学文献信息中心，下设回族社会与经济研究所、回族历史与文化研究所、回族文学创作与研究所、回族文献整理与数据库建设研究所、《中国回族学》编辑部、中国回族文献信息中心等6个内设机构。

建院（所）30年来，研究院秉承"兼容并包、宁静致远"的学术理念，以国家和自治区经济社会文化发展重大需求为导向，凝练学术方向，会聚学术队伍，构筑学术高地，在回族社会与经济、文学与文化、民族区域自治、民族社区发展等特色学术方向上，推出了一批有重要影响力的研究成果，团队学术水平居国内前列。近年来研究院开始智库化转型，提交咨询报告400余篇。

第四部分

中国大学智库政策参与和政策建议

第八章

中国大学智库公共政策参与

大学智库是研究和试图影响公共政策的专业化组织。大学智库参与和影响政策过程的方式，影响公共决策的方式和途径因智库所处的制度环境和决策体制不同而不同。大学智库参与和影响政策过程的方式和其他类型智库有相同之处，也有其特殊性。大学智库在参与和影响决策过程中，存在一些先天性不足，需要提升能力，扩大影响，发挥大学智库的优势。

◇ 第一节 大学智库参与和影响公共政策的途径

一般来说，智库参与和影响公共政策主要包括直接方式和间接方式。间接参与和影响政策主要是通过影响公共舆论，扩大智库影响力，引起公共决策者的注意，从而间接达到参与和影响公共政策的目的。直接方式是智库直接参与政策的咨询，乃至通过"旋转门"机制直接参与政策的制定等。

一 智库参与和影响公共政策的主要途径

唐纳德·E. 埃布尔森等认为，美国智库参与和影响政策过程主要包括对公众的影响,发挥个人的影响。对公众的影响途径方式主要包括:(1)举办公共论坛和会议,讨论各种内政外交问题;(2)鼓励内部学者发表公共讲座和演说;(3)向国会或议会陈述观点;(4)出版书籍、意见杂志、时事分析、政策简报和其他发行量大的刊物;(5)创建电子邮件分发名单,增加新出版物的阅读人数,在网站上公布该机构活动的关键信息;(6)面向公众开展年度募资活动;(7)提高媒体报道次数。与其共享资源,绝大部分的智库更愿意继续按照自身的研究计划开展研究工作。对个人影响的途径主要包括:(1)在政府部门担任内阁、内阁下级机构、普通官员等职务;(2)在总统选举期间加入政策工作小组和过渡团队,以及之后加入总统顾问委员会;(3)保持与参众两院的联系;(4)邀请当选的决策者参加智库的内部会议、研讨会和专题讨论;(5)允许政府官员在智库里有限地任职;(6)邀请前政府官员到智库任职;(7)为决策者准备研究报告和政策简报。[①] 上述智库影响参与方式可以归为直接和间接两种主要方式。

二 大学智库参与和影响政策的主要形式

从方式和途径角度看,中国大学智库参与政策过程主要包括直接和间接两种类型,但具体途径和西方国家智库有所不同。大学智库参与公共政策过程的直接方式即是政府部门与智库机构之间直接互动的过程,具体表现形式包括:智库机构专家担任政府部门决策咨询委员、专家委员会委员,参与决策咨询会议;或专家参与规划、政策咨询、立法起草等工作;承接政府部门委托项目;撰写研究报告,调查

---

① [加]唐纳德·E. 埃布尔森:《国会的理念——智库和美国的外交政策》,南京大学出版社2016年版,第159—164页。

和评估政策执行效果，以内参报告等形式提交给政府部门和决策者，发挥积极作用；乃至政策专家通过"旋转门"机制直接进入政府部门，直接制定政策。政府部门邀请智库机构或者专家学者参与规划制定、重要政策制定讨论、立法起草，或者以论证会、专家咨询会的形式论证政策的合理性、科学性听取相关建议。政府部门以项目课题的形式直接委托大学智库参与政策问题的研究。大学智库可以通过为政府官员授课，提供培训和咨询服务，直接传输政策研究观点给政府决策部门。

大学智库间接参与政策过程的方式是指大学智库借助一定的媒介，形成公共舆论或声誉，间接参与和影响公共决策的方式对大学智库以及公共决策产生双向影响，进而将智库产品传送给政府部门和决策者，具体形式包括智库机构借助传统媒体（报纸、电视、杂志等）和新媒体（微信、微博、博客等自媒体）发声；举办和参与高端论坛、学术会议、研讨会等会议交流；出版著作、刊物；发布研究报告、蓝皮书等。借助媒体、互联网、论坛、研讨会以及纸质化研究成果的形式传播智库政策观点，增强大学智库与社会民众的互动，了解民意和引导民意，提高政策对策的针对性；塑造和引导公共舆论，借助研究成果和观点引导和塑造社会舆论，吸引政府部门的关注和重视，促使研究成果纳入政府议程，进而影响公共政策。[①]

具体地说来，中国大学智库参与和影响公共政策过程主要包括以下方式。

（一）智库专家借助"旋转门"机制，直接参与公共决策

智库的一个重要功能是充当人才蓄水池，一些智库实际上就是持

[①] 张杰：《中国新型大学智库提升公共决策影响力的路径研究》，硕士研究生学位论文，浙江工业大学，2019年。

有对立政治倾向的专家和政治家"库"。通过"旋转门"机制，智库专家可以直接参与公共决策。每一次政府换届，都有大批的政府官员从政府决策部门退出；同样，每一届新的政府上台，又会从智库选拔一批官员进入政府决策部门，很多专家和官员进入"旋转门"，徘徊于政府和智库之间。这些智库专家和官员具有在政府部门工作和智库作政策研究的双重经历，能够在纯粹以政策为重点的工作和更抽象的学术之间维持良好的平衡。[1] 智库"旋转门"机制和功能以美国最为典型。美国著名的智库如斯坦福大学胡佛研究所、传统基金会、战略与国际问题研究中心和布鲁金斯学会等都有大批专家进入政府部门，同时政府部门一些高官退出政府后进入智库从事政策研究。智库专家通过"旋转门"机制进入政府，直接参与和作出公共决策，直接参与和影响了公共政策过程，也是智库参与和影响公共政策的最直接形式，很多智库也常常将其专家进入新政府的高官人数作为其成就和影响力大的一个重要指标。

相对于美国，中国公共决策系统相对封闭，旋转门机制作用有限。但是中国大学智库依然可以通过类似旋转门机制来参与和影响公共政策。中国很多知名大学智库都聘请有政府部门工作经历的官员在智库任职，以提高智库参与公共政策效力，扩大智库的影响力。清华大学服务经济与公共政策研究院院长江小娟曾任国务院副秘书长，清华大学中国农村研究院院长陈锡文曾任中央财经领导小组办公室副主任、中央农村工作领导小组副组长和全国政协常委等职，复旦大学国际问题研究院主任沙祖康曾是前联合国副秘书长，副主任周文重、乐玉成曾是外交部副部长等，这为这些智库参与决策，发挥政策影响提

---

[1] [美] 詹姆斯·麦甘恩、理查德·萨巴蒂尔：《全球智库：政策网络与治理》，上海交通大学出版社2015年版，第41—42页。

供了便利。有的大学智库领导和专家担任国家或地方人大代表或政协委员，这样可以以人大代表或政协委员身份，提出议案和政策建议，参与公共决策。可以说，对于大学智库而言，参与和影响公共决策的最好方式是直接参与政策制定，乃至通过"旋转门"直接成为政策制定者。

(二) 参与决策咨询活动，影响公共决策

大学智库专家具有丰富的学术功底和专业知识，在其研究领域内具有一定的权威性和代表性，经过充分的调研，采用科学的方法，发现社会公共问题，同时因不是政府官员，身份更为超然，提出的政策观点和政策建议更具有公信力。大学智库专家利用专业的知识优势和声望，担任各级政府部门决策咨询委员会委员、专家委员会委员。智库专家接受政府部门邀请，参与各级各类政策咨询活动，比如法律法规和重要政策与项目的专家组、咨询组、起草组、执笔组成员等，参与咨政建言，影响公共政策。智库机构和智库专家接受政府部门邀请，直接参与政府重大政策方针的制定，如参与中央或者地方规划或立法重要文件起草、论证和修改，比如国家、地方和部门"五年规划"，帮助政府起草国家、地方和部门工作报告，是中国大学智库影响政府决策最直接有效的方式之一。

(三) 主持和承担政策研究项目

现代社会公共问题越来越复杂，政府决策部门越来越需要借助智库这个"外脑"为其帮助搜集、过滤和分析政策信息，提出政策建议，提供政策方案。中国大学智库参与和影响公共决策的一个重要形式是承担政府政策研究项目。大学智库机构和智库专家通过公开招标形式或者接受政府部门专门委托，承担各类政策研究项目，以课题形式开展专项政策研究，进行调查，提出政策建议和方案，以开题报告或政策报告形式，递交给委托部门，通过向决策部门递交研究报告、政策建议，部门和领导采纳，领导批示等形式实现参与政策过程。接受政府政策委托项目，参与政策过程对于大学智库来说是"命题作文"。

(四) 撰写和递交政策研究报告

除了接受政府委托项目，开展政策研究，参与政策过程这种"命题"式之外，中国大学智库还开展"自拟题目"研究。可以说，向决策部门递交政策研究报告是大学智库参与公共决策最基本的方式之一。大学智库利用大学的学科优势、人才优势和相对独立的自主性身份优势，自主设立政策研究题目，针对前沿性问题、前瞻性问题和重大社会问题开展调查和研究，经过论证探讨，基于学术和长期的积累，从专业的角度，搜集民情民意，分析公共问题，提出政策报告和政策建议，撰写研究报告，通过专家个人身份渠道或制度化渠道，将研究成果提交给有关领导和政府部门。

有些涉及不便于对外公开的国家政策，比较敏感的方针问题，大学智库会以制度化的内参的形式向决策部门递交研究成果供决策领导参考和采纳，同时一些大学智库创办有自己的政策内参，比如一些大学智库的《问题与研究》《决策参考》《粤港澳研究》《公共决策内参》《世界经济情况》等，刊登各自领域内最新观点和动态，致力于为党和政府提供专业化的政策建言。这些报告通过政策采纳或领导批示，实现参与和影响政策过程的功能。

(五) 为政府官员授课和专题讲座

为了准确把握社情民意，提高政府决策部门和领导的决策能力、治理能力和水平，各级决策部门和领导会定期不定期接受封闭学习或政策专题报告讲座等方式实现"充电"学习。在此过程中，中国大学智库机构和专家承担着为政府入职公务员和各级领导干部培训的任务，通过为其授课、举办培训活动和公共政策专题讲座等来增强其思想政治理论水平，公共决策和治理能力。智库培训一般以课堂授课为主，其次包括现场调研、专题研讨和专题讲座等形式，保障培训内容和讲座形式的多样化。培训和授课的主讲人大多是大学智库、党政军智库中实践经验丰富、学术知识渊博的专家教授，在授课培训的过程中将自身的研究领域取得的研究成果以及对相关问题的认识和知识传递给参加的政府人员，启发其对社会问题的认知和思考。政府部门也会邀请智库专家开设专题讲座，针对专题进行政策讲解、表达观点态度、提出相应的分析和政策建议，提高公共部门政策研究和政策执行能力，直接影响政策决策者。

中国许多大学及其智库机构为政府部门举办了各种培训和讲座，其中最受瞩目的是在政治局集体学习中担任主讲人。大学智库结合自身优势研究领域为政府官员提供专业讲座和培训，以面对面形式向政府部门传递研究思想和政策观点，引起相关政府部门对相关问题的关注和思考，通过影响决策者来影响决策。

（六）举办高端论坛和学术会议

大学智库活跃度包括咨政建言、学术研究和媒体网络活跃度。大学智库定期不定期召开和举办各种高端论坛、学术研讨会或者交流会，围绕社会热点问题和国家发展的重点关注问题，邀请政府部门相关人员、媒体代表、智库同行和相关领域研究者等参与会议，针对会议主题发表对事物的看法和意见，展开讨论，碰撞观点，汇集多方思想，是大学智库的主要活动形式，也是大学智库活跃度的一个重要方面。

同时，从大学的智库功能看，大学智库的一个重要功能是提供一个各方政策思想和观点交流、碰撞的平台。在国外，智库机构可以建立一个中立地带，作为独立的、无党派的组织，智库为公共政策辩论提供一个中立平台的方式很多，如组织研讨会、培训班和会议等①。在中国，大学智库以其自身学术学科和身份优势，可以为专题政策讨论、交流和辩论提供平台，既可以吸引学者、智库专家和公共决策者参与其中，进行政策讨论和交流，发生政策思想碰撞，影响公共舆论和公共决策者；也可以将论坛或会议各方观点进行汇总整理，以学术报告的形式呈送给政府部门为其提供决策参考。通过研讨会或者论坛的形式为不同的政策意见和政策创新提供了可能。另外，智库和政府部门可以联合举办研讨会、论坛可以提升大学智库的公信力，为研究成果的报送提供便捷的通道。很多大学智库针对自身的优势研究和热点、重大政策问题，持续性举办论坛，邀请国内外知名学者、政府代表、媒体评论人等参加，提高影响力，间接参与和影响政策。

（七）出版或发布研究报告和成果

出版和发布研究成果，包括在线发布研究成果，供读者免费下载和阅读，扩大影响力和知名度，吸引社会公众和决策者关注，从而达到间接参与和影响公共政策的目的。②许多智库借助杂志、期刊、新闻通讯和书籍让众多的目标受众了解和认识他们。

中国大学智库可以发挥理论研究和长期性研究的优势，发表学术论文、公开出版著作、出版研究报告，通过学术声誉和影响来间接影响社会和决策者。大学智库将研究成果以纸质书面或电子在线形式出

---

① [美]詹姆斯·麦甘恩、理查德·萨巴蒂尔：《全球智库：政策网络与治理》，上海交通大学出版社2015年版，第54页。

② [加]唐纳德·E.埃布尔森：《智库能发挥作用吗？公共政策研究机构影响力之评估》，上海社会科学院出版社2010年版，第78页。

版发行，同时也发行专业领域内刊物，邀请国内外相关领域内学者投稿，一方面可以了解研究热点和动态，另一方面汇集优质观点和政策建议为政府决策提供参考。大学智库将研究成果理论化和系统化，在国内期刊公开发表，可以增强其学术影响力，扩大其在同领域的知名度和认可度。以《中国大学智库发展报告（2017）》中100强大学智库机构为例，在中国知网（CNKI），以大学智库机构名作为作者单位搜索，可以发现90%的大学智库发表核心期刊、CSSCI、SCI等论文。

大学智库在长期调研和政策研究过程中形成了一批特色的专业化系列化智库研究报告。大学智库在研究报告发布时常会选择召开成果发布会，并邀请相关领域专家、媒体人以及政府官员代表、社会人士等参加，在发布会中宣传报告内容和创新观点，与专家交流最新的研究动向，研究报告日益成为大学智库的核心产品，在国内相关领域研究上具有重要的影响和权威性。《中国大学智库发展报告（2017）》100强名单中，81所有效的大学智库样本中接近50%的大学智库创建其研究领域的智库报告品牌产品，定期发布智库报告，增强研究成果的专业性，逐渐形成智库对社会、对政府的长期影响力[①]。

（八）媒体积极发声

智库不是专著于基础性研究的组织，不能抱有"酒好不怕巷子深"的"不吆喝"心态；相反，智库需要学会"吆喝"，必须有一定的活跃度，彰显存在感，宣传自己的研究成果，宣扬政策观点和政策主张，吸引社会公众和公共决策者的注意力。中国大学智库通常借助报纸、电视、网络等传统媒体来扩大自身影响力，引导公共舆论，乃

---

① 张杰：《中国新型大学智库提升公共决策影响力的路径研究》，硕士研究生学位论文，浙江工业大学，2019年。

至发挥公共外交功能，间接参与和影响公共政策。中国大学智库专家参与电视采访、访谈、问政等节目，在报刊上发表文章或者对时事政治进行评论等；召开发布会宣传研究成果等，借助媒体力量扩大大学智库知名度，同时也传播智库观点影响社会舆论导向，进而吸引政府关注影响决策。

随着网络和移动客户端的流行，微信、微博等自媒体拥有较大的关注度和流量，各大学智库逐渐借助社交媒体平台宣传研究成果和智库动态。复旦大学中国研究院与东方卫视、观视频工作室、观察者网等一起联合出品《这就是中国》思想政论节目，中国研究院专家参与节目中，传播研究观点和智库思想塑造社会舆论。《中国大学智库发展报告（2017）》100 强大学智库中有 54 所大学智库创建了官方微信公众号，及时进行动态更新，及时传播智库动态；18 所大学智库创建了官方微博，其中 11 所保持内容的及时更新；中国人民大学重阳金融研究院执行院长王文以"王文评论"的个人账号拥有 120 多万粉丝，暨南大学产业经济研究院教授南海区委书记邓伟根以"樵山潮人"账户拥有 20 多万粉丝[①]，借助于微博和微信等新媒体形式转载智库机构研究动态、发表政策评论、与民众互动，传播智库思想，间接影响公共政策。在报纸发表政策观点和政策讨论，也是大学智库间接参与和影响政策的主要形式之一。以大学智库机构名称作为作者单位搜索报纸，50% 以上的大学智库在报纸上发表智库言论和思想观点。

---

① 张杰：《中国新型大学智库提升公共决策影响力的路径研究》，硕士研究生学位论文，浙江工业大学，2019 年。

◇ 第二节 大学智库参与和影响政策的主要问题

大学在建设和发展智库中具有学科齐全、人才密集、对外交流广泛和专业理论素养深厚等优势，又存在学术路径依赖、体制机制约束、成果转化渠道等劣势和不足。

一 大学智库参与政策过程存在的主要问题

从政策参与和政策影响角度而言，中国大学智库在建设发展过程中存在以下几个问题和不足之处。

（一）大学智库"散、弱、小"，政策参与不足

近年来，随着社会和国家对中国特色新型大学智库的高度重视，大学智库开始快速发展。但总体上，中国大学智库依然普遍存在"散""小""弱"问题，数量上虽然在新型智库体系中占据相对多数，但大学智库总体的政策影响力不高，政策参与不足。

相对于中国智库，美国智库单个智库规模大、经费多、政策研究和政策咨询能力强，影响力大，政策参与积极。以大学智库为例，斯坦福大学胡佛研究所是世界著名大学智库和著名智库，仅藏书就有160万册，在20世纪80年代的里根政府时期，胡佛研究所影响力非同一般。中国大学智库很多研究领域宽泛，追逐热点，缺乏长期的积累；数量多，但多数规模小，真正全职在册人员多数只有几人，十几人，除了列入国家高端智库和省级重点智库外，很多大学智库没有配备专职的运营和管理行政人员。研究经费少，很多大学智库没有专门的运行经费，主要依赖研究人员的课题经费维持运作。由于"散"

"小""弱",中国大学智库总体政策过程参与不足,影响力不够,很多还是把主要精力投入基础理论研究,没有进行政策成果的转化。

(二)偏重理论研究,特色不鲜明

大学智库研究人员多为大学教师兼任,承担着教学和学术研究的任务,鲜有专职从事智库研究,因此投入到智库建设精力有限,部分智库研究人员尚未将智库决策咨询作为其工作重心,智库部门在大学中作用不明显。长期理论研究为主的学术路径依赖,再加上大学学术科研、职称评定和考核的要求,研究成果也多以期刊论文、学术著作、课题项目等形式为主,研究成果的学术性、理论性大于实用性和政策性,受众群体主要是同领域的学者为主,与社会需求和政府决策需求尚有距离。此外,大学教师由于长时间的大学工作,缺乏社会工作经验,"旋转门"机制的不畅,鲜有政府决策部门的工作经历,对政府部门的真实需求把握不准,导致大学智库的研究成果的供给与政府决策的需求之间出现断层,难以满足政府决策的需要,成果采纳率低,政策参与和政策影响不足。

总体上,很多大学智库热衷于追逐当下研究热点,前瞻性和长期性研究不足,研究领域、研究成果、研究风格特色不明显。大学智库举办论坛,举办学术交流会和政策研讨会是活跃度的一个重要方面,但很多智库论坛缺乏体系和持续性,特色不明显,以《中国大学智库发展报告(2017)》100强智库机构为例,有效样本81所,创办领域内专业刊物的机构只有44家,定期举办的高端论坛只有26家,定期发布专项研究报告的只有36家,其他的大学智库基本上是按照研究课题发布研究成果,研究缺乏持续性和长期性,难以形成自身的特色研究产品和智库活动品牌,缺乏竞争性优势,政策参与不足,在其领域内难以形成持续的影响力。

(三) 人员结构单一，缺乏通政人才

大学智库是生产知识和智力产品，人才是关键。大学智库不同于传统的大学学术、基础性研究机构，其成果最主要目的是通过政策观点、政策思想影响社会公众和决策者，为实现决策科学化、民主化、治理能力现代化、提升国家软实力和公共治理绩效贡献智慧和力量。这就要求大学智库研究人员需要了解政府部门和公共决策者的需求和偏好，熟悉有别于传统学术论文的政策报告和政策简报的写作风格和技巧，并且最好具有在公共部门实习和工作的经历，但是现有大学智库研究人员多数并没有公共实务部门的经历，人员履历结构相对单一，缺乏通政人才。

中国大学智库人员结构上，多是专职教师，少有智库机构人员不用从事教学和学术研究工作，专门从事政策研究和政策咨询，而且专职智库机构运营管理和行政服务人员更少。这些大学智库研究者，多是从学校到学校，缺乏企业、政府部门工作经历，履历相对单一，与政府部门工作人员流动少，除了部分政府工作人员兼任智库机构研究员之外，智库研究人员进入到政府机构任职的机会少。除了少量职称高、经验丰富、与政府部门联系密切的专家之外，大学智库普通研究人员难以进入或接触决策部门，缺乏通政人才。智政部门之间流动性较弱，大学智库的研究成果难以完全对政府部门和公共决策者的"口味"，导致对决策和政策评估影响有限。

(四) 新媒体利用不足，媒体活跃度不高

人类已经步入互联网时代，互联网改变了人类生产、生活模式。在互联网时代，知识和信息的生产和传播模式发生了变化。自媒体拓宽了信息发布和传播的渠道，网络成为引导公共舆论的新场地。建立智库的官方网站、微信公众号、微博账户等，是大学智库提高受众，宣传政策观点和政策思想的重要手段，可以提高智库曝光度，扩大机构影响力。智库官方网站是社会公众和其他群体获取智库研究信息的重要门户。

就目前来看，相当一部分中国大学智库对互联网和新媒体自媒体重视和利用不够。以《中国大学智库发展报告（2017）》100强机构为例，有19所大学智库机构没有官方网站，部分大学智库挂靠于学院，没有专门的独立网站。这其中很多智库机构官网信息不完整，更新不及时，内容缺乏，更缺乏互动，也很难从其官网了解机构开展的活动和研究成果。在微信公众号方面，有54所开通了微信公账号，占比54%；只有18家大学智库设置了官方微博账户，且只有11家能够保持及时的更新[1]。这是100强机构，可以想见，其他大量中国大学智库网站、微信公众号和微博公账号开通只会更少，这充分说明中国大部分大学智库对互联网和新媒体重视和利用严重不足，尚未意识到新媒体的优势和重要性，机构活跃度不高。这必然在一定程度上影响大学智库的成果和思想的扩散和传播。

二 制约大学智库政策参与和政策贡献的主要因素

制约中国大学智库政策参与和做出政策贡献主要包括两个方面的因素：大学及智库自身和政府决策机制，具体主要包括以下几点。

（一）大学体制机制约束　新型智库契合度低

中国特色新型大学智库是以公共政策为主要研究对象、服务党和政府科学民主依法决策为宗旨的非营利性的研究机构。目前中国很多

---

[1] 张杰：《中国新型大学智库提升公共决策影响力的路径研究》，硕士研究生学位论文，浙江工业大学，2019年。

大学智库冠之以新型大学智库,但是距离中国特色新型智库基本标准有很大距离,与新型智库标准契合度不高。目前,中国大学研究机构冠之以智库的,有不少机构实际并非实体性、半实体性的政策研究机构,而多是有一定名望的教授学者组建的研究组织和课题项目的松散型组织,没有专门的办公空间,没有专职的运营管理人员,没有全职的专职研究人员,或者数量有限,或者是由教学科研教学人员兼任。经费来源不稳定,政策研究和政策咨询活动不是其主业。尤其是,随着牵头人离任或退休,或研究兴趣的转变,这些冠之以智库的机构也随之"人亡政息"。

中国大学智库目前形成了由三个层级构成的体系:国家首批高端智库和高端培育智库、入选省市重点培育或专业智库、校级或学院内设的智库机构。这些大学智库机构和所在大学、相应的学院关系复杂。绝对多数机构不是独立法人单位,而是依附大学或某一个学院,这样形成国家、省市、母体(大学)和智库机构管理关系。智库机构在运营管理、评价考核、经费申请和使用等方面受制于所在大学管理规章制度,而这些规章制度主要是基于大学、学科和专业、教学与科研管理相一致,而与智库属性和要求不完全一致,因而制约大学智库的发展。

简而言之,大学智库的非实体化、非法人化的组织机构性质,与新型智库契合度不高,制约大学智库功能的发挥,大学智库的政策参与和政策影响力的发挥。

(二)评价考核机制不合理　制约大学智库发展

大学智库机构评价和考核机制不合理,不适应新型大学智库的建设要求,制约大学智库的发展。大学智库评价和考核机制主要存在两个主要问题。

一是现有的大学评价和考核机制主要是基于学科、专业、教学和理论研究的评价而设立。大学对教师职称评定和奖励考核主要以学术为导向，基本上基于教师的科研和教学，主要显性指标观测点是科研项目、学术论文、学术著作、学术成果获奖、教学与获奖和社会服务等几个方面。"双一流"推行以来，大学的主要目光转向学科评估，包括纵向项目、高水平论文、国家和省市获奖以及学位点、实验室、各类人才入选等。大学智库政策研究成果，包括政策研究报告、领导批示、内参等难以纳入大学评价和考核系统，或者难以进行类比评价。

二是大学智库成果评价过于关注和侧重政策过程的前端，忽视和轻视政策过程的后端成果。一些大学已经修改或者制定了智库成果评价标准和激励机制，智库承担的政府委托项目，原来算横向项目，经过认定可以列为纵向项目；领导批示可以参考学术论文，甚至奖励标准高于一般学术论文。但是，即使是这样，目前大学智库评价主要侧重领导批示，而且根据批示的领导级别进行区分，级别越高，评价越高，这导致很多智库"唯批示论"，过于偏重政策过程的决策环节，导致大量智库把主要精力用于揣摩领导意图和偏好，损害前瞻性和战略性研究。同时，智库成果评价和考核标准轻视或忽视政策执行评估、政策评论和政策宣传等成果。

同时，大学的学科、教学和科研导向，大学教师以教学和科研为重，多数轻视智库的政策研究和政策咨询，评价和考核激励自然以论文、专著和纵向项目为重。这导致很多大学研究人员不愿意从事智库研究，智库机构的研究人员有很强的学术路径依赖，对社会热点、焦点问题和决策部门的关注度不高，转变身份难，难以转向为决策服务者，也并没有将决策咨询研究当作工作重心，制约大学智库的发展。

经费上，大学智库经费既面临不充足的问题，又受大学的经费管理制度限制。实际上，丰裕的运行资金是大学智库工作顺利开展的重要保障，国外大学智库运行经费主要来自基金收入，社会捐赠，政府拨款，出售期刊、报告、书籍和培训产品等，运行资金来源多元化[①]。我国大学智库运行资金主要来源于政府委托或各种纵向科研经费支持，少部分来源于所在高校的支持，资金来源渠道单一。另外，经费管理既受国家有关财政和科研资金管理的限制，又受所在大学烦琐的财务管理约束，对智库的人力投入的价值认识不足，难以制度规范支持，制约大学智库的经费使用，影响大学智库的政策研究和政策参与。

（三）政府信息公开透明不足　决策参与机制不畅通

大学智库开展政策咨询和研究，需要大量的数据信息，这些数据信息一方面需要智库进行调查和搜集，一方面有赖于政府信息公开的程度和开放性。大学智库研究结果受到政府信息公开透明度约束。目前大学智库开展研究中所获取的数据主要来自社会调研、公开统计年鉴、政府门户公开信息等，大学智库难以获取政府部门的一手数据。政府信息公开成为大学智库获取信息的重要来源，官僚主义和部门利益，导致出现各个部门的信息孤岛、信息封闭乃至信息封锁现象，政府部门内部信息共享尚且困难，更不用说对大学智库在内的智库进行信息公开和信息共享。而且，保密的需要和保密的泛化、不信任，进一步加剧了信息公开和共享难题。这就造成政策研究和咨询信息的公开需求与政府信息公开的供给之间存在缺口，大学智库与政府部门之间也没有建立有效的信息共享和传递渠

---

① 余伟：《国外大学智库运行管理机制的特点与启示》，《吉林省教育学院学报》2018年第5期。

道，大学智库只能被动接受政府信息的公开和供给，制约大学智库的发展。

在决策参与机制上，政府部门为大学智库在内的智库机构参与政策过程提供的制度保障不完善。目前，政府部门尚未建立制度化的、具有硬性约束的决策咨询制度，诸如决策意见征集制度，涉及公共利益和人民群众切身利益的重大改革方案、重大政策、重大工程项目等决策事项出台前的政策共同体意见征集制度，政策的科学性、可行性、环境和风险评估与论证制度等。政府购买决策咨询服务制度尚未正式纳入到各级政府采购范围和政府购买服务指导性目录。政府部门听取包括大学智库在内的智库机构的意见并非必须。同时，政府部门缺乏对大学智库的信任，习惯依赖于政府内部自身的研究机构，自然就制约了政府决策部门对大学智库的需求增长，也就制约大学智库对政策过程的参与。

从政策过程来看，除了国家高端智库和省市重点智库，大部分智库缺乏研究成果的制度化递送渠道，智库成果难以及时送达到决策部门。同时，政府部门的官僚主义、官本位和保密需要等原因，政策决策部门缺乏对大学智库报送成果的采用和采纳情况进行制度化的反馈，也难以进行评估，致使智库研究人员认为其研究没有得到应有的尊重，从而打击大学智库研究人员的从事政策咨询和政策研究的积极性。

从大学智库和政府部门之间的关系来看，中国缺乏"旋转门"机制。公务员系统是一个相对封闭的体系，大学和社科院、党校、行政学院等是有中国特色的事业单位体系。公务员和大学这类事业单位体系相对分割。大学研究人员和官员难以进行一定自由流动，中国政策企业家作用也尚未充分彰显。这导致多数大学智库主要研究人员缺乏政府部门工作经历,也鲜有大学智库研究人员进入政府部门的案例。一些大学智库聘请政府部门离退休官员担任名誉院长、特聘研究员等,主要是一种单向流动,对大学智库建设和发展产生作用有限,也限制了大学智库对政策过程的参与和影响力的发挥。

第九章

大学智库发展与评价的政策建议

◇ 第一节 促进大学智库发展的政策建议

随着《中国特色新型大学智库建设推进计划》的实施，国家领导人关于智库和大学智库的系列讲话精神，以及其他政策和理论依据的传达，大学智库将迎来快速发展阶段。然而，现阶段我国大学对智库的发展重视度还不够高，非实体化的研究机构还比较多，"散弱小"问题还没有根本转变，内部考核机制跟不上智库发展的内在要求，智库还未完全认清自身的特质，智库功能定位偏离应有之义，最终影响到功能的发挥，出现政策研究深度欠缺、决策咨询实效低下、人才培养目标不切主旨、人才轮岗意识和机制还未建立、舆论引导意识不强、促进交流落实不佳等问题。为改善我国大学智库功能发挥不完善的现状，有必要从以下几点加以改进。

一 提高新型智库契合度，发挥大学智库优势

大学智库在整合大学功能、发挥智库作用时，应聚焦智库的本质属性和基本特质，把大学的属性与智库的属性有机结合起来，要积极

推进适合向智库转型的研究机构加快转型，按照中国特色新型智库的八个基本标准，逐步推进大学智库机构的实体化和半实体化，加强专业队伍建设，配备专业化的运营管理人员，充实办公场地，壮大机构研究力量和实力，提高与新型智库的契合度，明确发展定位，专注政策研究和政策咨询。对于大学所属的教育部重点人文基地和省市重点社科基地、大学内设的其他理论研究机构，凡是属于纯理论研究，继续保留组织性质；对于具有较强应用性研究和政策研究与咨询能力的潜质的，积极推进其向智库转型，推进大学智库的实体化和专业化发展。

同时，大学智库要充分发挥自身优势，坚守独立性、客观性、学术性和非营利性的性质，提高专业能力和政策研究能力，这是安身立命的根本，一旦本质属性受到不良风气的干扰，势必影响机构的公信力，损害自身的影响力。

发挥大学智库优势，可通过"向内挖掘"和"向外延伸"来实现。"向内挖掘"是指，发挥大学多样学科、多元人才、扎实基础研究和优良环境的优势，突破传统的单位拥有人、财、物的科研模式，汇聚各协同创新主体和各方优势资源，构建以"任务管理制"为主导的协同创新组织模式，在整合现有组织、人才、信息资源、经费和人力等基础上，建立健全平台共用、成果共享与风险分担的新型机制，使大学人、财、物、信息等资源得以优化配置，为智库发展所用。

"向外延伸"是指基于大学现有资源，结合地区经济社会发展，探索"以点带面"的合作建设模式，以与政界部门、企业事业单位、国外机构合作共建的研究组织为"点"，以政界和各行业委托决策咨询项目为"链"，经过长时间的累积沉淀，形成特色鲜明的研究领域，打造具有集聚优势的学科群，以对接国家和区域重大发展的"面"。

二 明确功能定位，坚持特色发展

我国大学智库主要涵盖了战略研究、政策建言、人才培养、舆论引导、公共外交等功能。当然，并非每所大学智库都包含这五项，且对每项的重视程度也不一。我国大学智库正历经初创期到成长期的转变阶段，因此，在大学智库发展的顶层设计方面仍缺乏确定的统一思路，对于大学智库的功能定位尚未能完全厘清，存在核心功能缺失与功能施展打折扣等问题，为引导与促进大学智库健全运行，亟需明确其功能定位。大学智库在整合大学功能、发挥智库作用时，应聚焦智库的本质属性和基本特质，把大学本身固有的优势、不同大学和学科的优势与智库的特质有机结合起来，找准服务对象，明确功能定位，这是大学智库后续发展的理论指导和先决要素。

大学智库特色发展的问题，实际上是大学智库如何与其他机构差异发展的问题，以及不同大学智库之间的区分度和特殊性问题。鉴于我国大学智库仍属于新兴机构，借鉴大学科研机构和国外成熟智库机构的发展经验具有合理性，但由于部分大学智库工作的开展未能基于自身功能定位，导致与其他机构的差异缺失，特色趋同。为使大学智库工作的开展彰显特色，提升核心竞争力，体现自身价值，有必要从以下几点加以优化与完善。

一是凸显与官方智库和民间智库的区别。大学智库、官方智库与民间智库三者的工作目标与方式具有较大的相似性，但每类智库的存在都具有其历史沿革上的合理性，不能用一类智库替代另一类，各类智库唯有发掘和拓展各自的特色领域，才能错位发展，提升智库领域的整体水平。大学智库与其他几类智库的最大区别在于人才培养和大学优势，这就为其发展指明了道路。

二是需要体现大学智库与大学一般研究机构之间的差别。公共政策研究是大学智库的研究特色，始终是专业化智库建设的一面大旗，要不断坚持和强化研究特色，发展自身特色研究领域和方向。结合不同大学的差异，充分发挥在智库建设中的技术、人才、区域、资源、学科等方面的优势，推动跨学科协同创新，进一步增强跨学科综合解决重大战略问题的能力，使得功能定位得以充分发挥。

三是提高大学智库之间的区分度。为预防"千城一面"的现象，大学智库有必要依据大学类型和层次、地域、经济、文化及传统积累等差异，寻找到切合自身的主要领域，或者开创新的研究方向，避免走向同质化。这实际上反映出大学智库发展的一条基本规律，即任何一所大学在建设智库的过程中，必须坚持以公共政策需求为导向，结合自身优势，顺势和循序发展特色智库。

三 加强人才队伍建设，提高政策研究质量

智库是智力和知识的生产者，人才是关键。大学智库的功能发挥主要依靠人才队伍，他们的研究能力、知识水平、人脉关系等关系到功能发挥的成效，很大程度上决定大学智库的政策研究和政策咨询水平。目前，我国大学智库的人才队伍结构相对单一，主要是大学教师，他们习惯于传统的学术研究，对于公共政策研究还无法快速上手，研究的思路和成文的措辞一时还较难转变，无法快速满足大学智库的需求，造成研究成果质量难以满足决策部门的偏好和需求，且数量不足。可见，当务之急是组建一支质量上乘、背景多元的人才队伍，以提高政策研究质量。

新型大学智库建设要整合所在大学多个学科的专业人才，发挥人才集聚的优势。为了实现大学智库顺应国家和地方战略、服务社会发

展的目标，智库研究团队需要将不同院系的优秀研究人员聚合到一起，将校内外人才进行整合，突破传统的学科壁垒，搭建新的研究队伍。智库研究团队通常由相关学科著名学者担任领军人物，充分发挥大学智库的人才集聚优势和领军人物作用，提高政策研究和政策咨询质量。

为此，一要打破领域壁垒和行业樊篱。转变计划经济时代条块分割的理念，通过组织多方会谈、合作研究等方式，逐渐消融领域壁垒和行业樊篱，疏通联系渠道，为大学智库吸纳各界人士奠定基础。二要严格把控聘任标准。大学智库在聘任研究人才时，首先要充分借助大学多元人才聚集的特质，依据研究领域筛选目标人员，但需要谨记的是，要严格审查候选人的研究能力，以突出大学智库强于基础理论研究的特质；其次，由于大学智库开展的是政策研究，这就要求研究人员具有较高的政策敏感性和洞见性，有兴趣从事政策研究工作。三要灵活聘任社会人员。大学智库与社会联系密切，特别是与政府之间的关系更为紧密，这既是社会对大学智库的要求，也是大学智库在发展过程中的自身需求，因此，可以学习美国大学智库的"旋转门"机制，将符合条件的社会人员纳入人才队伍中，促进背景多元化、知识体系全面化、研究成果深层化。此外，也可依据研究和工作的需要，灵活聘任专业人员，组成研究小组或者工作小组，开展交流与合作，在任务完成后，实体的小组便解散，聘任也终止。要想实现这一点，就需要改变大学智库研究人员的聘任形式，改变岗位终身制的现状，充分发挥聘任制的优势，促使人才始终保持旺盛的生命力。四要坚持"大师+团队"形式。选聘领军人才担纲领衔，组建结构合理、阵容强大的研究团队。因为智库成果大多是集体研究的结晶，领衔者决定着智库研究水准的高度与风格，团队实力决定着智库研究涉及的广度与成果形成的速度,在人才队伍建设上必须有较好的搭配。五要建立严格的人才考评制度。大学智库要想保持活力,就需要不断革新人才队伍,激发工作动力。而人才考评制度对于大学智库而言,有较大的适切性,原因有二,一是大学智库主要开展的是基于政策研究之上的决策咨询,这项功能历时较短,具有一定的时效性,往往需要针对社会热点问题即时开展研究、提供建言、引导舆论,研究人员的工作能够在一定时间内量化,方便考核;二是大学智库人才聘任制度的灵活性,促进了人才考核制度的运行,使得辞退那些不符合大学智库定位的或未达到考核标准的研究人员成为可能。

  研究成果依靠人才队伍来产出,因此组建符合大学智库特质和功能定位的人才队伍,是保障研究质量的必要条件,为提升政策研究的深度,还有必要满足以下几点关键的必要条件。首先,依托于扎实的基础研究。大学智库的特质之一就是拥有雄厚的基础理论研究成果,管理学、经济学、社会学等学科的资源对于大学智库而言是个巨大的宝库,机构在开展研究的过程中,理应借势而行。其次,明确研究类型。大学智库的研究属于应用研究的范畴,研究方向是公共政策,这就要求研究人员正确区分传统学术研究和政策研究的差异,转变研究的思路;由于政策研究的特殊性,研究选题带有即时性和实用性,研究人员要准确把握目前研究和未来研究的热点,开展具有前瞻性的研究,提高成果的预测价值。再次,比较研究立足本国国情。大学智库通过比较研究介绍了他国的成果,为我国了解世界先进做法提供了渠道,但是,比较研究的目的不应仅局限于经验的介绍,而应扎根于我国国情,分析比较国内外差异后,为我国的公共政策提供可行的对策。最后,创新研究方法。有深度的政策研究成果大多是通过实地调查、访谈等方法掌握一手资料,进而提炼出具体可行的对策。虽然文献研究法是所有研究皆可运用的方法，但若只"从文献中来到文献中去"，势必造成研究成果流于表面。鉴于政策研究所必需的针对性和可操作性要求，大学智库理应创新研究方法，尤其要注重实际调研资料和统计数据的获得及分析，以提升研究成果的质量。

四 有效利用媒体网络，增加大学智库活跃度

大学智库不是单纯的理论研究机构，而是要担当战略研究、政策建言、人才培养、舆论引导和公共外交等多项功能。因此，大学智库要走出大学"象牙塔"，抛弃"酒好不怕巷子深"的桎梏，积极参与政策研究、政策咨询，积极建言献策；要经常抛头露面，刷"存在感"，有一定的"活跃度"；开展各种政策论坛和学术会议，积极在传统媒体和网络媒体发声，引领政策思想，引导公共舆论，发挥公共外交功能。

为此，新型大学智库需要聘请专职智库机构运营和管理人员，积极有效利用媒体网络，推介和宣传研究成果，提出倡导型政策，扩大智库机构影响力。在课题执行阶段，研究人员可以通过公共媒体获取社情民意；在成果推广阶段，大学智库可以与媒体部门合作营造有利舆论，扩大社会影响力；成果转化完成之后，还可以通过媒体渠道对成果的效果进行评估，获取及时反馈。媒体一直以来是信息传播渠道的控制者，被公众称为"无冕之王"，大学智库有必要借助其力量，为思想成果向决策者和社会公众传递赋能；另一方面，大学智库作为权威性部门，其研究产品也能够为媒体渠道的可信性增加力量，是媒体所乐于接受的优质信息源。智库和媒体两者的结合是互利共赢的，不但能够提高大学智库的曝光度，提升智库的影响力，也能为媒体带来专业性与权威性。

一是要积极利用自媒体网络。新闻媒体一直以来被誉为社会之公器，长期把控社会的话语权与舆论的引导力。在传统媒体中，又以电视、报纸为主要传播方式，一直以来，智库部门通过它们输出价值与发布产品。在与传统媒体的合作过程中，智库与媒体的合作地位并不平等，媒体是相对强势与主动的一方，而智库则相对弱势与被动。一方面，智库研究人员仍处于"象牙塔"中，对于大众媒介具有天然的排斥感，产出的智库产品又符合学术发表的范式与规范，并不愿意去迎合；另一方面，大众媒体对于传统的智库产品也具有排斥感，认为大学智库的研究成果虽然颇具学术价值，但一般读者难以接受和理解，对阅读者的水平具有过高要求，伤害了流通性，没办法满足媒体阅读对象是"大众"的要求。再加上智库往往采用出版研究报告或出版评论刊物等形式，出版周期长、发行范围窄，所以合作并不圆满。

伴随着互联网的快速发展，媒体的形式日趋多样化，新媒体和自媒体成为了传统媒体的巨大补充得以普遍运用与发展。大学智库寻找到了与媒体合作的"第三条道路"，自媒体成为了大学智库传递信息与输出价值的重要平台，因此需要充分利用。首先，大学智库需要加强自身官方网站的建设。在20世纪90年代到本世纪初期是互联网起飞式发展阶段，在这个阶段，一些嗅觉灵敏的国外一流智库就开始了自身的官网建设。将智库内部的信息与外界社会分享，包括了产品发布、信息传达、会议实录等内容，形成了自我推荐平台，让其影响力伴随着互联网的迅速普及而迅速扩大。但从目前来看，我国很多大学智库在这方面的意识并不强，很多还没有做好自身的官网建设，有些甚至是以实体开展多年工作的具有较长历史的智库。大学智库不但要建设功能完善的官方网站，更要加强管理和运营，进行积极维护，同时也需要建设好网站的英文界面，便于把影响力拓展到全球。就国内大学智库来说，中国人民大学重阳金融研究院在媒体网络的建设方面走在前列。重阳金融研究院成立于2013年，当年就建设了自己的官方网站，网站下设"人大重阳新闻""人大重阳专栏""人大重阳研究中心""人大重阳核心领域"与"人大重阳成果"等多个栏目，每个栏目又下设多个子栏目，如"人大重阳核心领域"栏目下，有"全球治理""一带一路""大国关系""绿色金融""宏观经济""智库建设"六个子板块，将其研究领域非常清晰地进行了划分，便于信息的传达。通过多年的官网运营，让人大重阳网成为了其在网络世界里的固定地址，积攒了大量的社会关注与社会影响力。

二是要加强社交媒体建设。大学智库的产品主要是政策建议与公开报告，因此传播内容有特定的边界与范围，加强社交媒体的建设就需要大学智库以群众听得懂的方式进行传播，需要把生涩的政策语言与学术语言转变成生活语言，在主流社交媒体如微博、微信公众号等上面进行传播。第一步就是要建立经过社交媒体主办方认证的实名社交媒体主页，吸引广大群众关注，然后再以推送的方式传播信息，以此扩大大学智库机构发声的力度与广度，提升知名度和影响力。以中国人民大学国发院为例，国发院除了官方网站之外还在新浪微博上注册了官方微博，可以通过国发院的网络主页直接扫码到达，目前拥有粉丝5000人左右，基本每天都有新的讯息发布，与多个智库官方微博互动紧密，形成了强大宣传合力。微信公众号也是大学智库社交媒体的主要平台，如浙江师范大学非洲研究院的微信公众号平台非常活跃，以每天一文的更新速度保持信息推送，形成了稳定的关注群体，并通过他们的转发、分享行为扩大传播影响力。也有部分大学智库开发单独的手机APP进行智库产品传播，但由于其成本相对较高，尚为少数。因此，无论采用哪种社交媒体，大学智库均需要定期将时事评论、热点解析、政策解读等研究成果推送到目标群体面前，培养用户习惯，锁定用户群体，施加长期性影响。由此不仅能够帮助客户群体全方位了解智库产品与信息，更有数据收集形成反馈之功效，能够让大学智库及时调整传播策略与方法。

三是召开发布活动，公开发布智库产品。新型的大学智库需要利用现代产品推广模式，利用媒体为产品的宣传加持。大学智库拥有高校背景，长期以来遵循学术圈的范式，从产品生产到宣传发布概莫能外。这种模式带来显而易见的问题就是受众范围小，只局限于学界、政界和商界的精英人群中，无法影响广泛的人民群众，不利于提升传播力和影响力。而采用公开发布智库产品的模式能够让公共媒介介入大学智库的研究与传播链条，形成广泛的社会传播合力，浙江工业大学全球智库研究中心发布《中国大学智库发展报告（2017）》就遵循了这种现代产品的推广模式，将智库报告这一大学智库产品利用市场推到了受众面前，一时间传统媒体与自媒体争相报道发布会情况，在社会上形成了强大的回声效应，大获成功。将出版的智库产品通过发布会的模式推向社会公众，是增强大学智库公共影响力最有效的手段之一，也是体现学术活跃度的一个重要方面。成立于2013年的中国人民大学重阳金融研究院在短短的6年时间里成为我国国际影响力最大的大学智库之一，一个首要原因就在于其利用了市场化的模式推广智库产品。重阳研究院的研究成果涵盖了G20峰会专题、"一带一路"专题等热点话题，还将执行院长王文塑造成了智库明星，在各大场合为重阳研究院代言与发声，对提升自身传播力和影响力有着巨大的作用。南京大学中国智库研究与评价中心更是与《光明日报》联系紧密，其智库产品"中国智库索引"（Chinese Think Tank Index, CTTI）在多次市场发布会的助推下已成为了智库研究领域的知名品牌，为其成长为在智库评价领域中国最优秀的大学智库之一奠定了基础。

四是要加强大学智库与媒体的合作。大学智库在互联网的发展过程中必须借助社会化媒体平台，利用大众传播手段拓展与发掘用户群体以形成巨大的社会影响力。美国作为智库发展的先行地区具有较多的成功案例，如国际知名智库布鲁金斯学会就拥有Facebook与Twitter账号，粉丝来自世界上不同国家，据统计，布鲁金斯学会的Facebook账号粉丝超过九成来自美国之外，而超过七成的粉丝年龄低于33岁。通过国际知名的自媒体平台，布鲁金斯学会实现了对全球大部分国家的青年提供了具有针对性的信息，不但加强了世界青年对布鲁金斯学会的认可度，也通过对青年的影响传递了他们的政治态度与关注问题。从我国的大学智库来看，网站中虽然都列出了校外合作机构，但仅有少数包含了社会媒体机构，大部分的合作单位都还是模板化的兄弟院校、上级单位等，这可以从侧面反映出大学智库还没有真正把媒体作为重要的合作伙伴，与媒体合作的程度还有待提高。现代媒体在社会上掌握绝对的话语权，是传递观点最有效的途径，大学智库应该意识到媒体的重要性，只有通过媒体的"造势"，政策思想成果的推广才能够更有力也更有效。如今世界的联通便利性已进入一个新的纪元，思想传播的范式也从纵向维度转向横向维度，大学智库作为与时代最为贴近的智库类型必须顺应时代潮流，拥有迅速拓展影响力的传播能力，这就不得不要求智库与媒体紧密联结，放下身段，拥抱现代化的媒体运作方式。一直以来，大学的各个机构在思想传导中还有一种犹抱琵琶半遮面的生涩感，等待媒体主动上门求指导，没有将与媒体的互动成为一个常态步骤。相比较而言，来自企业的智库，如阿里研究院、腾讯研究院等就非常熟悉如何将智库产品迅速转化为社会热点的流程，形成了迅速而强大的社会影响力，包括国外知名智库外交关系协会、彼得森国际经济研究所等都在内部设立专门与媒体维护关系的部门，也有特定研究人员研究创意公关与广告宣传策略。因此，我国已进入发展期的大学智库应该考虑设立专门的媒体合作部以紧密媒体关系，开展针对性的公关工作和产品宣传工作，提升社会影响。

在较长的一段时间内，大学智库的产品还延续了大学科研的范式，从大学老师拥有较长时间积累的研究方向上入手进行学术化的剖析，与媒体合作过程中会忽视媒体的要求，坚持一种曲高和寡，体现大学学术深度的内容输出。但由于智库的受众不再是学术圈内的同行，而是普罗大众，所以，大学智库在议题选择上，应跟进社会热点，吸收媒体对智库产品的宣传建议，以智库产品目标群体喜闻乐见的表达方式输出智库思想。此外，组织、接待媒体访问团，或举办媒体沙龙活动是科研成果大众化的有效途径。媒体有着强大的传播力和影响力，对科研成果的普及，以及提升大学智库影响力有着不可替代的作用。国外著名的一些智库，如布鲁金斯学会，每年会频繁召开例行发布会、媒体答谢会、记者招待会，开展媒体沙龙、媒体研讨会等活动。

在现阶段，随着中国世界地位的快速提升，大学智库的目光转向国外，考虑国际问题也是非常必要的，这不仅仅要求大学智库树立全球意识，拥有全球视野，同样也要求大学智库积极与国际媒体合作，在国际会议上发声，同时也要求大学智库采用世界智库的一般自媒体通道抢占全球思想传播高地，如我国第一大媒体智库新华社一直以来拥有Facebook、Twitter和YouTube账号共计30余个。从2015年开始，新华社在海外社交媒体平台的官方统一账号"New China"，正式运行。新华社把在Facebook、Twitter和YouTube这三家社交媒体上的账号统一更名为"New China"，每天24小时以文字、图片和视频形式不间断向用户推送中国、涉华和国际新闻。因此，国内大学智库需要同样采取更为主动的态度与国际媒体合作。

五是采取全媒体传播策略。众所周知，媒体的进化速度越来越快，在近20年的发展过程中，媒体已从纸质传播、网络传播、图片传播到视频传播，而这些发展阶段的用户使用习惯均一致保留并互相兼容，可以说媒体的技术进步让宣传变得复杂而广泛。在各个媒介渠道上都具有特定的用户人群，比如报纸杂志的宣传方式是中老年群体的主要信息获取渠道，而被各个大学智库需要争取与培养的重点客户青年群体，则更偏向于通过新媒体获取信息，因此全媒体传播策略已成为大学智库未来信息传播的重要方向。但现在看来，最新的短视频媒体当中还鲜有官方大学智库的身影，可见，对于新媒体的更新速度，大学智库仍属于追赶者。当然，现阶段也有一些大学智库已开始采用了全媒体传播策略。例如，浙江大学公共政策研究院的传播策略就已经覆盖了纸质媒体、电视媒体、网络与移动网络等四种方式来推广和传播自身的研究成果。这四种媒介渠道互相补充、互相作用，并形成合力，影响和引导舆论，使公共政策研究院被越来越多的人所了解。

五 创新大学智库机制，建立合理激励机制

中国特色新型智库建设需要积极实施制度和机制创新，建立合理的激励机制，激励大学研究人员和社会人员加入大学智库，从事政策研究和政策咨询工作，破解制约智库发展的各种障碍，加快新型大学智库发展。

一是要改革传统的基于学术的评价和考核体系与标准，建立适

应智库内在要求的评价和考核体系与标准。大学智库所属大学和大学智库机构自身,要进行机制创新。首先大学智库要按照新型智库8个基本标准,推进大学智库机构的实体化、专业化,如内设治理机构、机制和规范,网站平台和新媒体利用,专职研究人员和专职运营管理人员配备,办公场所和办公经费保障,数据采集系统等。其次,要建立与大学智库相适应的成果认定、职称评定、成果奖励的规范和标准。为了扩大智库影响力,提高贡献度,大学智库开展的活动形态和成果形态都要纳入评价和考核范畴,活跃度诸如咨政建言活动、媒体网络、学术交流和论坛,贡献度诸如咨政建言成果、学术研究成果和人才培养贡献等,涵盖大学参与和影响政策的各种活动和成果贡献。

二是建立分层和分类的考核评价体系,平衡大学智库不同活动和不同成果评价权重,充分发挥大学智库多项功能。针对目前智库和大学智库过于侧重领导批示,过于注重政策过程前端参与的弊端,各个地方和大学应该根据大学智库的不同发展阶段、不同定位,创新考核评价,鼓励地方大学智库积极参与地方政策研究和政策咨询,尤其是政策过程的后端政策执行、执行效果的评估和政策宣传等环节,都将其纳入评价考核范畴。避免让所有智库和大学智库都挤"独木桥"——争取领导批示,并过于注重领导层级。

三是建立智库认定和奖励办法,激励大学研究人员从事智库研究。按照此前的学术评价,只有国家自然基金、社科基金、教育部基金项目和各省市基金项目属于纵向项目,而各级政府和各个部门委托的项目属于横向项目,没有奖励,也不能用于职称评定或权重低。可以学习和借鉴一些大学的智库认定标准创新,基于智库的内在特点,对于政府委托的横向项目中具有很强的政策研究和政策咨询项目,可以认定为相应的纵向项目，可以用于职称评定。同样地，对于智库的其他一些活动和成果，比如政策分析、政策倡导的报纸文章，甚至网络点击和阅读量达到一定量的政策分析和政策倡导的文章可以认定为相应的职称评定论文系列。

四是智库人才引进和人才培养机制创新。转变人才培养的理念。首先，在人才培养的目标上，注重培育公共政策研究的核心素养，依据机构特质，给大学学生提供关键的和系统的课程，着重提高政策洞察、数据分析、决策咨询等能力，使其具有智库人才的基本能力。其次，在人才培养的对象上，不应仅局限于学生的培养，为政府培养和培训公职人员和领导官员都应纳入智库人才的培养范畴。积极组织岗前、岗中培训，围绕公共政策研究开展系列讲座、会议、培训班，提高智库人才的研究能力和咨政水平。再次，创新智库人才培养模式，依据各大学智库的特质，着重培养或招收研究生，为国家级智库和省级重点智库分配招收研究生名额，招生指标单独划拨，在学校相关博士点下设立国家级智库的主攻方向。省级智库依托相关硕士点、博士点招生，和政府部门进行合作培养。最后，探索建立类似"旋转门"机制，聘请公共部门官员和社会人员进驻大学智库开展研究，乃至到大学智库任职，通过与智库人才的相互交流、合作研究，强化大学智库政策敏感性，提高政策研究问题的能力；探索通过挂职、兼职、保留编制等方式鼓励教师科研人员到智库从事咨询研究，创新机制吸引国内外一流专家参与政策研究，其他人员到大学智库从事研究和任职，推动实施访问学者、客座教授、智库顾问等流动科研岗位制度，培养熟悉政策理论研究、政策决策的"智政通"人才，既掌握公共政策分析和理论知识，又了解公共部门决策偏好、决策程序和决策需求。

六 搭建交流平台，提升国际水准

功能主义主张要研究整体对部分的影响和部分对整体的影响，从总体上去考察结构、功能和产物之间的依存关系。在当前世界日益开放的背景下，大学智库与外界的联系也日益复杂，涉及的机构越发多样，如果抱守残缺，将自身独立于社会、国家、世界整体之外，势必影响机构的发展。大学智库与其他机构的关系是通过交流合作建立的，为扩大自身的区域影响力和国际影响力，有必要搭建交流的平台，促进交流向深层迈进。

思想上提高认识。为激发机构活力，提升影响力，大学智库有必要积极开展交流活动，这是现实环境的要求，也是大学智库内在发展规律的推动。首先，大学智库要正确认识到，交流的开展能极大促进政策研究的质量提升，方便学习它方的发展经验，激发研究队伍的活力。其次，拓宽交流的范围，提高机构格局，大学智库的交流不仅局限于机构内部人员，而应在这基础之上，结合自身条件，将声音扩充到政府、企业、媒体等社会各界，将影响延伸到市外、省外、国外，打破人为的界限。

机制上进行保障。健全激励保障机制，激活大学智库交流的动力。设立交流专项基金，配套相应的激励机制，促进机构顺利开展交流活动。同时，大学智库也可针对研究人员制定类似的保障机制，通过每个人的努力，实现整体的提升。健全考核监督机制，推进交流活动持续进行。把交流的效果作为评价大学智库水平和研究人才能力的一个指标，并提供及时的反馈意见，不断提升交流的成效，保障活动长久开展。探索建立围绕任务和项目要求的人才柔性流动运行机制，建立吸引和集聚国内外一流人才的政策环境和管理模式，吸引高层次专家"驻库"研究，实施哲学社会科学"走出去"计划，推动智库人才和成果"走出去"，逐步提升大学智库的国际知名度。

平台上支撑。交流平台是大学智库吸收各方优秀成果、实现功能的支撑，随着国际化进程的推进，影响决策的因素错综复杂，对于大学智库而言，当务之急是搭建国际交流平台。首先，大学智库可依托大学已有的国际化优势，借力而行，与国外相关机构建立长期的联系，形成相互合作交流的平台。其次，大学智库理应主动拓宽国际视野，提高国际水准。如主动研究国际前瞻性问题，提高国际影响力，抢占国际话语权；积极响应国际需求，面对国外机构抛出的合作橄榄枝，大学智库应该抓住这些机会，提升对外业务能力。最后，为使大学智库的国际交流持续进行，有必要加大资金投入，优化管理制度，使平台走向正规化和长期化。

七 积极参与决策咨询，提高大学智库贡献度

大学智库最主要的目的就是要参与和影响政策。为此，大学智库要积极开展政策研究，积极参与政策咨询，提高大学智库政策贡献度。我国大学智库领域要改变决策咨询实效低下的现状，首要的一点就是提升公共政策研究的水准，这既是功能发挥的基础，也是前提条件。其次，转变话语体系。决策咨询的对象是政府机关、企业、事业等单位，这就决定了研究成果的撰写方式有别于传统的学术写作，应该以贴近工作报告的形式来组织成文，减少学术语言的使用。此外，由于决策影响力涉及决策核心层、中心层和边缘层，这三类阶层的接受能力也存有差异，所以需要大学智库依据受众的特征，采取适当的话语体系，推动决策咨询。最后，拓宽咨询渠道。一是继续发挥传统推广途径。传统推广途径是指书籍、报告等书面文献资料，这是最为

正规的方式,对于政界而言,大学智库会以内参的形式建言,对于社会而言,报告则是主要的方式。二是积极开展会议推广形式,这类会议包括研讨会、发布会、咨询会等各类能够促进成果推广和建言献策的组织形式,由于这些形式是动态的,能够很好地进行相互交流,因此,如果成果有什么不足或问题,供应方能获得较为及时的反馈。三是借助信息网络推广渠道,随着信息技术的发展以及"互联网+"的提出,我国的信息系统逐步完善,这为大学智库提供了献策渠道,能够快速地了解市场的走向和需求,及时采取因应措施,如通过建设官方网站和公众号,建立成果目录并及时更新,依据网站点击率和反馈系统,了解社会的关注点和意见。

为发挥舆论引导的功能,大学智库可从以下两点进行努力。一是认识到自身的影响力并非仅仅局限于决策者,理应扩大到社会各界,智库应该注重对社会大众的传播,通过扩大出版物赠送范围、撰写简明读物,参加公共活动,参与大众传媒等方式积极将自身的观点进行传播。

二是大学智库的特质和功能决定了其在社会发展的进程中的导向标作用,当社会中出现疑难杂症、不良风气等弊病时,科学引导社会舆论,是自身不可推卸的责任。利用媒体、客户端、报刊等媒介的优势,针对政策热点和社会问题,及时地为社会大众提供专业的见解和分析,快速发挥辐射作用,引导社会舆论的健康走向,切实为政策和社会发展做出自己的贡献。

◇第二节 完善大学智库评价的政策建议

大学智库的评价机制建设是一项复杂的系统工程,需要从三个层次对其进行完善。一是对大学智库的活动进行评价,实现评价结果的客观性与科学性,主要通过完善评价指标体系、多元化评价主体、优化评价方法与发挥评价引领作用等手段。二是对大学智库的制度建设进行评价,体现对智库建设的规范性的重视,大学智库的建设在网络这一变量的参与后增添新的内涵,需要增加网络建设与传播能力建设等方面的内容,体现大学智库发展的与时俱进。三是对大学智库环境互动进行评价,智库的发展和评价都是处在一定的政治、经济、文化、意识形态的语境中,评价大学智库的外部环境能够让其思想产品的产出有了土壤。三个评价层次的环环相扣能够从多维度上综合完善大学智库评价机制,让评价工作更为具体、客观,也更具有时代性。

一 发挥大学智库评价的引领作用[①]

大学智库评价和排名是手段,不是目的。大学智库评价和排名目的旨在通过评价和排名促进大学智库建设和发展,"以评促建,以评促发展",发挥大学智库评价和排名的引领作用。大学智库评价研究和排名实践需要根据大学智库战略研究、政策建言、公共外交、舆论引导和人才培养等功能定位,完善大学智库评价和排名理论、方法和指标体系。大学智库评价研究一方面要有助于通过智库评价报告和排名扩大宣传,提高知名度,提高决策者、媒体、专家和社会对智库的关注和支持;另一方面,通过智库评价和排名,有助于让智库机构认清自身短板,规范智库建设和发展,促使智库加强内部治理和能力建设,契合新型大学智库标准。大学智库评价和排名可以逐步将有名无实、名不副实的所谓大学智库淘汰出局,改变"库多智少""有库无

---

① 陈国营、张杰:《中外智库评价研究与排名》,《高教发展与评估》2019年第4期。

智"的状况。政府和社会可以将大学智库评价和排名结果纳入大学智库评选、考核和支持的参考依据，确实发挥规范和引导大学智库发展的功能。

只要涉及评价，评价的结果和排名容易受到普遍关注，而评价的理论、维度和指标体系以及评价过程容易被忽略。大学智库评价研究和排名实践最引人注目的是智库评价的最终排名结果。同样地，大学排名的结果会受到各种质疑。大学智库发展评价和评价排名的报告主要内容不应主要侧重于对大学智库的评分。大学智库机构、社会和媒体对于大学智库的评价和排名不应只关注评价和排名结果。

为此，大学智库评价要实现几个转变：一是由数量评价向质量评价转变。在发展初期，大学智库评价工作往往存在"数字主义"与"唯数字论"的现象，发表的专著、期刊等学术性成果的数量成为了大学智库贡献度的重要指标。但是智库的评价指标其实与传统高校科研机构评价指标有所区别，社会影响力是衡量大学智库的重要指标。因此，智库产品的质量成为了大学智库的重要指标。二是由学术评价向应用评价转变。大学智库的主要客户群体是政府部门与社会，有解决现实问题的任务，因此应以服务政府决策和社会发展作为第一要务，以智库自身科研建设的前瞻性、预测性的学术评价为辅，结合大学智库深厚的"内力"与解决社会问题的"外在需求"而形成的智库产品是服务对象所看重的，从两方面的结合评价工作才能够更好地体现大学智库的特色。三是进行具有前瞻性的评价工作，智库成果的发布并不仅仅影响当下，更具有长远价值。因此，智库的成长性成为了智库评价工作的新挑战，进行前瞻性的研判与预测，可以让智库评价有更好的未来价值，是考验智库评价工作者的研判能力与研究功底的重要组成要素。

二　构建科学合理的评价指标体系

大学智库的评价指标体系需要根据大学智库的自身特征与功能安排进行针对性的构建。第一，大学一直以来具有人才培养、科学研究、社会服务、文化传承等四大功能，这是大学智库来自大学的根本标识，因此一个大学智库的特征与其所在高校具有气质上的传承度。第二，大学智库又是一种贴近社会的知识生产型组织，他们具有"生产、鉴别、使用、共享、转换和创新"的产品过程，因此，在评价指标体系的建立过程中应涵盖相关因素。第三，大学智库是实体运作的机构，就涉及人员、财力、物力等具体化资源，没有相匹配的资源投入，大学智库的发展会捉襟见肘，因此也是需要纳入评价指标体系中的要素。第四，指标体系的构建要基于一定的理论工具，知识管理理论中的知识生态理论就与大学智库知识生产过程高度契合。该理论将知识的生产过程看作是动态、开放的系统。这个系统不仅包含人、组织、技术、知识流程等要素，还包括要素之间的相互联系和影响；不仅重视其中各个要素，对各要素之间的关系也同样重视。大学智库能够产生较大的社会影响力，是大学智库内部与外部、智力与资源共同作用的映射体。因此，大学智库"三维模型"FAC指标体系能够覆盖现有大学智库各维度上的主要因素，能够衡量大学智库的发展状况与社会影响。

三　建立多元化的大学智库评价主体

现阶段，我国大学智库都是依托传统的高校研究机构而设立，其中大多数的研究机构遵循一直以来的学术评价方法作为导向进行建设。但是，随着在大学智库建设道路上的摸索，各大学智库也开始意识到了大学智库与传统高校科研机构的不同，其评价主体的结构也存在着差异。因为学术评价的建立基础是学术共同体，而智库评价的建立基础是政策共同体，学术共同体与政策共同体间具有一致性也具有分歧，其核心在于政府部门在两种评价机制中所处的地位。因此，智库评价与学术评价两种方法在现代新型大学智库的评价中是融合的，需要兼顾智库评价与学术评价间的相容性，客观上需要实现智库评价主体、评价方法和评价指标体系之间的协调统一。在这样的语境下，智库评价主体结构凸显其重要性，以谁作为智库成果的评价主体，将直接关系到评价方法和评价指标体系的选择。而对智库评价主体的甄选依据主要来自政策共同体与学术共同体之间的相互协调，两者在宏观上所秉持的价值观具有一致性，而亟须解决的问题在于打破学术评价单一导向的链条，让智库研究者逐渐适应新的评价模式。

　　大学智库的评价主体一般来说包括政府、企业等采购大学智库产品的委托方，但由于智库产品属于知识产品，其影响力具有泛化的特征。因此，从实际影响力受众角度，评价主体也包括除产品委托方等直接利益相关方之外的社会群体与个人，也包括大学智库的主办方与相关领导部门。各评价主体由于所处的立场不同、关注的角度不同，所以多元化的视角对大学智库进行评价能够保证评价过程及结果的公正全面。我国对社会科学组织的评价已开始显现系统化、多元化的萌芽，基本形成了政府、专家、群众与独立评价机构的四元评价主体的结构。宾夕法尼亚大学的《全球智库报告》中将专家打分与独立机构这两方面评价主体进行了结合；四川社科院发布的《中华智库影响力报告（2018）》则把政府、专家与群众（网民）作为智库的评价主体对智库进行了评价；在已有的大学智库评价工作上，浙江工业大学《中国大学智库发展报告（2017）》覆盖了所有的四元评价主体，并以大数据相关技术采集支持信息，使得评价结果客观、公正。智库评价的细分化市场正在快速发展中日趋成型，因此在我国长期以来短缺的第三方权威大学智库评价主体也将得到更多的发展机会。

四 采用先进的大学智库评价方法与技术

一般来说，大学智库的评价分为主观评价与客观评价。主观评价指的是从人的角度对智库的印象等要素进行打分与排序，强烈依赖于评价主体的知识储备与对于智库整体的熟悉程度，但由于对于不同的智库的了解程度不同，同时也缺乏可以量化的具体指标，所以评价主体的主观意识、情绪偏好等感性因素会对评价造成较大影响，可能存在客观公正缺失。同时，客观评价指的是对智库的发展中的具体情况根据相关指标进行一定程度上的量化，使得智库之间存在可比性，但由于技术原因，一方面数据的采集仍是分析的瓶颈，采集全数据在理论上存在可能，实际上仍无法实现。因此，客观评价大多时间还是在部分数据的前提下展开；另一方面客观数据无法体现智库成果质量，容易导致"唯数据论"的机械化思维，让智库评价的导向违背其评价的初心。因此，两种评价方式均有其优势与劣势，采用最新的智库评价的技术与方法，结合主观与客观两方面的视角，能够一定程度上实现智库评价的科学性与专业性。随着大数据相关技术的不断发展，很多智库的评价机构将其引入到评价的工作当中，因为充分地利用信息化手段是解决智库评价中信息协同问题的唯一解法。"智库是人才库、数据库的结合，智库的管理和评估离不开数据积累、数据库建设、数据挖掘、数据可视化呈现等方面的知识支撑，大学智库应该充分运用大学信息化、数字化、数据化的方法和技术优势进行智库建设、智库管理和智库评价。"① 利用大数据技术能够直接提升智库成果评价工作的效率，节省评价时间，让智库评价具有更全面的可能性。

一方面，要促进多种评价方法在智库评价上的协同。当前，对于智库的评价具有多种方法，来自于不同的相关方都有自己的一套评价体系，但只采用其中来自于一方面的评价指标显得不够客观，只有融合多种评价方法，在大学智库评价上实现协调，才能更好地对大学智库进行评价。从国内大学智库评价的具体实践来看，根据批示和采纳智库成果的领导和部门的行政等级高低来评价智库成果是一种主流的判断，诚然这种方法具有权威性高、易于认定等特点，但并不利于新型大学智库的发展，特别是面向社会群体的大学智库。因为大学智库中能够被领导批示或部门采纳的智库成果仍然是少数，而且这与大学智库存在的地理位置具有强相关性，北京地区的大学智库由于与中央物理距离较近，能够相对便利的获取中央领导的批示，而处于各省的大学智库，则缺乏相关通道，更多的是为地方的经济社会发展做出贡献，批示与采纳层级自然较低。因此，需要评价主体采用多种方式进行评价，保持冷门方向作为研究对象的智库的积极性、参与性与持续性。

另一方面，要将先进信息技术引入大学智库评价工作。当前我国智库已经开始广泛地利用新媒体对智库产品进行舆论宣传引导。但是在智库成果的评价上，仍较少依靠新媒体技术。光明日报社在2016年举办的中国智库年度影响力"十大"评选活动中，通过新媒体技术将大众目光聚集至了智库评价领域，获得了成功，利用新媒体技术，能够让参与者分布符合随机选择规律，让评价主体更加多元化，打破

---

① 邱均平、汤建民：《中国智库理论研究的最新进展与趋势》，《重庆大学学报》（社会科学版）2016年第22期。

原有的智库成果内部评价的局限性，同时也接收到了来自社会上不同利益群体的意见，促进了评价过程中信息的相互传递、交流、反馈，让社会更多地去了解智库以及优秀的智库的成果，评价结果获得了社会群体更广泛、客观的认可。大学智库评价的工作还可以设置成果评价的数字化平台。一直以来，由于大学智库处于较为松散的管理状态，所以对于成果的数字化梳理较弱，在智库评价过程中，最核心的要素是数据的获取，浙江工业大学全球智库研究中心已开发了基于爬虫技术的大学智库全网信息的抓取与收录平台，将大学智库的公开信息抓取并记录，能够抵抗网络崩溃与网址转移等风险。

五 规范评价程序，优化评价环境

大学智库的评价活动是资源配置的指向标，决定着大学智库、相关利益方等评价单位的互动关系。因此，在大学智库评价过程中，各方对于评价的规范性与客观性都会十分在意，客观要求对参与评价活动的相关方及评价的标准、评价过程、评价方法、事后反馈等要素进行制度化的构建。这种制度化的规范方式包括但不仅限于政策文件、操作方法、行动指南与实施办法，多维度地进行规范，避免在评价过程中可能出现的马太效应与权力寻租。可以从完善评价的信息公开制度、申述制度、反评估制度、回避制度、披露制度、责任制度等方面入手保障评价的程序规范。

评价程序规范实质上指的是在制度构建完善的前提下，保证评价主客体与利益相关方在评价活动过程中遵循的约束和管理。评价程序是否规范关系着评价相关的标准与制度是否能够落实。因此，需要公开、公正的评价程序来保证评价活动过程中存在的随意性与外部力量干预。一般来说，评价程序包括了评价标准制定，评价口径统一，信息获取可靠，评价过程监督等一系列活动，包括评价过程中对评价主客体及利益相关方的约束，也包括评价后的反馈与改进。大学智库的评价活动过程不仅在建制上要规范，还应该广泛公开，获取社会各群体的广泛认同。大学智库评价的制度建设与程序规范是属于共生关系，缺一不可。

智库评价活动中，如何进行有效监督一直以来是一个难点问题，因为新型大学智库的发展历程并不久远，仍处于建设过程当中。智库评价监督在法律、政策上都没有得到明确的界定，导致了在监督过程中的监管工具缺乏与监督乏力。智库评价可以在智库发展走向成熟后逐渐建立一套合理、可靠的智库成果评价监督制度。同时，仅仅依靠外部监督难以全面、可靠地保证智库评价工作的有效开展，所以内部自律也构成了智库评价监督体系的重要一环，以期实现智库评价过程中内外监督机制互相响应，形成联动监督的体系。

智库评价活动与外在的社会生态是充满互动性的，它是在一定的政治、经济、文化氛围及学术、道德水准下进行的评价活动，外界大环境的氛围与大学智库评价的导向性密切相关。优化大学智库的外在环境最优解法就是将大学智库投入社会，让市场这一"看不见的手"参与到智库评价工作当中。长期以来，市场对于产品的检验作用有目共睹，而且市场具有自主性与普遍性，把大学智库的产品通过市场进行出售或定制，能够让大学智库工作人员获取即时的反馈与迅速的调整，倒逼大学智库不断进化的同时也留下了宝贵的可量化的评价数据，让智库评价工作难以获得清晰数据的问题得到妥善解决，优化评价的外在环境，具有前瞻性与全局观。

参考文献

［美］阿什比：《科技发达时代的大学教育》，人民教育出版社1983年版。

［美］安德鲁·里奇：《智库，公共政策和专家治策的政治学》，上海科学院出版社2010年版。

［美］保罗·A.萨巴蒂尔：《政策过程理论》，三联书店2006年版。

曾满超等：《美国、英国和澳大利亚的高等教育国际化》，《北大教育评论》2009年第4期。

陈国营、许琼：《互联网时代公民参与政策过程研究：网络话语权的视角》，上海交通大学出版社2016年版。

陈国营、鲍健强、钟伟军、陈明：《中国大学智库评价研究：维度与指标》，《高教发展与评估》2016年第5期。

陈国营、张杰、陈明：《中国高校智库网络活跃度与影响力研究：基于百度检索指数的分析》，《智库理论与实践》2017年第2期。

陈国营、周超逸：《中国特色新型智库建设之道：供需、对接机制和制度环境》，《中共杭州市委党校学报》2019年第6期，中国人民大学报刊复印资料《公共行政》全文转载2020年第4期。

陈国营、张杰：《中外智库评价研究与排名》，《高教发展与评估》2019年第4期。

陈升、孟漫：《智库影响力及其影响机理研究——基于39个中国智库样本的实证研究》，《科学学研究》2015年第9期。

陈衍泰等：《智库影响力评价指标体系的研究综述》，工作论文，2015年1月。

陈英霞、刘昊：《美国一流高校智库人员配置与管理模式研究——以斯坦福大学胡佛研究所为例》，《比较教育研究》2014年第2期。

陈雨露：《新型中国智库，新在哪里》，人民日报，2015年1月28日，第005版。

崔玉军：《国外智库评价：理论与实践》，《社会科学论坛》2015年第11期。

丁玲：《从联邦政府的行动透视21世纪美国高等教育国际化》，《高等教育研究》2011年第4期。

戴维·杜鲁门：《政治过程——政治利益与公共舆论》，天津人民出版社2005年版。

［美］道格拉斯·诺斯：《经济史上的结构和变革》，商务印书馆1992年版。

《2015年全国来华留学生数据发布人数稳步增长》，中国教育在线 http://gaokao.eol.cn/news/201604/t20160415_1387607.shtml。

范东君：《坚持"五个结合"，建设新型智库评价体系》，中国社会科学报，2015年6月3日。

房宁：《以专业化研究影响和改变社会——现代智库的运作与评价》，《中国发展观察》2012年第8期。

顾岩峰：《我国高校智库建设路径探析》，《河北大学学报》（哲学社会科学版）2014年第6期。

光明日报智库研究与发布中心：《新亮点新态势新思考——2015中国智库年度发展报告》，光明日报，2016年1月13日。

国家发改委：《中国科技成果转化率10%远低于发达国家》，经济参考报，2015年3月29日。

郝玉凤：《全球性大学学科评价指标体系分析及其启示》，《中国高等教育评估》2015年第2期。

何华兵、万玲：《西方政策过程理论的最新进展、趋势与启示》，《甘肃行政学院学报》2011年第5期。

胡锦涛：《在庆祝清华大学建校100周年大会上的讲话》，人民日报，2011年4月25日。

金芳等：《西方学者论智库》，上海社会科学院出版社2010年版。

［美］卡尔·帕顿、大卫·沙维奇：《政策分析和规划的初步方法》，华夏出版社2000年版。

孔放、李刚：《国外智库评价的主要模式》，新华日报，2015年7月10日。

李安方等：《中国智库竞争力建设方略》，上海社会科学院出版社2010年版。

李国强：《对"加强中国特色新型智库建设"的认识和探索》，《中国行政管理》2014年第5期。

李立国：《中国高等教育大众化发展模式的转变》，《清华大学教育研究》2014年第2期。

李卫红：《大学在新型智库建设中的使命担当》，人民日报，2014年2月16日。

李燕萍、吴绍棠：《人才强国战略与中国特色的人才资源开发》，科学出版社 2010 年版。

刘宁：《智库的历史演进、基本特征及走向》，《重庆社会科学》2012 年第 3 期。

梅新林：《大学智库建设的战略意义与相应对策．走向世界的中国学术》（第六届中国社会科学前沿论坛论文集），中国社会科学出版社 2013 年版。

梅新林、陈国营、陈明、鲍健强：《中国大学智库评价的"三维模型"和指标体系研究》，《智库理论与实践》2017 年第 10 期。

梅新林、陈国营、鲍健强：《探索和建构高校智库评价的"中国标准"》，中国社会科学报，2018 年 1 月 18 日。

[德] 帕瑞克·克勒纳：《智库概念界定和评价排名：亟待探求的命题》，《中国行政管理》2014 年第 5 期。

潘懋元：《走向社会中心的大学需要建设现代制度》，《现代大学教育》2001 年第 1 期。

秦惠民、解水青：《我国高校智库建设相关问题及对策研究》，《中国高校科技》2014 年第 4 期。

邱均平、任全娥：《我国人文社会科学研究成果评价研究进展》，《情报资料工作》2006 年第 4 期。

《"十五"期间中国高校累计获 75 项国家自然科学奖》，中国网 http：//www.china.com.cn/chinese/TEC-c/1087137.htm。

唐景莉：《大学加油国家需要你的智慧——教育部社科司司长张东刚谈高校智库建设计划》，中国教育报，2014 年 3 月 24 日。

[加] 唐纳德·E. 埃布尔森：《智库能发挥作用吗？公共政策研究机构影响力之评估》，上海社会科学院出版社 2010 年版。

[加] 唐纳德·E. 埃布尔森：《智库、外交政策和地缘政治》，

南京大学出版社 2019 年版。

［加］唐纳德·E. 埃布尔森：《国会的理念——智库和美国的外交政策》，南京大学出版社 2016 年版。

［美］托马斯·戴伊：《谁掌管美国——里根年代》，世界知识出版社 1985 年版。

王莉丽：《论美国思想库的舆论传播》，《现代传播》（中国传媒大学学报）2010 年第 2 期。

王莉丽：《旋转门：美国思想库研究》，国家行政学院出版社 2011 年版。

王莉丽：《最高智库应成为经济决策的外脑》，华夏日报，2009 年 7 月 31 日。

徐晓林、黄艳：《中国省域软科学研究机构竞争力评价与发展趋势研究》，《中国软科学》2009 年第 6 期。

薛澜、朱旭峰：《"中国思想库"：含义、分类与研究展望》，《科学学研究》2006 年第 3 期。

燕玉叶：《如何建设中国高校智库——美国加州大学 21 世纪中国研究中心光磊主任访谈与启示》，《高校教育管理》2015 年第 2 期。

杨家栋、秦兴方：《社会科学研究成果的评价及其指标体系》，《齐鲁学刊》2001 年第 2 期。

杨玉良：《推动大学智库成为国家创新来源》，中国教育报，2011 年 10 月 31 日。

袁安府、陈大柔、范柏乃：《哲学社会科学事业发展评价体系研究》，《科学学研究》2008 年第 5 期。

［美］约翰·W. 金登：《议程、备选方案与公共政策（第二版）》，中国人民大学出版社 2004 年版。

［美］约拉姆·巴泽尔：《国家理论》，上海财经大学出版社2006年版。

詹姆士·麦甘（上海社会科学院智库研究中心编）：《智库报告2013年全球智库报告》，上海社会科学出版社2014年版。

［美］詹姆斯·G.麦甘：《2015年全球智库报告》，上海社会科学院出版社2016年版。

［美］詹姆斯·麦甘恩、理查德·萨巴蒂尔：《全球智库：政策网络与治理》，上海交通大学出版社2015年版。

张东刚：《发挥高校优势打造新型智库》，中国教育新闻网http：//www.jyb.cn/talk/ftjb/201403/t20140324_575221.html.

张杰：《中国新型大学智库提升公共决策影响力的路径研究》，硕士研究生学位论文，浙江工业大学，2019年。

章仁彪：《走出"象牙塔"之后：大学的功能与责任》，《中国高教研究》2008年第1期。

赵刚、朱旭峰、王志清：《中国软科学研究机构评价指标研究》，《中国科技论坛》2005年第1期。

浙江工业大学全球智库研究中心课题组：《浙江省大学智库网络活跃度评价研究》，《浙江工业大学学报》（社科版）2016年第2期。

中共中央办公厅、国务院部办公厅：《关于加强中国特色新型智库建设的若干意见》，2015。

《中国高等教育水平与美国还有多大差距?》，侨报纽约网http：//news.uschinapress.com/2016/0407/1060208.shtml.

中国高校人文社会科学信息网：《2019年社科统计摘要》，sinoss.net/tongji/2019。

中国社会科学院中国社会科学评价中心:《全球智库评价报告》,2015年。

朱宏亮、蒋艳:《中国高校智库发展现状与未来策略思考》,《高校教育管理》2016年第2期。

朱旭峰、苏钰:《西方思想库对公共政策的影响力——基于社会结构的影响力分析框架构建》,《世界经济与政治》2004年第4期。

朱旭峰:《"思想库研究":西方研究综述》,《国外社会科学》2007年第1期。

Adam S. Posen, *Think Tanks: Hot Economists and Hot Topics*, The International Economy, Fall 2002.

Caplan, Nathan, *The Two-Communities Theory and Knowledge Utilization*, in American Behavioral Scientist, 1979, Vol.22.No.3.

Cunningham, Ward, *Correspondence on the Etymology of Wiki*. WikiWikiWeb.Retrieved March 9, 2007.

D. B.Truman, *The Govermental Process: Political Interests and Public Opinion*, Reprint edition, Greenwood Publishing Group, 1981.

Dahl, Robert A., *Pluralist Democracy in the United States: conflict and Consent*, Chicago: University of Chicago Press, 1967.

James Simon, *The idea brokers: The impact of think tanks on British government*.Public Administration, 1993.

Julia Olmos-Penuela, Elena Castro-Martínez, Liney Adriana Manjarrés-Henríquez, *Knowledge Transfer In Humanities And Social Science Research Groups: The Relevance Of Organizational Factors*, INGENIO (CSIC-UPV) Working Papers, 2010.

Leuf & Cunningham, *The Wiki Way: Quick Collaboration on the Web*.

Ward Cunningham's site http：//c2.com/cgi/wiki? Wiki Design Principles, 2001.

McGann, James G., *The Competition for Dollars, Scholars and Influence in the Public policy Research Industry*, New York： University Press of America, 1995.

Michael Dolny, *The Think Tank Spectrum： For the Media, some Thinkers are More Equal Than Others*, May/June 1996, http：//fair.org/extra-online articles/.

Milan Zeleny, *Management Upport Systems： Towards Integrated Knowledge Management, Human Systems Management*.1987, 7（1）.

Mills C. Wright, *The Power Elite*, New York： Oxford University Press, 1959.

Nicolas Ruble, *Who's Hot & Who's Not—An Assessment of Think Tanks' Influence on US Economic Policymaking*, The International Economy, September 2000.

Pautz H., Revisiting the think-tank phenomenon *Public Policy and Administration*, 2011, 26（4）.

Peter T. Leeson, Matt E. Ryan and Claudia R. Williamson, *Think Tanks, Journal of Comparative Economics*, Vol.40, 2012.

Ricci, David M., *The Transformation of American Politics： The New Washington and the Rise of Think Tanks*, New Haven and London： Yale University Press, 1993.

Rich, Andrew, *The Think Tanks, Public Policy and the Politics of Expertise*, New York： Cambridge University Press, 2004.

Russell L. Ackoff, From Data to Wisdom, *Journal of Applied Systems*

Analysis, 1989 (16).

Steelman, Aaron, *Do Think Tanks Matter? Assessing the Impact of Public Policy Institutes*, in Cato Journal, 2003, Vol.23, No.1.

Stone Diane, *Capturing the Political Imagination*, *Think Tanks and the Policy Process*.London: Frank Cass, 1996.

Susanne Trumbath, *Think Tanks: Who's Hot and Who's Not*, The International Economy, Summer 2005.

Weiss, Carol H., *Policy Research as Advocacy: Pro and Con*, in *Knowledge&Polly*, 1991, Vol.4, No.I.

后记（一）

在研究中发展，在发展中进步

现代意义上的智库，发源于西方发达国家。智库在西方国家人才培养与储备，推进西方国家公共政策决策的科学化，提升西方国家治理能力和扩大西方国家的话语权等方面扮演了极为重要的角色。

在中国，门客、谋士和幕僚发展历史悠久，具备智库的一些功能；但相对独立、实体性、专业化的政策研究和政策咨询组织——智库，则比较短暂。当前，中国快速崛起，更深入地融入全球体系并在全球治理过程中扮演越来越重要的角色，面对错综复杂、更加不确定的国际国内环境，国家治理和社会治理的难度增加，迫切需要加快和加强新型智库建设，为公共政策提供政策思想和解决方案，提高公共决策的科学化和民主化，推进国家治理能力和治理体系现代化，提升中国的国家软实力和国际话语权。

大学智库是中国特色新型智库的重要组成部分。大学智库具有人才聚集、学科齐全、对外交流广泛和基础研究扎实的特点。相对于党政军等官方智库和社科院党校智库，大学智库独立性更强；相对于社会智库和企业智库，大学智库与政府联系更为紧密。同时，大学智库与党政军和社科院党校智库相比，对现实问题的敏感度比较低、政策研究能力弱、研究成果转化渠道缺乏；与企业智库和社会智库相比，独立性要弱一点，但研究能力更强。因此，需要加强新型大学智库建设，弥补大学智库的短板，发挥大学智库的优势，使之成为中国新型智库建设的重要力量。

开展大学智库研究和评价研究是增强大学建设智库意识自觉的重要手段，是推进高校部分有条件的研究机构加快向智库转变的主要举措，有助于促使大学智库加强内部治理结构和治理能力建设，提高大学智库研究水平、研究成果质量和研究成果的转化程度；开展大学智库研究和评价也是扩大大学智库知名度和关注度的重要措施，有利于吸引媒体、社会对大学智库的关注度，有利于扩大大学智库的影响力。

同时，大学智库研究，尤其是大学智库评价是一个难点，充满各种挑战。一方面，大学智库评价研究要积极借鉴普遍性意义上的智库评价理论和方法；另一方面，大学智库的评价方法和指标体系要考虑到大学智库相对于其他类型智库的独特性。就大学而言，智库只是大学内部中众多研究机构中的一种，不必要，也不可能将大学内部所有的研究机构都转为智库。大学智库评价方法和指标体系应该能够将智库和其他类型的研究机构区别开来，促进适宜于向智库转型的研究机构加快向智库转变；同时也提醒其他不宜转化为智库的研究机构不宜盲目地向智库转型。

基于此，本报告构建了大学智库评价三维模型：契合度、活跃度和贡献度。契合度是衡量和评价大学智库机构与中国特色新型智库标准的契合程度，活跃度是反映和评价大学智库的行为、活动的活跃和影响程度，贡献度是评价大学智库在咨政建言、学术研究和人才培养方面的成果成就与贡献。大学智库不同于一般的研究机构，也不同于传统的政策研究机构。教育部对大学智库的功能定位是战略研究、政策建言、人才培养、舆论引导、公共外交等。大学智库要更好地发挥这些功能，需要走出象牙塔，增强对现实问题的敏感性，加快将理论研究、基础研究成果向政策研究成果的转化过程；加强同媒体的沟通和联系，引导舆论；加强国际交流，积极开展公共外交，发出中国声音；积极参与咨政建言活动，加强政策研究和政策咨询能力，提供政策思想和政策方案，培养智库人才，确实发挥智库在公共决策科学化和民主化，国家治理体系和治理能力现代化及国家软实力提升等方面的实际贡献。

一旦涉及评价，诸如政府绩效评价、大学综合实力评价和学科评价，等等，必然面临各种挑战、争议，诸如评价理论和方法是否科学，评价指标是否合理、全面和客观，评价数据是否真实和可信，等等。目前，关于普遍意义的智库评价，国际上以宾夕法尼亚州大学全球智库排名最为出名，同时也充满争议。国内方面，智库研究和评价包括上海社会科学院推出的中国智库发展报告、中国社会科学院推出的全球智库发展报告、南京大学中国智库研究与评价中心和光明日报智库研究与发布中心联合发布的中国智库索引（CTTI）来源智库MRPA测评报告，等等。这些智库评价研究和排名实践，为推进智库研究和评价，吸引政府、媒体、社会和智库关注智库发展建设起到了积极作用。

目前，国内外尚未推出针对大学智库的专门研究和评价报告。客观准确地评价中国新型大学智库，需要探索和发展科学合理的大学智库评价理论和方法，需要构建一套科学合理的大学智库评价指标体系，还需要加强大学智库数据的收集和整理工作，为准确、客观、科学地评价大学智库提供客观、重要、有效的数据支撑，需要定量与定性评价相结合，普遍性和特殊性相结合，系统性和重要性相结合以及科学性和操作性相结合，提高大学智库评价的公信力。

本报告构建的中国新型大学智库评价指标体系是一种积极的努力和尝试，并且有待在以后的研究和实践中逐步加以完善，包括大学智库样本选择、评价方法、评价指标体系、数据的采集和处理等。在数据采集和指标测定上，采用了定性和定量相结合的方法。同时，需要指出的是，由于主客观方面的原因，本报告提出的中国新型大学智库指标体系在这次大学100强排行榜中有些指标暂未列入，比如由于目前数据获取的困难，活跃度中的电视媒体报道采访数据在本次报告暂未计入。在数据采集中，需要继续完善大学数据库建设，并加强数据的收集和整理工作，为评价提供坚实的基础。

本报告在写作过程中还得到了以下同志的大力支持：周必彧、陈国营、周亚越、陈波、陈明、苗阳、钟伟军、叶瑞克、史斌和蒋惠琴等，在此一并感谢！在报告数据采集过程中，政治与公共管理学院许多本科生、行政管理专业硕士研究生和马克思主义学院科学技术哲学硕士研究生做了大量基础性工作，难以一一点出，在此一并表示感谢！

智库评价研究，包括大学智库评价，总体上还处于一个比较初级的阶段，需要在研究中发展，在发展中进步。一方面，大学智库评价要加强对智库评价的研究，不断完善评价方法、评价指标和数据采集，建立大学智库数据库；另一方面，要加强对智库本身的研究，加强理论研究，构建大学智库评价模型、维度和指标体系，密切关注智库和大学智库发展动态，能够不断引导和引领大学智库建设和发展。

由于编著者的水平和时间有限，本报告会存在疏漏和不足之处，敬请行家不吝斧正。

作者

2017 年

后记（二）

发展中的新型大学智库　变化中的大学智库评价

中国首份大学智库发展报告由中国社会科学出版社于2017年12月出版。2018年1月19日，浙江工业大学全球智库研究中心在北京国际会议中心发布《中国大学智库发展报告（2017）》研究成果。报告构建中国大学智库评价"三维模型"FAC，推出首份中国大学智库100强榜单，引起了社会的广泛关注，取得了良好的社会影响。

多年时间过去了，中国智库和中国大学智库继续快速发展。针对中国智库评价和排名新的发展和形势变化，本次继续推出《中国大学智库发展报告（2020）》，但不再进行大学智库排名，而着重进行大学智库基本理论和大学智库的评价理论与方法的研究工作，更全面地展现中国大学智库的总体发展面貌，分析中国大学智库发展和大学智库评价面临的挑战，提出合理化的政策建议，以期促进中国大学智库快速、健康、有序发展。

目前，中国大学智库总体上逐步形成了国家高端智库（包括首批入选国家高端智库试点建设单位的8家大学智库和入选国家高端建设培育单位智库中的6家大学智库）、各个省市推出的省级专业智库或重点智库（目前已有20多个省市推出了省专业或重点智库发展规划和行动）、各个大学校级智库和其他类型大学智库四个层次组成的大学智库体系，成为有中国特色新型智库体系的重要组成部分。本次报告收录了中国大学智库机构746家。中国大学智库数量众多，研究领域广泛，学科门类比较齐全，研究人员规模大，研究成果丰富。

同时，必须保持清醒的是，按照契合度标准衡量，尚有不少大学智库和中国特色新型智库标准有大的距离。为此，我们非常有必要加强对大学智库的研究和评价工作，发挥大学智库评价的引领作用；通过研究和评价，逐步将"僵尸"性的，有名无实的冠之以"大学智库"的研究机构踢出大学智库的行列，逐步推进大学智库的实体化和半实体化，提高专业化水平，强化内部治理，积极开展智库活动，在政策思想发展、咨政建言、人才培养、公共外交和公共舆论引导等方面发挥积极作用，为中国国家治理体系和治理能力现代化，公共决策科学化和民主化，中国软实力提升，为实现中华民族伟大复兴，为构建人类命运共同体做出应有的贡献。

本《中国大学智库发展报告（2020）》根据形势的变化和现实的需要，对结构框架和内容进行必要的调整。未来，我们将继续根据大学智库的新发展和大学智库评价的新发展，进一步完善中国大学智库发展报告，更加全面地展现中国大学智库总体发展面貌，更加准确地描述大学智库的特征和发展趋势，促进社会、媒体和公共决策更加关注和关心大学智库发展，为中国大学智库快速、可持续和健康发展添砖加瓦。

由于编者的水平、时间和资料信息有限，本报告存在诸多疏漏和不足之处，敬请行家不吝斧正。

编者

2020年12月